Historia de la vida privada en la Argentina
Volumen IV

Cuyo
Entre el Atlántico y el Pacífico

Historia de la vida privada en la Argentina
Volumen IV

Cuyo
Entre el Atlántico y el Pacífico

Ricardo Cicerchia

Editorial
TROQUEL

> Cicerchia, Ricardo
> Historia de la vida privada en la Argentina: Cuyo, entre el Atlántico y el Pacífico - 1ª ed. - Buenos Aires: Troquel, 2006.
> 208 p.; 23x17 cm. (Historia)
>
> ISBN 950-16-2067-0
>
> 1. Historia Argentina. I. Título
> CDD 982

©2006, Editorial Troquel S.A.
Pichincha 969 (C1219ACI)
Buenos Aires, Argentina
Tel./fax: (54-11) 4308-3636
E-mail: info@troquel.com.ar
www.troquel.com.ar

Primera edición: Abril de 2006

Diseño de tapa: Manuel Ressia
Diagramación: Diana Rutkus

Fotografía de tapa: Gentileza Casa de Mendoza. Establecimiento "Santa Lucía" de la familia Céspedes, Maipú, Mendoza, Centro Viti-vinícola Nacional, *La vitivinicultura argentina en 1910* (Buenos Aires, Emilio Coll e hijos, 1910).

ISBN-10: 950-16-2067-0
ISBN-13: 978-950-16-2067-2

Queda hecho el depósito que establece la ley 11.723

Printed in Argentina
Impreso en Argentina

Todos los derechos reservados. No puede reproducirse ninguna parte de este libro por ningún medio electrónico o mecánico, incluyendo fotocopiado, grabado, xerografiado o cualquier almacenaje de información o sistema de recuperación sin permiso escrito del editor.

Presentación

La comunidad cuyana, tema de este libro, figura marginalmente en los itinerarios nacionales. Es un punto de la historia, la geografía y la cultura de la República Argentina que ha comenzado a revelarse sólo en los últimos años. Quizá la moda del Pacífico, tal vez por la visibilidad de la obra de Fader o el redescubrimiento del documentalismo de José La Vía.

Contar la historia 'universal' de Cuyo implica seleccionar episodios, actores y momentos, cuidando la representatividad y la singularidad de la región. Imágenes veraces que puedan servir para encontrarle el hilo a un federalismo nacional tan contradictorio e inmaduro. Una búsqueda en la mejor tradición de la historia regional, ésa que se construye en los archivos locales, en la oralidad de las tradiciones, en las conversaciones amenas, en la observación silenciosa y en el respeto de los pobladores, Cuyo es... un ejercicio de la memoria.[1]

Este libro es parte del proyecto *Historia de la vida privada en la Argentina*, su volumen IV. A pesar de la persistencia del tono romántico y literario de los estudios sobre las identidades regionales, un número importante de investigaciones ha reorientado el campo hacia una variedad de factores en la explicación de los procesos de movilización social: estructura, oportunidades y recursos, así como normas, valores y cultura. Nuestra aproximación a la región es justamente la de comprender y analizar las

---

[1] Mi modesto homenaje a Luis González y su entrañable *Pueblo en vilo* (México, El Colegio de México, 1968).

experiencias sociales alrededor de las cuestiones de identidad y de las formas históricas en que los actores fijan sus universos representacionales. Dicho de otro modo, aprehender los dispositivos culturales de organización de las diferencias.

Es la travesía por una región clave en el desarrollo de nuestra argentinidad y también el reflejo de cierta saturación de los estudios que sobre Buenos Aires intentan ilustrar el conjunto tan heterogéneo y variado de nuestro país.

Los efectos de la crisis argentina, también una crisis cultural, me hace reflexionar sobre nuestra decadencia. Y veo, como lo anticipaba en el volumen precedente, una modesta pero auspiciosa voluntad por conocernos mejor desde nuestras provincias. Y por eso, Cuyo, la continuación del programa de historia regional, marcará un hito en este nuevo itinerario de rescate de un país que necesita más que nunca respetar sus identidades genuinas.

Ésta es una obra compenetrada con los intereses de las clases subalternas, de los marginados, de los discriminados, la mayoría de nuestros compatriotas. También con sus ansias de cambio y sus ilusiones.

Corresponde aquí mi agradecimiento a la colaboración de Oscar Edelstein, por su aporte académico y compromiso con este proyecto. También el reconocimiento a los demás integrantes de mi equipo de Historia Regional, Marité Brachetta, Silvia Alejandra Loyola y Fernando Russo. Por último, parte importante de esta investigación fue posible por la profesionalidad y las gentilezas del personal de la Biblioteca del Instituto Ravignani, la Sede Buenos Aires de la Universidad Nacional de San Luis, el Museo Sarmiento y las Casas provinciales de Mendoza, San Juan y San Luis.

Buenos Aires/Mendoza/San Juan/San Luis
2005

Introducción

Los relatos de la vida privada en la Argentina.
Cuyo, entre el Atlántico y el Pacífico

El proceso fundacional ligó Cuyo –palabra que deriva posiblemente del vocablo *cuyum*, referida al límite del Tahuantinsuyo (imperio incaico) con los araucanos; o bien al vocablo *constituyo*, nombre que le daban los incas a la región sur de su imperio–, con Chile. Al tiempo de las reformas borbónicas, su economía se orientó hacia el Interior y hacia el Río de la Plata, en particular Buenos Aires y Santa Fe. La Cordillera de los Andes, que sólo puede atravesarse temporariamente, contribuyó a esta bifrontalidad del espacio cuyano. Así, los tres pueblos de la región, con Mendoza a la cabeza, aspiraron a constituirse en gobernación-intendencia. La furia de Mayo instaló un teniente gobernador que reemplazaría al Cabildo de Mendoza en las funciones de policía, gobierno y justicia. El Cabildo solicitará por intermedio de su representante ante la Junta, Antonio Álvarez Jonte, que su jurisdicción sea erigida en gobernación junto a los territorios de San Juan y San Luis. Y en la petición, una síntesis de esta visión regional, nudo autonómico de comunicaciones entre el Atlántico y el Pacífico:

[...] Mendoza, por su posición topográfica es ciudad sumamente importante. Situada en la falda de los Andes, se ha hecho un forzoso tránsito para el reyno de Chile, y aun a lo interior del Perú; un lugar por lo mismo de internación en que se acopian los efectos del comercio, se facilitan sus exportaciones de una y otra partes y giran las órdenes, y providencias de una y otra capitanía general en cuyo respecto es del caso advertir el entorpecimiento y demora perjudicial que se experimenta así como en la administración de justicia, en el extravío molestísimo de la dirección forzosa a Córdoba, y a que no puede aplicarse el medio más oportuno que la separación indicada. Allí es donde se proveen el equipaje los transeúntes y el comercio de tropas de carretas, y requas de mulas, ya para la cordillera, ya para seguir viaje a las demás provincias y ciudades de su destino, con todas las demás proporciones que facilitan en este preciso punto las mayores comodidades a tan interesante tráfico. Ni es de menor momento, el que por sus fronteras se ha hecho un antemural, que asegura, y defiende las incursiones de los indios vagos y salvajes a los caminantes e importantes intereses del comercio, no sólo en sus inmediaciones, sino también en los demás caminos del virreynato [...].[1]

Casco histórico de la ciudad de Mendoza.

Sin embargo, habrá que esperar hasta el 29 de noviembre de 1813 para que Mendoza se constituya en capital de la nueva jurisdicción como lo fue antes de 1783. En el proceso de consolidación económica cobraría vital importancia la articulación de los sectores oligárquicos con las redes políticas, y además el grado de tecnificación de las industrias cuyanas, que marcaría una diferencia significativa en cuanto a la orientación productiva de las distintas provincias. Mientras que San Juan y Mendoza continuarán centradas en el mercado agrario, especializándose en el cultivo y exportación de la vid, la provincia de San Luis se inclinará hacia la producción industrial. Tendencias centrales en la relación con el mercado del Pacífico, ya que tanto Mendoza como San Juan se vincularán a él en mayor medida que la provincia puntana, más preocupada por el mercado interno.

En el comienzo, los primeros pobladores y... la economía colonial

La región estuvo poblada principalmente por huarpes, puelches y pehuenches, y hacia 1470 aproximadamente se sumarían los incas, quienes extendían su imperio

---

[1] Citado por Ricardo Levene, *Ensayo histórico sobre la Revolución de Mayo y Mariano Moreno. (Contribución al estudio de los aspectos político, jurídico y económico de la Revolución de 1810)* (Buenos Aires, Peuser, 1960): t III. p. 288.

desde el norte de Sudamérica. Cualquiera de las dos acepciones del vocablo Cuyo hace referencia al límite sur del imperio, situado en la zona de los valles. Los incas se asentaron en el noroeste argentino, y el norte y centro de Chile. En la zona de los valles de Caira, Huentota, Uco y Jaurúa se ubicaron los huarpes, un pueblo principalmente agricultor y cazador-recolector. En el sur predominaban las poblaciones de puelches y pehuenches. Los primeros exploradores europeos quedaron asombrados por el desarrollo agrícola de ciertas zonas, y el carácter pacífico de los naturales. Así lo relataba Gerónimo de Vivar:

> Están todas pobladas y de mucha gente. Estos indios de Cuyo también fueron conquistados de los incas. Estos son más labradores que los de Caira. Siembran mucho maíz y frijoles y quinoa. Poseen muchos guanacos. Están a la falda de la cordillera nevada. Hay todas las cazas que he dicho. Y sus vestiduras son de lana. También hay acequias muy buenas. De aquí se fue a un río que se dice Diamante, de poca gente. Estará a treinta leguas, poco más o menos, de esta provincia, donde se halló un mármol hincado en el suelo de la estatura de un hombre. Y preguntando a los indios qué era aquello, dijeron que los incas, cuando vinieron a conquistar aquella provincia, llegaron allí y que, en memoria que habían conquistado hasta aquel río, pusieron aquella señal. Y de aquí dieron vuelta.[2]

Con la llegada de los españoles se va perfilando un tipo de sociedad estamental característica del Antiguo Régimen. En un principio, la región dependía administrativamente de la capitanía de Chile, con capital en Santiago y bajo el mando de Pedro de Valdivia. Cuyo funcionaba entonces como proveedora de mano de obra aborigen para las encomiendas de Santiago. Así, el nuevo gobernador, García Hurtado de Mendoza, comisionó en 1557 a Pedro del Castillo para que fundara una ciudad y en 1561 le otorgó facultades para "depositar y encomendar los indios que en las dichas provincias vacaren".[3] Sin embargo, rápidamente fue adquiriendo una dinámica productiva.

En 1561 se fundaron las ciudades de Mendoza y San Juan, que formaban el Corregimiento de Cuyo, subdivisión administrativa del Reino de Chile. A partir de ese momento la presencia de los españoles en la zona sería permanente. Asimismo, se fue configurando una nueva estructura productiva, repartiéndose tierras para la creación de solares, chacras, viñas, huertas y estancias. En el plano administrativo se erigió un Cabildo, a cargo de los conquistadores establecidos allí.[4] Paralelamente, hacia fines del siglo XVI, se crearían conventos e iglesias, donde se afincaron franciscanos y agustinos.

---

[2] Citado en Raúl Mandrini, *Los pueblos originarios de la Argentina. La visión del otro.* (Buenos Aires, Eudeba, 2004): p. 100.
[3] "Real Provisión...", *Revista de la Junta de Estudios Históricos de Mendoza* (Mendoza, 1934): t. I, p. 330.
[4] María del Rosario Prieto *et al.*, "Indios, españoles y mestizos en tiempo de la colonia en Mendoza (Siglos XVI, XVII y XVII)" en Arturo Roig *et al.* (comps.), *Mendoza a través de su Historia* (Mendoza, Caviar Bleu, 2004): p. 54.

La encomienda pasaría a tener un papel preponderante en la vida cuyana, ya que constituyó la forma legal para disponer del trabajo indígena. Desde 1549 los pueblos indígenas debían aportar su tributo en especie a los encomenderos, pero como en Chile la producción era minera, se autorizó a que los naturales pagasen su tributo con servicios. De este modo, el trabajo aborigen permitió generar un creciente superávit agrícola. El servicio indígena se organizaba en dos instituciones: la mita o turno, que consistía en la provisión al encomendero por parte del cacique de un tercio anual de los varones de entre 14 y 50 años para las labores agrícolas o mineras, y el yanaconazgo, nativos extraídos de sus pueblos para trabajar en poblados españoles bajo condiciones serviles. Los encomenderos cobraban sus servicios en oro o animales y en compensación les entregaban anualmente a los nativos dos vestidos de lana, alimento o un pedazo de tierra para que la produjeran, y se los adoctrinaba religiosamente.

Mujeres junto al maizal. Óleo.

Pese a la explotación, los nativos en general no se rebelaron, buscando modos de evitar perjuicios definitivos en sus prácticas comunitarias a través de alianzas y acuerdos con los conquistadores. Con la obsesión de perfeccionar el modo de producción, fueron readaptándose los sistemas de irrigación utilizados por los huarpes. De este modo se consiguió incrementar la producción de trigo, cebada, frutales, animales domésticos y vid. Sin embargo, la economía del lugar seguía siendo bastante precaria pues existía un escaso intercambio monetario, situación que empezará a revertirse hacia fines del siglo XVI, cuando los excedentes de producción se intercambien con las zonas de Córdoba y Santiago del Estero.

A principios del siglo XVII se consolidó una estructura social jerárquica y vertical, dominada por los conquistadores originales, a quienes les seguían los funcionarios, y las categorías 'más bajas' de pobres y mestizos. El relativo ascenso social de la 'república de españoles' se cristalizaba con la entrada en el mundo de la nobleza bajo el título de hidalgo (el de menor rango).

Los conquistadores eran a su vez dueños de grandes estancias predominantemente agrarias, excepto en la zona de los valles de Uco y Jaurúa, donde se criaba ganado. Con el flujo de comercio en aumento desde mediados del siglo XVI provocado por el auge minero en Potosí, la región cuyana comenzó a aumentar no sólo su producción sino también su comercio, y el envío de mano de obra a las zonas mineras. Esto generó una creciente monetarización de la economía y mayor producción agrícola (vid, frutas, cereales) y ganadera (de carácter extensivo de ganados mayores y menores). El comercio con Chile empezó a ser cada vez más significativo, y sus ganancias quedaron en manos de no más de medio centenar de pobladores, una elite dominante de los resortes económicos y administrativos, y que representaban a las familias notables: "todos los de esta república [...] emparentados unos con otros".[5]

La integración de las comunidades a las ciudades es parcial y dificultosa. La gran mayoría de los nativos emprende el éxodo hacia territorios aislados, y a partir de la segunda mitad del siglo XVII, pehuenches, puelches y huiliches coordinaban sus primeras respuestas violentas a la dominación. Escaramuzas algo marginales de los alzamientos de 1630-1643. La respuesta es la organización de milicias y cuerpos de defensa, en las que aborígenes urbanos (principalmente huarpes) participaron activamente. Sobre el conflicto, emerge una mentalidad de frontera.

Para la misma época, la fábrica socioétnica regional se complejiza con el retorno de gran parte de los indígenas encomendados en Chile: aumento sensible de dicha población en Cuyo, y auge de las actividades mineras y agrícolas estructuradas bajo el régimen de trabajo denominado *concertación*, que consistía en el pago de salario al trabajador, quien a su vez ya no pagaba tributo. Un sistema más atractivo para los nativos, que sin embargo no detendría el éxodo hacia la campaña.

En las últimas décadas del siglo XVII, el crecimiento de la actividad agrícola-ganadera y la especialización de la producción reforzaban los circuitos mercantiles. Por un lado la red interregional, que consistía en la producción y venta de vino y otros productos agrícolas y ganaderos a Chile, y la importación de artículos de la misma región. Y por otro, el mercado local, basado en la venta de productos locales e importados, y en la venta de los excedentes de producción a Buenos Aires, Córdoba y Santa Fe. Las grandes familias propietarias y comerciantes consolidaron su posición de poder, monopolizando riquezas, cargos de nobleza y cargos públicos, y creando así verdaderas redes familiares de poder. Una tradición que perdurará en el tiempo.

---

[5] "Actas capitulares de Mendoza", *Junta de Estudios Históricos de Mendoza* (Mendoza, 1961): t. II, p. 335.

Por debajo, el fenómeno del mestizaje, real e imaginario, provocaba cierta alarma entre los defensores acérrimos del régimen estamental y en contra de las estrategias de las clases subalternas:

> También muchos se han españolizado, contrayendo matrimonio con hijos de españoles tenidos en indias. Como éstos desde la primera generación salgan blancos, traen desde luego las pretensiones de españoles y quieren ser reputados como tales y así viven entre éstos como individuos de nuestra propia nación [...] se confunden fácilmente con los españoles puros. Si uno no es práctico en distinguir éstos, tendrá por puro español... al que es en realidad un mestizo... De esta clase son no pocos los que pueblan las campañas de Cuyo y hacen oficios bajos en sus poblaciones.[6]

Colegios jesuitas de San Juan (izq.) y Mendoza (der.).

Ya en las primeras décadas del siglo XVIII los nativos que vivían en las ciudades habían adoptado relativamente las pautas culturales de los españoles: sincretismo religioso, lengua, vestimenta, el modelo de organización familiar como campesinos o peones asalariados. Con una economía perfilada y sus recursos ordenados se insertarán las reformas borbónicas, que buscaban generar un cambio administrativo y económico

---

[6] Felipe Gómez de Vidaurre, *Historia geográfica, natural y civil del Reyno de Chile* (Santiago de Chile, 1776): t. XIV, p. 99. Sobre el tema véase Ricardo Cicerchia, "Formas y estrategias familiares en la sociedad colonial" en *Nueva Historia Argentina* (Buenos Aires, Sudamericana, 2000): t. II.

en la colonia. Así, en 1776, Cuyo pasa a depender del virreinato del Río de la Plata. Las otras jurisdicciones que integraron el nuevo virreinato fueron Buenos Aires, Paraguay, Salta, La Paz, Charcas, Cochabamba y Potosí. Además las gobernaciones de Montevideo, Mojos, Chiquitos y los pueblos guaraníes. Un viraje enorme y espectacular desde Potosí hacia el puerto de Buenos Aires.[7]

Los distintos administradores centraron sus esfuerzos en aumentar la recaudación para la corona, pero a su vez impulsaron el crecimiento demográfico, así como también la producción agrícola y ganadera en el contexto de un Corregimiento formado ahora por Mendoza (capital), San Juan y San Luis, que deberá orientar desde entonces su mirada hacia el Atlántico. En 1810, con el estallido de la Revolución, la zona cuyana exhibía su fuerte relación con Chile y denunciaba la lejanía con el nuevo centro administrativo. Así, luego de largos debates, las gobernaciones cuyanas jurarían obediencia a la Junta de Buenos Aires en junio de 1810.

Rutas del ejército de San Martín. Cruce de la cordillera para liberar a Chile y Perú.

---

[7] María Cristina Satlari, "De las reformas borbónicas a la desintegración de Cuyo (c. 1760-1820)" en Arturo Roig *et al.* (comps.) *Mendoza...*, p. 96.

Historiográficas

Trazar un panorama de la producción historiográfica local de la provincia correspondiente al siglo XX es también homenaje a tantos años de trabajo de archivo, de compromiso regional y de la pasión por contar historias de verdaderos profesionales del oficio. Para ello he seleccionado un grupo de autores que se consideran representantivos de diferentes épocas, corrientes interpretativas y dimensiones de análisis. Organizaremos el relato según las trayectorias historiográficas, los ángulos temáticos privilegiados y el carácter de los trabajos según sus interpretaciones, recepción y aporte al patrimonio cultural de la región.

Ante la ausencia de un corpus abundante sobre el campo de la historia regional, nuestro punto de partida serán dos títulos 'consagrados' como fuentes inevitables. En primer lugar *Recuerdos históricos sobre la provincia de Cuyo* de Damián Hudson. Se trata de las crónicas escritas por este cuyano en Buenos Aires en la década de 1850, publicadas en 1898 y que reeditó la *Revista mendocina de Ciencias* en 1931. Cubren, como denuncia el índice, "desde los últimos años del coloniaje y la Revolución de mayo [...] hasta 1851". Es un trabajo minucioso compuesto por doce extensos capítulos en los que se puede recoger información de Mendoza, San Juan y San Luis, un detalle de los acontecimientos, año por año, entre 1810 y 1851. Su reedición fue posible por iniciativa de Juan Draghi Lucero, director del Museo de Ciencias Naturales de Mendoza por entonces, precedida por un fallido intento de José Ingenieros, un admirador de la obra.

Hudson inscribe su relato en los primeros intentos de formular y desarrollar historias de provincia. Dice en la Introducción: "...invitamos a los hombres estudiosos de las demás provincias ha hacer otro tanto a fin de que compilados estos anales sirvan para dar mayor acopio de luz y de verdad al que ha de escribir la Historia General de la Nación de la República Argentina...".[8] Plena conciencia de ser un pionero en el desarrollo de la historia regional.

El segundo texto fundacional es *Historia eclesiástica de Cuyo* del presbítero José Aníbal Verdaguer, publicado en 1932. Dirigido según el propio autor a eclesiásticos y seglares de la diócesis de Cuyo, el trabajo recorre desde los primeros años del período de conquista y colonización y su dependencia de la diócesis de Santiago de Chile, el traslado jurisdiccional de la diócesis a Córdoba en la etapa borbónica, y su consagración como diócesis de Cuyo después de la independencia. Es una narrativa al servicio de la tarea misionera, el sacerdocio, las acciones benéficas, de piedad y educación que encararon órdenes religiosas y personalidades de la Iglesia católica. Un ensayo valioso a la hora de recoger las costumbres y prácticas religiosas de la región. Se trata de un texto de referencia fundamental para entender las relaciones entre la Iglesia católica, la sociedad civil y el Estado. Representa sin duda la palabra de la Iglesia oficial

---

[8] Damián Hudson, *Recuerdos históricos sobre la provincia de Cuyo* (Buenos Aires, Imprenta de San Juan A. Alsina, 1898): Introducción.

y la obra fue prologada por el obispo de la diócesis de Cuyo, monseñor Orzali, quien recomendaba fervorosamente su lectura. Más de mil páginas, con un denso trabajo documental, que incluyen materiales de los Archivos de Indias, de Santiago de Chile, de San Luis, San Juan, Córdoba y Mendoza.[9]

Una línea de producción historiográfica más fecunda fue la de las historias provinciales. Aquí es notable la hegemonía de Mendoza, frente a un más que delgado corpus de San Juan y al curioso vacío por el que deambula la historia puntana.

Lo distintivo del discurso histórico, más allá de los talentos y del sentido de la oportunidad, es el trabajo de archivo. De su existencia, su ordenamiento y su conservación depende en gran medida el despliegue del arte de historiar. Las producciones referidas a la historia provincial que hoy pueden ser consideradas como "clásicas" son relativamente pocas, y en su mayoría parecen haber sido emprendimientos que asumían la responsabilidad de 'ilustrar' a una comunidad ávida por desentrañar los enigmas históricos de una identidad específica. Estos trabajos no estuvieron articulados a ejes problemáticos y por lo tanto no participaron ni propiciaron, en términos generales, debates o polémicas tan caros a la producción de saberes históricos, sino más bien se propusieron como síntesis de información 'objetiva'. Por el contrario, resultan ser los trabajos sobre procesos más específicos y en conexión con los marcos nacionales los que han arriesgado tesis interpretativas generadoras de debate historiográfico. Nos referimos a la producción que se ubica en lo que denominamos el primer período de desarrollo de la historia regional académica, entre las décadas de 1930 y 1970, con algunas investigaciones de años posteriores que certifican un cierto proceso de 'modernización' historiográfica preocupado por el replanteo de temáticas, enfoques y narrativas y cuyo principal objeto ha sido evitar las clausuras y congelamientos que habían impuesto visiones cerradas de corrientes tradicionales. El resultado, un panorama heterogéneo, activo, de referencias y con deudas pendientes. Repasemos el canon.

Probablemente entre las obras más citadas y que se ha constituido en fuente de casi todas las producciones posteriores, encontramos la *Historia de Mendoza*, también de monseñor Verdaguer, publicada en 1935, dirigida a estudiantes de nivel superior y aspirantes a la carrera eclesiástica. Cada capítulo toma la forma de "Lección". Se trata de una obra integral que abarca desde los "Primitivos pobladores" (Lección I), su origen, costumbres y economía, "hasta nuestros días" (1935) (Lección XXXVI) en la que presenta un conjunto de imágenes y epígrafes referidos al período lencinista. Las primeras ocho secciones describen la etapa indígena y colonial, con el énfasis puesto en una "historia social y económica" cargada de costumbres indígenas, el desarrollo mercantil de la región desde la colonia, y el crecimiento de la ciudad y su infraestructura edilicia, con indicadores generales sobre población, educación y salud, remarcando la "encomiable" labor de los jesuitas. A partir de la "Lección IX" se despliega la etapa independiente, y, como es de rigor en la historia mendocina, un capítulo completo se

---

[9] José A. Verdaguer, *Historia eclesiástica de Cuyo* (Milán, 1932)

dedica a la formación del ejército de Los Andes. El resto alterna el relato de acontecimientos específicos de la historia provincial con eventos nacionales. La obra alcanza cierto dramatismo en los capítulos dedicados al terremoto y a la reconstrucción de la ciudad. Los títulos que continúan se organizan en torno a administraciones gubernativas en una caída vertiginosa de fuerza textual. Ocupa un lugar prominente la descripción minuciosa del equipo de ministros y breves referencias al origen de cada gestión, es decir la forma en que llega al poder cada uno de los gobernadores. Lejos de intentar reconstruir críticamente los conflictos políticos de la época, la obra sin embargo no descuida ese mandato visual de los textos clásicos aun en sus relatos decididamente burocráticos, donde sobresale un interesante conjunto de planos e ilustraciones originales.[10]

En un segundo orden debemos considerar la ampliamente difundida *Historia de Mendoza* (1965) del profesor Jorge Scalvini.[11] Fruto de un emprendimiento editorial denominado 'Biblioteca de las provincias argentinas' que al año siguiente produjo también una *Historia de San Juan* (1966) de Carmen Varese y Héctor D. Arias, y sendas obras de geografía provinciales. Esta empresa editorial fue también producto de la expansión de la actividad académica en esas provincias desde la creación de la Universidad en 1939. Un lanzamiento de "la historia de la patria chica para entender mejor a la Patria Grande". Una apelación a la función moral de la historia: "con vocación [...] un llamado misional que forjado en el pretérito se realiza en el presente y se lanza impetuoso hacia el porvenir...". Retórica acompañada por un llamado de unidad cultural latinoamericana, sustentada "en la americanidad, es decir, la propia e ineludible originalidad [...] donde lo cristiano es el espíritu que ha descubierto el ser americano".[12]

Ambas definiciones parecerían decir bastante de la preocupación que tiñe esta producción. Vocación iluminista en tanto se atribuye a la tarea historiográfica la guía y el rescate de valores de una esencia que descansa en lo que en el mismo texto se denomina como "ser nacional" que se realiza en "una misión patriótica [...] rescatar el pasado del olvido para que las jóvenes generaciones aprendan a amarlo [...] y que anuda la efímera vida individual al gran conjunto de la raza, de la ciudad o del pueblo...".

La obra se concentra en los aspectos político-institucionales, advirtiendo que "por contrato con la editorial" tiene como destinatarios principales a los maestros de la provincia, por ello se ha aliviado de ciertos rigores el formato. Una verdadera pena. Además se aclaran algunas cuestiones de terminología y periodización, tal el caso del reemplazo del término "período hispánico" por el de "período colonial", y que el relato organizado en torno a los gobernantes provinciales no debería interpretarse, según el

---

[10] José A. Verdaguer, *Historia de Mendoza* (Mendoza, 1935). Recordamos aquí su trabajo pionero *Lecciones de historia de Mendoza* (Mendoza, 1918).
[11] Jorge Scalvini, *Historia de Mendoza* (Mendoza, Spadoni, 1965).
[12] Ibid., "Presentación". Los entrecomillados siguientes responden a la misma sección del texto de referencia.

autor, como una comprensión de la historia de Mendoza "desconocedora... del papel del pueblo en la realización histórica o de los acontecimientos que superan en trascendencia a una mera gestión administrativa...".

El texto reitera esa manía holística de las historias cronológicas. Abarca desde el período indígena hasta mediados del siglo XX. El primer capítulo está dedicado a las culturas aborígenes; los tres siguientes a la fundación y a la Mendoza colonial; el quinto a la Revolución y proceso de independencia; el sexto a la preparación del ejército de Los Andes; el séptimo aborda la crisis del año 1820 e incluye las primeras gobernaciones provinciales, y el octavo, el período rosista. El capítulo IX, "Luchas entre la Confederación y Buenos Aires", se inicia con la gobernación de Pedro Pascual Segura y culmina con el terremoto de 1861. El capítulo X, "Pacificación", describe las consecuencias de Pavón. Los capítulos XI, XII y XIII están organizados en torno a la sucesión de gobernadores que Lucio Funes denominó "la oligarquía" y que otros llamaron simplemente "gobiernos de familia".[13] En el último capítulo, "La crisis liberal", se describe la transición "desde la oligarquía a la democracia", como tradicionalmente se anunciaba el período posterior a la sanción de la ley Sáenz Peña. Allí se caracteriza a los gobiernos radicales y la crisis del radicalismo nacional y provincial, además de los cambios que se producen en la década de 1930 y el impacto de la revolución de 1943. Culmina con un tradicional anexo de autoridades entre 1943 y 1965.

La obra persigue un obvio carácter pedagógico, cada capítulo incluye una lectura "ilustrativa" del período en cuestión. Su propósito didáctico, de servicio al magisterio mendocino, determinó en parte que la obra nunca se incluyera en el cerrado círculo de los especialistas en historia regional liderado por Pedro Santos Martínez, rector de la Universidad durante la última dictadura militar. Vendrá con el advenimiento de la sufrida democracia su reivindicación, rescatando su impronta documental y las importantes referencias bibliográficas que organizan la trama de un sistema argumentativo simple y coherente.

La *Historia de Mendoza* de Santos Martínez es un texto del canon que parece no haber tenido mayor trascendencia fuera de los círculos universitarios pero que ha sido una obra de consulta obligatoria en las cátedras de Historia de las instituciones académicas locales.[14] Publicado en 1979, es quizá la obra más representativa de las corrientes hispanistas, nacionalistas y católicas que dominaron por entonces los ambientes académicos y científicos. Con el obvio subtítulo de "La cuna española", se describe la llegada de los conquistadores a Cuyo. En esta interpretación la obra de la conquista es presentada como un ejemplo de tesón de los "primeros pobladores", que

---

[13] Un clásico en la historia política regional es Lucio Funes, *Gobernadores de Mendoza. La oligarquía.* (Mendoza, Best hermanos, 1942).

[14] Véase Pedro Santos Martínez (comp.), *Historia de Mendoza* (Buenos Aires, Plus Ultra, 1979). Texto en colaboración con otros tres autores: Ramona del Valle Herrera, Ana Edelmira Castro y Aníbal Mario Romano, quienes aparecen a posteriori de los datos editoriales. Los entrecomillados que siguen son parte de la Introducción del texto de referencia.

supieron enfrentar la pobreza y aridez de las tierras, y como la gesta de entrega cristiana y evangelizadora de órdenes que llegaron a la provincia.

El trabajo se posiciona en los mismos ejes de los anteriores: "también los temas educacionales, culturales, espirituales, laborales, gremiales, sociales, económicos y de interés general...". Y a través de esta "metodología novedosa", producir el estudio sistemático de una "historia integral". Dicha pretensión se desvanece en varios de sus pasajes, pero en particular en la descripción de los programas de formación docente de comienzos de la década de 1970.[15]

El trabajo se encuentra dividido en cuatro secciones: "Desde los orígenes hasta Caseros", "Desde Caseros hasta fines del siglo XIX", "El siglo que vivimos", con un último capítulo titulado "Retorno y declinación del peronismo", y "Los departamentos, villas y ciudades", una suerte de guía turística de cada uno de los departamentos: orígenes, creación, patrono, lugares y monumentos de interés histórico, primeras autoridades. Todo un desafío del excursionismo nativo.

Algo más cerca del *aggiornamento* que sufrió la disciplina, los trabajos de investigación en profundidad tratan de invertir el peso de la prueba en lo particular para explicar lo global. Rechazo de las cronologías administrativas, de las evoluciones institucionales, de la linealidad de los procesos económicos, la inmersión en profundidad en temáticas específicas redoblaron el trabajo de archivo, ampliaron el campo e introdujeron esa vocación de conocimiento del trabajo historiográfico.

Entre dichos aportes, la *Breve historia intelectual de Mendoza* de Arturo Roig.[16] Este, en principio un breve trabajo, intentaría, como señala Bernardo Canal Feijóo en el prólogo "aportar desde la construcción de una obra crítica regional a una obra general de la historia nacional". En la línea de *Historia de la literatura argentina*, el clásico de Ricardo Rojas, Roig periodiza las etapas características de la vida intelectual de la provincia, como una cartografía capaz de organizar lecturas inteligentes de la fisonomía de Cuyo y Mendoza en sus costumbres, lenguas y tradiciones.

El libro se organiza en cinco capítulos que intentan una cronología de la historia cultural provincial. El primero, "Los coloniales", avanza en títulos y autores de esta etapa. La parquedad preanuncia un tiempo por llegar, el del comienzo de la vida intelectual en el arenal cuyano. El segundo capítulo, "Ilustración y neoclasicismo", propone observar los cambios que impone en Mendoza la crisis de la escolástica y la expansión de la ilustración y cómo se expresan tales transformaciones en los planes de estudio del Colegio de la Santísima Trinidad (jesuitas) y en la aparición de la imprenta, el primer periodismo y los desafíos de la producción historiográfica independiente. La secuencia sigue con "El Romanticismo", "Los modernos", "Espiritualismo filosófico" y "El regionalismo literario". En cada uno de los capítulos se analizan brevemente corrientes

---

[15] En los fragmentos referidos a los seminarios de educación realizados durante el año 1973, el autor advierte sobre la "clara orientación marxista" que se había impuesto dentro del magisterio mendocino.

[16] Arturo Roig, *Breve historia intelectual de Mendoza: los coloniales, la ilustración, el neoclasicismo, el romanticismo, los modernos, el positivismo, el capitalismo filosófico, el regionalismo literario*. Prólogo de Bernardo Caan Feijóo (Mendoza, Ediciones del Terruño, 1966).

filosóficas, climas intelectuales de la época, lecturas y autores, emprendimientos editoriales, grupos de estudio, revistas pedagógicas innovadoras, asociaciones y salones literarios, personalidades pioneras en la producción literaria, historiográfica, filosófica, movimientos de pensamiento, congresos y encuentros de escritores, plásticos, historiadores. Junto al rescate de la producción intelectual más académica agrega la voluntad de restitución de la cultura popular, sobre todo en la última etapa que describe. Atento a la "nueva sensibilidad" que imprime el nacionalismo literario y su reflejo en lo regional, se encontrará con Juan Draghi Lucero, pionero de la investigación y producción folklórica, celebrará el nacimiento del teatro regional y la institucionalización de la fiesta popular por excelencia de la provincia: la vendimia.

El libro incluye un nutrido apéndice, amplio catálogo de autores mendocinos que van desde la novela, la poesía y los cuentos, hasta compilaciones documentales y obras historiográficas, además de reseñas de artículos de periódicos, ensayos filosóficos y jurídicos, crónicas, cancionero popular, ciclos de conferencias y una lista de periódicos y revistas. Un trabajo luego actualizado en 1996 por la editorial oficial de la provincia.[17]

Insoslayable, dentro de las nuevas perspectivas de la historia social, incluimos la producción del legendario dirigente del Partido Comunista de Mendoza, Benito Marianetti. Se trata de *Las luchas sociales en Mendoza*, texto que se inscribe claramente en la opción historiográfica temática y militante.[18] Tributaria sin ambages de las categorías de análisis del marxismo más clásico y ortodoxo, es un rescate de la historia de las luchas sociales en la provincia, y de interpretación de la formación del movimiento obrero mendocino, anclado en sus raíces anarquistas y sobre todo socialistas y su proyección con el internacionalismo proletario. Estructurada en seis capítulos, desarrolla las formas de organización del trabajo y su evolución desde el período colonial, los cambios durante el período independiente, la aparición de los sistemas de organización capitalista a fines de siglo XIX, los primeros sindicatos y organizaciones sociales, la lucha obrera, la conformación de los partidos de clase en la provincia, sus vinculaciones con las organizaciones internacionales, las formas de militancia política, social e intelectual, las relaciones con los gobiernos de turno. Un magnífico y épico recorrido por "el proceso progresivo de toma de conciencia de la clase obrera en su camino a la transformación y la revolución social". Se trata de una rareza, la única versión historiográfica de 'izquierda' que, despojada de su carácter apologético y de su sobrepeso ideológico, constituye un material atractivo.[19]

---

[17] Entre 1975 y mediados de la década de 1980, Arturo Roig pasó un largo exilio en el Ecuador. Cesanteado y perseguido por la intervención universitaria, salió del país con su familia. Arturo Roig, *Mendoza en sus letras y sus ideas* (Mendoza, Ediciones Culturales de Mendoza, 1996).

[18] Benito Marianetti, *Las luchas sociales en Mendoza* (Mendoza, Cuyo, 1970).

[19] En el campo de la historia social, pero desde una perspectiva académica, habría que incluir dos trabajos de José Luis Massini Calderón. Nos referimos a *Historia de la esclavitud negra en Mendoza en el período independiente* (Mendoza, D'Accurzio, 1962) y *Mendoza hace cien años. Historia de la provincia durante la presidencia de Mitre* (Mendoza, Tehoría, 1966). Ambos están profusamente citados en el trabajo de Marianetti.

El interés más reciente por la historia de las instituciones políticas ha producido, en particular en Mendoza, una serie de trabajos que marcan un crecimiento relativo del campo. Sin embargo, es poca la actualización teórica y metodológica que aportan tanto la sociología política como la ciencia política a los análisis de características históricas. Este corpus constituye una buena compilación de datos útiles para futuras investigaciones sobre las políticas públicas. En este grupo destacamos un conjunto de artículos de Dardo Pérez Guilhou, que profundizan las observaciones sobre los desarrollos políticos y la influencia de Chile en la legistación cuyana.[20] En ellos se retoman los procesos institucionales en las diferentes etapas históricas. Los textos circulan por la vida política e institucional de Mendoza, el origen y funcionamiento de las instituciones más importantes, la influencia del pensamiento de Alberdi y Bello, las experiencias constitucionales de la provincia (primera Constitución y reformas), el impacto de los eventos nacionales en políticas e instituciones provinciales y los aportes de Cuyo a la formación de la Argentina moderna.

Entre los ensayos, tres en particular son más que representativos de la mirada de Guilhou sobre los desarrollos del sistema político provincial. El primero, "Teoría y realidad constitucional en los primeros gobiernos federales de Mendoza (1826- 1832)", (publicado originalmente en *Revista de Historia del Derecho*, n°. 4, 1976), destaca las principales ideas e instituciones de la historia provincial y cómo la dinámica de las relaciones con Chile dio lugar a una legislación muy cercana al derecho internacional público. "El ejecutivo colegiado en la Constitución mendocina de 1854", también publicado en *Revista de Historia del Derecho* (n°. 12, 1961), es un estudio de los antecedentes legales y doctrinarios de los ejecutivos colegiados que propone la Constitución mendocina de 1854. Y "Repercusiones de Pavón en Mendoza (1861-1870)", publicado antes bajo el título "Pavón y la crisis de la Confederación" (Buenos Aires, Equipos de Investigación Histórica, 1965), analiza los cambios que introduce la implantación del nuevo programa de Pavón en Mendoza. El proceso se lee como la implementación paulatina de los ejes que postula el proyecto liberal y que supone la aceptación de la elite mendocina al régimen de centralización. La postulación de Arístides Villanueva representó, para el autor, la evidencia de la sumisión de la elite liberal al régimen nacional.[21]

De la misma colección de Scalvini es *Historia de San Juan*. Con la intención de contribuir "al esclarecimiento de la verdad nacional", los autores encaran la historia

---

[20] Dardo Pérez Guilhou, *Ensayos sobre la historia política institucional de Mendoza* (Buenos Aires, Publicación del Senado de la Nación, Secretaría Parlamentaria, Comisión de Cultura, Dirección de Publicaciones, 1997).

[21] En la misma línea de investigación, dos estudios sobre la evolución de la estructura y el funcionamiento de los ministerios a lo largo de un siglo de historia provincial: Adolfo Cueto, Teresa Giamportone y Adriana Micale, *Historia institucional de Mendoza. El Poder Ejecutivo* (Mendoza, Ministerio de Gobierno y Ministerio de Hacienda, EDIUNC y Archivo histórico, 1992), t. I, y Adolfo Cueto, *Historia institucional de Mendoza. El Poder Ejecutivo*, (Mendoza, Ministerio de Cultura y Educación, EDIUNC, 1998), t. II.

de la provincia con una estructura única. Partiendo de los primitivos habitantes de la provincia, se internan en el "San Juan hispánico" (no se habla aquí de San Juan colonial) y luego viajan por los distintos períodos de la historia provincial en consonancia con la clásica periodización de la historia nacional: "apuntaciones del cuerpo social [...] con el objeto de superar el marco político y acercarnos en lo posible a mostrar el ambiente".[22] Las advertencias no superan los buenos deseos. El énfasis inevitablemente se orienta hacia las cuestiones político-administrativas de los distintos períodos, y en especial la situación de la administración educativa.

La obra remata con "La agitación política y social" (cap. XII), durante el gobierno de Cantoni e incluye un último capítulo "Dios así lo quiso", que describe la devastación que produjo el terremoto de 1944 en la ciudad y alrededores, y la posterior reconstrucción. Es este proceso el que recuperaría el espíritu solidario de la comunidad sanjuanina, "esa unión para la reconstrucción" que habría "apagado las pasiones de oposición política que habían dividido a las familias sanjuaninas". Junto a este renovado espíritu, la nueva imagen y la erección de un "San Juan moderno", pletórico de obra pública educativa y cultural.[23]

Aun en la escasez, es posible ver una delgada narrativa histórica de San Juan y San Luis. Cristalizada tanto en torno al modelo historiográfico de la nueva escuela histórica como a las huellas del revisionismo, encuentra su mejor expresión en los aportes de Urbano Joaquín Nuñez y Horacio Videla en la conocida colección de la editorial Plus Ultra de historias provinciales.[24] La sólida inserción de estos historiadores en diversos ámbitos académicos y culturales y su vasta y dilatada producción son algunos puntos de contacto con el tipo de historiadores dominante hasta mediados de los ochenta.

No es extraño entonces observar la polifacética actividad de Urbano Joaquín Nuñez (1916-1980) como Director del Archivo Histórico de San Luis, fundador de la Asociación Cultural Sanmartiniana y de los clubes escolares sanmartinianos, secretario fundador de la Junta de Historia de San Luis, Director del Museo de Bellas Artes y Ciencias Naturales, y director del diario *Democracia* como parte de una 'militancia cultural'.

Con este programa, la obra de Nuñez y su historia de San Luis están particularmente construidos en torno a la devoción laica del general San Martín y la gesta de la independencia, como muestran algunos títulos de su obra: *San Luis y los granaderos* (1962), *San Martín visto desde San Luis* (1978), *Calendario sanmartiniano puntano* (1979).

El sello sanmartiniano es por cierto un dato insoslayable de la historia de Cuyo, pero ha sido un argumento que ha nutrido múltiples propósitos, entre los que nos interesa destacar la construcción de una narrativa histórica local que pueda ligarse a una historia nacional productora de grandes mitos históricos; y en el caso de San Luis, el sello sanmartiniano ha sido excluyente.

---

[22] Carmen P. de Varese y Héctor D. Arias, *Historia de San Juan* (Mendoza, Spadoni, 1966).
[23] *Ibid.*, cap. XIII.
[24] Joaquín Urbano Nuñez, *Historia de San Luis* (Buenos Aires, Plus Ultra, 1980), y Horacio Videla, *Historia de San Juan* (Buenos Aires, Plus Ultra, 1984).

Por otro lado, la historia local sanjuanina ha tenido en Horacio Videla un historiador que ha difundido una serie de íconos historiográficos sostenidos en la doble problemática de 'la dependencia' chilena y en el persistente arcaísmo social resistente a todas las conmociones políticas del agitado siglo XIX.

Desde este ángulo ideológico la dependencia de la región cuyana de la capitanía general de Chile ha tenido signos negativos, generadores de conflictos económicos e identitarios de los estados-naciones del siglo XIX. La 'saca de indios a Chile' es un ejemplo de ello.[25]

Ha sido Urbano Nuñez, desde su *Historia de San Luis*, quien profundizando la temática puede concluir que dicho proceso obedecía a razones culturales y que el indio era sin duda el primer *producto* arrancado de la tierra. Así, los indicios de una identidad puntana, para su perspectiva, deben buscarse en los conflictos de la sociedad de conquista, articulada en una dualidad puntana/extranjeros vis a vis atributos positivos/atributos negativos. En sus palabras: "numerosas referencias muestran que el puntano amaba su tierra y la defendía no sólo del indio rebelde sino también del intruso y el ventajero".[26]

De tal manera el localismo tradicional mantenía su contundencia e imponía un calendario patriótico propio, que permitió festejar a la par de la nación, una efemérides propia. Es así como las fechas conmemorativas constituyen el argumento más polémico de la historia de San Luis. En primer lugar, la fecha fundacional: "Ya es tiempo de ir desechando por inútil y contraproducente todo lo erróneo que se ha sostenido con respecto a la fundación de la ciudad de San Luis… Al margen de tantas y tan simples repeticiones, podemos sostener que, si bien el 9 de agosto de 1593 la ciudad de San Luis no existía, ya estaba fundada el 2 de octubre de 1594".[27] En segundo término, es la propia revolución de Mayo la que se resignificada localmente: "El 12 de junio –lo repetimos una vez más, porque la fecha constituye un autentico fasto Puntano– los capitulares asientan por acuerdo en un libro de obedecimiento a las órdenes que se les imparten desde Buenos Aires".[28] Y finalmente la misma formación de la provincia, completa esa trilogía básica puntana: "De este modo el 26 de febrero de 1820 –y no el primero de marzo, como se ha venido repitiendo– la provincia de San Luis declaró su autonomía y eligió sus propias autoridades".[29]

Frente a estas interpretaciones, las investigaciones del Instituto de Investigaciones Arqueológicas de la Facultad de Filosofía, Humanidades y Artes de la Universidad Nacional de San Juan, han producido aproximaciones más ceñidas al estado del conocimiento de la arqueología y la etnohistoria. Dentro de ellas, la vasta producción de Catalina Teresa Michieli nos permiten una mirada a la situación del mundo indígena no sólo como producto de las encomiendas, de la cual derivaba la escandalosa 'saca de

---

[25] Joaquín Urbano Nuñez, *Historia de San Luis*, p. 29.
[26] Ibid., pp. 43- 44.
[27] Joaquín Urbano Núñez, *Historia de San Luis*, pp. 43- 44.
[28] Ibid., p. 134.
[29] Ibid., p. 146.

indios', sino de las nuevas formas de trabajo campesino, y a sus transformaciones a lo largo de los siglos XVII y XVIII, fenómenos bien demostrados en *El despoblamiento indígena y la situación de las ciudades de Cuyo a principios del siglo XVII* (1988) y *La disolución de la categoría jurídico social de indio en el siglo XVIII: el caso de San Juan* (2000).[30]

En el caso de San Juan fue el arcaísmo o 'el atraso social del pueblo' el que se presenta como un estigma en su desarrollo económico. Tal es el malestar de esta historiografía, que queda cuestionada la propia figura de Sarmiento: "Sarmiento fracasó en sus afanes a causa de la larga guerra contra la montonera, la pobreza general y la circunspección del pueblo al cual el maestro gobernador venía a liberar del atraso, importándole a éste todavía muy poco ser liberado".[31] En las mismas condiciones, pero con un resultado aparentemente más exitoso, 'la época de las clases cultas, 1874-1920', encuentra "un pueblo escasamente interesado por las preocupaciones cívicas, pero al menos una elite social que ha podido dirigir los destinos de la provincia".[32] En el trasfondo de esta historia no vemos sino una sociedad invariable, desde su apacible siesta colonial, hasta su inconmovible desinterés por el progreso sarmientino, o su falta de civismo recurrente, perspectiva abonada por el trauma del gran maestro.

Las dificultades de consolidar una perspectiva regional y social en consonancia con las nuevas corrientes historiográficas es lo que traslucen las propuestas historiográficas que resume el V Encuentro de Historia Argentina y Regional organizado por la Facultad de Filosofía y Letras de la Universidad Nacional de Cuyo.[33] Temas relativos a las migraciones, procesos culturales y sistemas políticos contemporáneos han ampliado los campos de estudio más clásicos de la historia de las provincias. Intentos válidos de desmontar parte del universo historiográfico tradicional aún predominante en la región.

Por último, las historias urbanas y las redes sociales

Un capítulo importante en la producción regional ha sido la investigación en historia urbana o historia de la ciudad de Mendoza. La impronta que han dejado en el imaginario popular los terremotos —sobre todo el de 1861— y las sucesivas reconstrucciones de la ciudad ha dado lugar a una producción de cierta envergadura.

---

[30] Catalina Teresa Michieli, *El despoblamiento indígena y la situación de las ciudades de Cuyo a principios del siglo XVII* (San Juan, Instituto de Investigaciones Arqueológicas y Museo, Facultad de Filosofía, Humanidades y Arte, Universidad Nacional de San Juan, 1988), y *La disolución de la categoría jurídico social de indio en el siglo XVIII: el caso de San Juan* (San Juan, Instituto de Investigaciones Arqueológicas y Museo, Facultad de Filosofía, Humanidades y Arte, Universidad Nacional de San Juan, 2000).

[31] Horacio Videla, *Historia de San Juan*, p. 182.

[32] *Ibid.*, pp. 217-218.

[33] Adolfo Omar Cueto, Margarita Ferrá de Bartol (comps.), *Cuyo en la integración continental* (Mendoza, Editorial de la Facultad de Filosofía y Letras de la Universidad Nacional de Cuyo, 2001).

Entre los trabajos más relevantes, el de Ricardo Ponte, digno continuador de los postulados de historia social de Arturo Roig. Nos referimos a *Mendoza, aquella ciudad de barro. Historia de una ciudad andina desde el siglo XVI hasta nuestros días*, publicado en 1987 por la Municipalidad de la ciudad de Mendoza.[34] Este texto, profusamente documentado, parecería estar destinado a los agentes culturales, docentes y comunicadores que tienen responsabilidad y vinculación en formulación, gestión y ejecución de políticas culturales. A través de planos e iconografías, se emprende una reconstrucción de cuatrocientos años de historia de la ciudad observando las formas que las transformaciones sociales y económicas fueron tomando, mostrando la fuerte vinculación entre la ocupación y utilización del territorio en relación con los proyectos, los intereses que van tejiendo los actores y sobre todo las hegemonías de cada período. El espacio se va imponiendo en el relato como una estructura viviente, sustancial y testimonial.

De 1991 y apoyado por la fundación Banco Boston existe otro trabajo que tiene como eje temático la historia urbana: se trata de *La ciudad de Mendoza. Su historia a través de cinco temas*. La publicación contiene cinco conferencias orientadas a rescatar la "mentalidad" del grupo gobernante: "cada período de la ciudad tiene una concepción y una filosofía de vida que va sufriendo distintas alteraciones y que caracteriza y explica el proceder de los grupos gobernantes [...]. Puede decirse que la filosofía urbana y la ciudadana están determinadas por aquellos modificadores".[35]

Los distintos desarrollos intentan articularse con la cuestión urbana en torno a la edificación, los presupuestos ciudadanos, las instituciones y la mentalidad predominante en las elites de turno. Esta voluntad por una historia social de la urbanidad poco se sostiene, ya que con matices los enfoques siguen anclados en una mirada historiográfica que otorga un peso fundamental a los acontecimientos políticos.

Finalmente, más vinculados al movimiento de renovación historiográfica posdictadura que se desarrolla en la Universidad de Buenos Aires, los autores locales comienzan a explorar novedosos territorios aunque conocidos para otros espacios latinoamericanos. Se trata de la reconfiguración de una historia social en consonancia con los nuevos paradigmas historiográficos promovidos por los estudios culturales.[36] Otra vez Mendoza a la vanguardia.

Estos proyectos expresan una vocación de ruptura con los modelos historiográficos tradicionales. El trabajo de Pablo Lacoste, *La generación del '80 en Mendoza* elige como

---

[34] Ricardo Ponte, *Mendoza, aquella ciudad de barro. Historia de una ciudad andina desde el siglo XVI hasta nuestros días* (Mendoza, Muncipalidad de Mendoza, 1987). El mismo autor ha publicado más recientemente *La fragilidad de la memoria, representaciones, prensa y poder de una ciudad latinoamericana en tiempos del modernismo, Mendoza 1880-1910* (Mendoza, Fundación CRICYT, 1999).

[35] Adolfo Cueto et al., *La ciudad de Mendoza. Su historia a través de cinco temas* (Buenos Aires, Fundación Banco Boston, 1991): Introducción.

[36] Nos referimos, entre otros, a Beatriz Bragoni, *Los hijos de la revolución. Familia, negocios y poder en*

interlocutores privilegiados a la clase dirigente, parte fundamental del proceso de consolidación de una elite nacional.[37] Un relato destinado a interpelar a la clase política en transición.[38] La denominada generación del 80 nacional tuvo su versión regional y representó un modelo de funcionamiento de una elite, de una forma de conducción del Estado y de la sociedad que fue característico de aquella época. Este período habría producido reconocibles y espectaculares crecimientos para el país y para la provincia. Así, el estudio de la elite mendocina de los años ochenta configura un representativo 'caso líder' de aquellas elites que estructuraron lo que se ha denominado el tránsito a la modernidad (consolidación del Estado nacional, inserción en el mercado mundial, unificación del mercado interno y estabilización de un régimen republicano de gobierno). Se revisa así el concepto de elite como una categoría política, bajo la hipótesis de que esta dirigencia mendocina fue la vanguardia de una etapa de transición, donde convivieron instituciones del liberalismo, un orden político republicano con resabios de la forma tradicional de dominación como el nepotismo, el corporativismo y el patrimonialismo propios del régimen mercantil. El carácter transicional de esta elite oligárquica determinaría una rotación de redes de poder, dando lugar a procesos de recambio favoreciendo a aquellas que habrían acumulado poder a partir de la consolidación del modelo de complementariedad entre la economía regional y la inserción agroexportadora en el mercado mundial. De esta manera logra reinterpretarse el período de gobernaciones provinciales que otros autores han denominado "gobiernos de familia". Es este mismo proceso de conflicto y movilización social el que explica el surgimiento de una nueva elite que iniciaría el proceso deslegitimador del modelo liberal vigente y que dará origen al radicalismo local.

En este punto de inflexión historiográfico, un lugar destacado para el ya citado *Los hijos de la revolución*, de Beatriz Bragoni. La investigación relata la génesis de uno de los grupos locales que enarbolan su poder a lo largo del período revolucionario e independiente y que formaron parte de la elite durante la incorporación de la provincia a la institucionalización y modernización nacional de los años ochenta. Una revisita a los archivos privados de los González posibilita el análisis de uno de los clanes familiares más poderosos del siglo XIX. Partiendo de un registro original que atiende a las prácticas cotidianas en los negocios, en la sociabilidad y en relación con el poder político, se exploran las redes y alianzas familiares y sociales que el clan construye. Así va configurando una "biografía del poder" que supera el exclusivo marco de la historia doméstica de las clases dominantes para interrogar sobre las condiciones sociales,

---

Mendoza en el siglo XIX (Buenos Aires, Taurus, 1999); Arturo Roig, Pablo Lacoste y María Cristina Satiari, *Mendoza a través de su historia* (Mendoza, Caviar Bleu, 2004); de los mismos autores, *Mendoza, cultura y economía* (Mendoza, Caviar Bleu, 2004).

[37] Pablo Lacoste, *La generación del '80 en Mendoza (1880-1905)* (Mendoza, EDIUNC, 1995).

[38] Ibid., Prólogo. Este trabajo es fruto de anteriores aproximaciones parciales publicadas en Pablo Lacoste, *Hegemonía y poder en el Oeste Argentino* (Buenos Aires, CEAL, 1990).

políticas y económicas de dicha hegemonía. Una perspectiva que organiza ciclos familiares, generaciones y tendencias estructurales al calor de las conductas, trayectorias y estrategias vis a vis con las dinámicas estructurales. Se debate, nuevamente, con las producciones historiográficas sobre los "gobiernos de familia" tributarias de una lectura del poder fundada en relaciones formales o institucionales[39] y de un determinismo económico.[40] Por el contrario, se trataría de prácticas centradas en los recursos que proveen las relaciones personales y de parentesco anteriores y que sobreviven incluso mucho más allá de la quiebra del poder de la elite conservadora. Se trataría, en síntesis, de formas de construir poder características de todo el siglo XIX, y aun en períodos posteriores en los cuales se legitiman otros principios de representación.

La trayectoria de los González no sólo le sirve a la autora para desentrañar el papel que las relaciones de parentesco y las estrategias individuales desempeñan en el proceso de constitución nuevas elites en la transición entre el régimen colonial y la conformación del nuevo estado central, sino para reflexionar acerca de la naturaleza de las relaciones entre las elites locales y aquellas que desde la primacía que obtienen en Buenos Aires estructuran un nuevo centro de poder. En este montaje, las contradictorias alianzas políticas que en diferentes momentos establecen los González nos refieren a un pragmatismo ortodoxo y subordinando al delicado equilibrio de poder que suponía constituir un grupo local en el marco de una dinámica de poder de naturaleza nacional.

Para concluir, hay en el campo de la historiografía regional un *aggiornamento* que representaría el intento por abordar temáticas no tradicionales. Es cierto que el conflicto político para las visiones tradicionales es casi exclusivamente un conflicto de valores y principios, al margen de intereses de dominio, o primacía social o económica. El ideal de una sociedad paternalista, cuasi feudal es la imagen que hegemoniza la mirada histórica de la corriente historiográfica tradicional. Pero también es el tiempo de cambiar los focos de lectura... agitar las arenas de la memoria. En la recuperación de una historia del discurso histórico que debe ser incorporado en su totalidad, estas raíces e itinerarios, en su mayoría, son hitos genealógicos de una vocación de conocimiento tan apasionada como imperfecta. En otras palabras, todos los trabajos citados aquí y en cada uno de los capítulos de este libro forman parte de una misma voz. Dicho de otra manera, mi texto es el resultado, siempre parcial, de tal escucha, de la que tanto se puede aprender.

---

[39] La autora se refiere aquí sobre todo al trabajo de Dardo Pérez Guilhou, "Repercusiones de Pavón en Mendoza" compilado por el mismo autor en *Ensayos sobre la historia política...*

[40] Se refiere aquí al trabajo de Pablo Lacoste, *La generación del '80...*

Capítulo I

Ecos de un legado.
Frontera y casa colonial

I

Dependiente de la capitanía general de Chile, la provincia de Cuyo comprendía hasta su anexión al virreinato del Río de la Plata en 1776, el "inmenso territorio que se extiende desde la Cordillera Nevada hasta los confines de Tucumán".[1] Tierra del arenal, San Juan abarca la zona montañosa formada por los cordones de la cordillera, fértiles valles y la llanura. Hacia el norte y sur de la capital y en el límite sureste de San Luis, el suelo está constituido por médanos y una gran extensión de travesías o desiertos. Mendoza presenta al norte y al este una vasta planicie de arena arcillosa y salitrosa con una vegetación pobre. Grandes bosques y praderas ocupan parte de la provincia y culminan en los bellísimos valles protegidos de la cordillera. San Luis es una planicie ondulada con arena granítica muy rica en mica a unos seiscientos metros promedio de altura sobre el nivel del mar. Los bosques ocupan la mitad de la provincia y la Cañada de la Travesía debió de haber sido un gran torrente marítimo que caía desde el norte y se vaciaba en el Bebedero.[2] Para toda la región, clima seco y saludable. Mendoza y San Juan sacan el vino para las provincias de Tucumán y Buenos Aires. San Luis de Loyola se mantiene con el tránsito. Sus producciones agrícolas también llaman la atención y sellan la anexión del virreinato del Río de la Plata.

---

[1] S. J. Alonso de Ovalle, *Histórica relación del Reyno de Chile* (Roma, 1646).
[2] Véase Marin de Moussy, *Description Géographique et statistique de la Confédération Argentine* (París, 1860-1864).

"Paisaje de Tupungato", 1987. Carlos Alonso, colección Museo Guiñazú. Casa de Fader. Óleo.

Pero no solamente era Chile, también el Pacífico. Numerosas minas de cobre, hierro y estaño organizaban transitadas rutas comerciales desde los comienzos del siglo XVIII. Rumbo a Potosí, desde Cobija y a través de Chacanza, Calama y Atacama; rumbo al Atlántico, por la región de Cuyo. Además la flota Armadilla llegaba todos los años a Arica, trayendo mercancías de Europa y transportando el azogue para el beneficio de las minas. Y desde el establecimiento del tráfico mercantil francés, dicha ciudad se constituyó en un punto neurálgico del gran comercio.[3]

El panorama regional previo a la llegada de los españoles revela que la cultura ya estaba inserta en una larga genealogía de prácticas que involucraron imágenes, estilos y técnicas. En algunos santuarios cordilleranos aún permanecen grabados delicados dibujos: auquénidos, tridígitos, círculos, meandros, híbridos totémicos, todos mitos

---

[3] Amédée Frezier, *Relation du voyage de la Mer du Sud aux côtes du Chili et du Perou, fait pensant les années 1712, 1713, & 1714* (París, 1716).

primordiales de los primeros pobladores de Cuyo, y en especial de los huarpes. La región era una sola jurisdicción incaica. Un espacio donde la relación este-oeste producía un intenso contacto entre los pueblos de distintas franjas. Pueblos que se relacionaron pacíficamente con los primeros españoles, lo que ocasionó la rápida instalación de la jurisdicción de la gobernación de Chile.[4] Muy temprano, escribían de ellos los jesuitas: "Son en las cosas mecánicas muy hábiles, hay [...] carpinteros, herreros, sastres, tejedores y zapateros, y si nada de esto tuvieron, la industria de los Padres los ha hecho maestros".[5] Claro que el aprovechamiento y la explotación de la mano de obra indígena sostuvo la empresa colonizadora a través de las reducciones en las que los curacas negociaban los distintos tipos de inserción comunitaria, que se reforzaban con la mita y la encomienda. Y que el poder encomendero modelaba el discurso evangelizador. Los testimonios de silencio y producción social son todavía hoy una realidad histórica para resignificar. Entre sus monumentos, esa sensibilidad de frontera y la casa colonial.

Desde fines del siglo XVI, la revuelta araucana y el establecimiento de un ejército en el sur de Chile determinaron para la región una identidad de frontera, identidad que perduraría hasta bien avanzado el siglo XIX. El estudio de las fronteras debe vincularse a las luchas, intercambios culturales y mestizaje en contextos de conflictos y diferenciación étnica y cultural.[6] En el caso argentino para el período colonial se ha examinado el desarrollo de Mendoza, Córdoba y Buenos Aires en relación con los nativos que habitaban el sur, pehuenches y puelches, pampas y serranos, respectivamente. Con pocas referencias a los procesos fundacionales de dichas 'colonias'.[7]

Las leyendas de 'Trapalanda' o 'ciudad de los Césares', imágenes de una utopía de oro y plata e indígenas dóciles, abonaron las ambiciones de los españoles desplegadas en sus entradas al norte de la Patagonia, tanto desde Chile como desde la Argentina.[8]

---

[4] Silvia Palomeque, "El mundo indígena. Siglos XVI-XVIII" en *Nueva Historia Argentina* (Buenos Aires, Sudamericana, 2000): t. II, p. 99.

[5] Antonio Ruiz, *Conquista espiritual hecha por los religiosos de la Compañía de Iesus, en las Provincias del Paraguay, Paraná, Uruguay, y Tape* (Madrid, 1639).

[6] Raúl Mandrini, "Indios y fronteras en el área pampeana (siglos XVI-XIX). Balance y perspectivas", *Anuario IEHS* 7 (1992): pp. 59-72. Para el caso de la Araucanía véanse el clásico de Álvaro Jara, *Guerra y sociedad en Chile. La transformación de la guerra de Arauco y la esclavitud de los indios* (Santiago, Universitaria, 1981), y Andrea Ruiz-Esquide, *Los indios amigos en la frontera araucana* (Santiago, Universitaria, 1993).

[7] Así denomina estas 'avanzadas' de la expansión española Margarita Gascón, "De periferia a frontera: Identidades en transición en el borde austral del virreinato del Perú" en Ricardo Cicerchia (comp.), *Identidades, género y ciudadanía. Procesos históricos y cambio social en contextos multiculturales en América Latina* (Quito, Abyayala, 2005).

[8] Pedro de Angelis (comp.), *Colección de obras y documentos para la Historia Argentina* (Buenos Aires, Colmegna, 1900): t. 1, pp. 350-365.

Desde Chile, Buenos Aires y Córdoba se organizaron expediciones de expansión con el propósito de sentar dominio sobre territorios apenas conocidos. Campañas más épicas que bien dotadas de recursos, las que no pueden superar los 35° de latitud sur. Fue el gran levantamiento araucano de 1598 el que obligó a la Corona a fijar un ejército permanente de 2000 soldados remunerados con el situado peruano. Esto cambiaría definitivamente todo el paisaje de la región. Desde Mendoza, huarpes desnaturalizados poblarían las afueras de Santiago, cerca del 40% del total de los nativos en el área. Verdaderas corrientes migratorias abonadas por soldados desde Perú, España, Portugal y el Paraguay. Así Santiago se hizo robusta, dinámica, urbana y poderosa.

Las necesidades del ejército y los escasos recursos del Valle Central determinaron el aumento de las importaciones de ganado desde las provincias al este de la cordillera, nacimiento de una red mercantil regional, rasgo esencial de esta nueva frontera. Culminaba así la transición de periferia a frontera. Sobre Santiago cayó todo el peso de la protección de la retaguardia del virreinato del Perú.

Al sur de la ciudad de Mendoza, los potreros de Uco y Jaurúa engordaban el ganado exigido por Santiago para la alimentación de las tropas. Zonas de tierras vacantes por la desaparición o el éxodo huarpe.[9] El ganado movilizaba avanzadas de pehuenches y puelches, asociados a los araucanos. Así toda la región adquiría una verdadera identidad de frontera. La instalación del ejército profesional fue el motor del cambio.

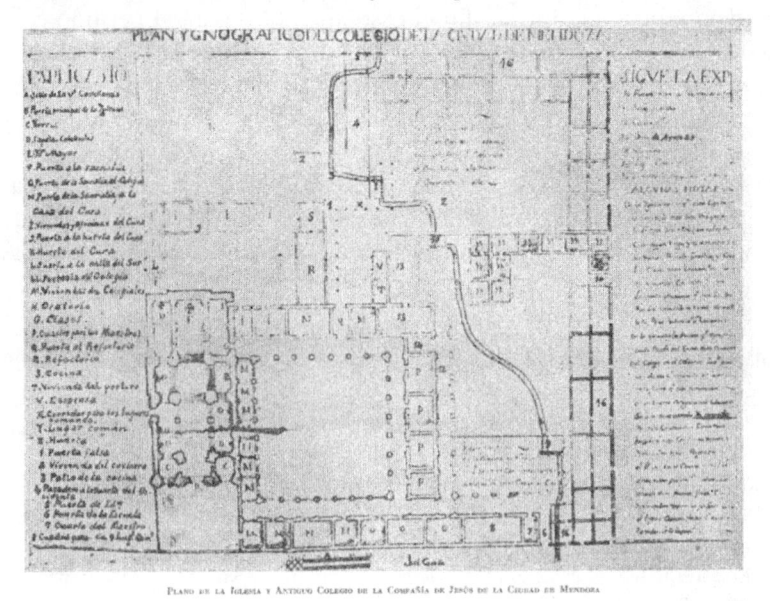

Plano de la iglesia y antiguo colegio de la Compañía de Jesús en la ciudad de Mendoza.

---

[9] Sobre el desarrollo económico durante la colonia véase Luis Coria, *Evolución económica de Mendoza en la época colonial* (Mendoza, Universidad Nacional de Cuyo, 1988).

Había que abastecerlo de ganado vacuno, caballos, municiones, yerba mate, tabaco, textiles. Los recursos provenían de las provincias trasandinas, y su paso por Mendoza y Córdoba dinamizó toda la región y sobre todo el celo para proteger y desarrollar sus recursos y rutas comerciales.

De la antigua ciudad colonial nos quedan numerosos testimonios literarios a lomo de mula de los eternos viajeros de la modernidad, pero muy escasa iconografía, a pesar de la furia contrarreformista de la conquista. Mendoza quedó entonces como esa ciudad baja organizada en torno a una plaza principal, de la que sólo sobresalen altos campanarios por descubrir. Y más allá, imágenes apenas visibles de ciudades-jardines y chacras frescas para el verano.

Región de las artes y oficios, los artistas viajeros como Rugendas o Monvoisin supieron reconocerlo en su tránsito a Chile o Buenos Aires. Los imagineros y artesanos nativos lo atestiguan dando nacimiento a la primera escuela cuyana de pintura iniciada en el exilio del pintor francés en Santiago.

La vinculación histórica cuyano-chilena puede seguirse en la configuración misma de las ciudades principales que abrigan un conjunto de características de un modelo urbano-arquitectónico trasandino lejos de las tendencias del litoral atlántico. Una masa edilicia robusta y compacta, excelencia material, gran sensibilidad paisajística y explosión de áreas verdes.

Las influencias estéticas de Chile determinaron una construcción pobre no desprovista de temperamento y nobleza. Las formas arquitectónicas cuyanas fueron luego evolucionando hacia el barroco, recibiendo el influjo del arte peruano y centroamericano, intensamente portadores de la impronta indígena. Pero la capitanía general sólo en 1670, luego de dos décadas de terremotos, calamidades y persecuciones, fundará un arte de marca regional.

Existen semejanzas entre la arquitectura de la capital de Chile y la de Cuyo, en particular en el carácter religioso de sus plantas. Las formas y las resoluciones de cuerpos y vacíos son casi idénticos. Para los ejemplos religiosos, la fuerte inspiración de las iglesias de San Ignacio de Loyola y la de Gesú en Roma. Así la planta de San Francisco de Santiago y la de la iglesia de la Compañía en Mendoza corresponden a una misma familia edilicia, con la única diferencia de la doble torre que posee la Compañía. Y así también soluciones similares en la forma de crucero junto con la de la Compañía de Santiago.

Más aún. La influencia de la metrópoli sobre la arquitectura civil tanto de Chile como de Cuyo sobrepasa los detalles y el ornamento. Con base en los principios rectores de la casa griega y romana en sus versiones españolas, los diseños urbanos americanos replican pilares, sopandas y balaustradas de madera. Así también, en el mundo rural se aprecian simulacros de la posada de la sangre de Toledo, las casonas de Castilla, las dehesas y cortijos de Andalucía.[10]

---

[10] *Documentos de Arte Argentino. Cuaderno XVI. Región de Cuyo* (Buenos Aires, ANBA, 1943): p.14.

Entre los materiales más utilizados a ambos lados de la cordillera, el adobe, la piedra y el ladrillo. La falta de madera y teja en Cuyo se suple con los techos de totora, paja brava y pasto puna en San Luis de la Punta, y con los típicos techos inclinados de barro y paja sobre estructura de cañas, o por azoteas de barro o ladrillo en Mendoza y San Juan. Será a principios del siglo XIX cuando Mendoza podrá contar con madera para la construcción, gracias a las plantaciones de álamos italianos realizadas por Juan Cobo. Otra de sus carencias: la región nunca estuvo provista durante su etapa colonial de vidrio plano, ni más importante aún, de suficiente mano de obra.

Fachada lateral de la capilla de Las Lagunas.

Las fundaciones fueron precarias pero prometedoras para el proyecto colonial. San Juan de la Frontera contó con 23 vecinos encomenderos y 1500 indios tributarios. Mendoza con 45 encomenderos y 2500 indios tributarios. Esta verdadera ciudad era el hito fundamental de los largos viajes entre Buenos Aires y Santiago. Trazada en damero entre el Zanjón y el tajamar, el casco urbano se componía de plaza principal, Cabildo, la noble casa del Gobernador, iglesia matriz, de la Merced, de San Agustín, de Santo Domingo y la de San Francisco. Casas de adobe, algunas de dos pisos rodeadas de huertas y árboles frutales. Entre la ciudad y la vista de la cordillera, acequias y canales de riego que alimentaban la campiña. Uno de los lugares más saludables del mundo.[11]

---

[11] Robert Proctor, *Narrative of a Journey across the Cordillera of the Andes and of a Residence in Lima and other parts of Perú in the years 1823 and 1824* (Londres, 1825).

Fuera de la ruta a Santiago, San Juan de la Frontera era famosa por su adusta catedral de piedra blanca y por el convento anexo a la capilla de Santo Domingo. Una ciudad noble, pobre y promisoria.

El panorama de 'La Punta', entre Mendoza y Córdoba, fue diferente. Se trató de un grupo de españoles que establecieron un pueblecito. También fortín de avanzada, San Luis de la Punta fue fundada teniendo en cuenta su situación topográfica con relación a Punta de los Venados. Algunos años más tarde, se hablaba de un San Luis modesto y rectangular, con una plaza triste, la pequeña prisión, el Cabildo y un fuerte rudimentario. En su entorno, casas de adobe sin revocar con jardines y huertos cercados por tapias.[12] Una de las ciudades más pobres de América del Sur.[13]

Desde los primeros tiempos de la dominación, los jesuitas, exploradores, catequistas y constructores, imprimieron a la cultura un sesgo religioso inconfundible.[14] Los jesuitas se instalaron en Mendoza, capital de la provincia de Cuyo, en 1608. Entre sus primeras actividades, las relacionadas con la evangelización. Escribía el padre provincial Diego de Torres en 1612: "Debido a la liberalidad de la señora doña Ynnes de Carvajal, mujer del Capitán Lope de la Peña, se pudo atender a la enseñanza de los indios huarpes de aquella Provincia de Cuyo".[15] Así la residencia adquirió la categoría de Colegio, bautizado como de la Inmaculada Concepción por su primer rector, el padre Cristóbal Dioslado.

La obra tuvo diferentes momentos. Su composición constaba de la iglesia, el colegio anexo, la residencia y oficinas, y la hospedería para 'indios amigos'. La iglesia poseía dos torres que flanqueaban el nártex y tres naves. La central estaba cubierta por una bóveda de cañón corrido con lunetos, y las laterales, bastante más bajas, cubiertas por bóvedas de arista, de planta cuadrada. El crucero sostenía por medio de pechinas la media naranja, que se completaba con una pequeña linterna. El presbiterio era profundo y remataba con un altar mayor en su pared de fondo. Del lado del Evangelio había una capilla y del lado de la Epístola, la sacristía comunicada con las oficinas y con puerta al patio. Desde allí se accedía a las habitaciones y a la huerta de la orden.

De la iglesia matriz dice el obispo Romero al rey en 1711:

> Tiene la iglesia de largo cincuenta y nueve varas y cuarta, diez varas y seis de ancho; sacristía con seis varas en cuadro, baustisterio con cinco varas y media en cuadro; el antepecho que sirve de cementerio, para reparo de las avenidas tiene de largo ochenta y una varas por cada costado y de ancho cincuenta y cinco varas.[16]

---

[12] Alcide d'Orbigny, *Voyage pittoresque dans les deus Américques* [Basado en la obra original (1829) y editado por Alfred Jacobs], (París, Furne, Jouvet, 1867).

[13] John Miers, *Travels in Chile and La Plata*, 2 vols. (Londres, Baldwin, Cradock and Joy, 1826).

[14] P. Guillermo Furlong, *Los Jesuitas y la cultura rioplatense* (Buenos Aires, Editorial Huarpes, 1946).

[15] *Cartas anuas de la provincia del Paraguay, Chile y Tucumán de la Compañía de Jesús*. Facultad de Filosofía y Letras. Iglesia (Buenos Aires, 1927).

[16] Citado en José Aníbal Verdaguer, *Lecciones de Historia de Mendoza* (Mendoza, 1918).

La construcción estuvo cimentada sobre piedra y todavía pueden verse los macizos de ladrillo y adobes en los pilares y bóvedas. Debido a la falta de madera, un contingente de mulas arrastró un cargamento de algarrobos desde Chile, los que se usarían como vigas en la construcción y que fueron acompañados con maderas de perales de las huertas de los vecinos. Un verdadero proyecto trasandino. Claro, de toda esta obra sólo quedan ruinas como consecuencia de las sucesivas catástrofes y reedificaciones que se hicieron tras la inundación de 1716 y los terremotos de 1782 y de 1861.

Se entraba en el Colegio por la puerta del atrio. Estaba edificado a partir de un claustro abovedado de arcadas abiertas a un patio. El oratorio, las aulas y la cuadra daban a la calle, y las habitaciones de los colegiales y profesores se hallaban adosadas a la iglesia. Dos cuerpos paralelos a la nave en el segundo patio contenían el refectorio y la cocina el primero, y las dependencias del jardinero y la despensa, el segundo.

Las otras iglesias siguieron los pasos de la iglesia matriz. San Agustín, al lado del convento de Santa Mónica de los padres agustinos, se construyó con cal, adobe y ladrillo. Constaba de una torre de gran altura, conocida como el 'pico de Tupungato', tres naves y una puerta principal adornada con motivos barrocos, que todavía pueden apreciarse. La iglesia de la Merced, que con los mismos materiales pudo resolver mejor la luminosidad. Santo Domingo de Mendoza, de 1794, reconstruida luego de un incendio en 1843 y desaparecida completamente a causa del terremoto de 1861. Y la iglesia de San Francisco, setenta y una varas de largo por diez de tercia de ancho, con crucero de veinte varas y tercia, claustros y muralla, levantada con limosnas del pueblo, 'la mejor de la ciudad en su tiempo', destruida por el terremoto de 1782. Además de las notables, existía en Mendoza un buen número de capillas y oratorios. De las sobrevivientes que se mantienen en pie, la iglesia y calvario de la Carrodilla, las capillas del Rosario de Guaymallén y Retamo, la de los Salcedo, la de La Puntilla, la del Plumerillo y la de Rosario de las Lagunas.

La Carrodilla comprende iglesia, casa de ejercicios, plaza y calvario. Data de 1844 y posee un enorme campanario de influencia bávara. El calvario conforma una avenida con pilares que representan estaciones del vía crucis que remata en una capilla pequeña con imágenes de la Pasión y una ermita edificada.

Rosario de Guaymallén forma un conjunto con la habitación del obispo Aldazor, casa de ejercicios, donde se refugiaron las monjas de la Compañía de María luego del terremoto de 1861, y una capilla con acceso directo desde la calle. En ella se destaca un austero campanario de troncos de álamos que le brindan ese aspecto pintoresco y rústico a la vez.

Cerca del campo histórico de San Martín, la capilla del Plumerillo. Las transformaciones neogóticas propias del siglo XIX han modificado mucho su estructura y estilo originales, con mucha influencia francesa en particular en los sepulcros que rodean el altar.

Rosario de Las Lagunas se levantó sobre un terreno árido al sur de Las Lagunas. Posee un balcón techado sobre el pórtico que constituye un verdadero púlpito exterior, y el

Ruinas de la iglesia de San Agustín.

singular remate de su nave, fondo de muro recto sobre el que se adosó una mesa y el tabernáculo.

Todas las estructuras mencionadas están abrazadas por álamos, pimientos y eucaliptos. Detrás de las fachadas, viña y olivo, algún pino italiano y los torrentes de las acequias realzan la humanidad de esta arquitectura religiosa.

En 1655 los jesuitas se establecen en San Juan de la Frontera sobre los terrenos donados por Francisco Marigota. Allí se fundan colegio y templo, la iglesia de Santa Ana. Con el traslado de la ciudad, la iglesia se ubicó en la manzana sur de la plaza. Edificada por Juan de Oro Bustamante, síndico maestre de campo y dedicada a la Inmaculada Concepción, constaba de una nave imponente con capillas laterales, crucero y presbiterio. A pesar de las reformas, la actual catedral conserva las características propias de la arquitectura jesuítica.

Anexada al convento de Santo Domingo, la iglesia emplazada a mediados del siglo XIX. Modesta y orgullosa, guarda la celda donde vivió fray Justo Santa María de Oro. Aposento de espesos muros y techo de barro y paja, muy acomodado "al reposo de su espíritu reflexivo y la blandura de su carácter".[17]

San Luis, además de sus numerosas capillas, se distinguía por sus oratorios, casi todos de la primera mitad del siglo XVIII. La Escondida, San José del Desaguadero, Nuestra Señora del Rosario de Merlo y San Felipe de la Carpintería, entre los más destacados. Construcciones rústicas de álamo y dinteles de madera dura en forma de cimbra permanente.

En los retablos y pinturas logra apreciarse la influencia cuzqueña. Épocas en que las imágenes al servicio de la catequización trataban de organizar un universo cultural heterogéneo, contradictorio y violento.[18] La iglesia de Nuestra Señora de la Candelaria, parroquial de Mendoza, albergaba tres altares, el mayor con sagrario dorado, custodia ornada con esmeraldas, coral, oro y plata. Además de varios cuadros de bastidores nobles en madera y con travesaños y crucetas capaces de tensar todo lo necesario sus telas. En uno de los altares colaterales reposa la imagen del apóstol Santiago el Mayor, patrón principal de la ciudad. El altar de Santo Cristo poseía dieciséis láminas del Cruzo, que acompañaban las imágenes de Santa Bárbara y de Santiago Apóstol a caballo.

El retablo de la capilla de Nuestra Señora del Buen Viaje de Mendoza, bien provista de esmalte y oro, cobijaba un altar y una imagen de bulto de San Estanislao con el Niño, donación de María Lorenza Lemos. La Virgen del Buen Viaje, haciendo gala de su patronazgo, se trasladó al oratorio de Aranda en Cruz de Piedra, para luego volver a su anterior morada en tiempos del retorno de los jesuitas a Mendoza.

También la Carrodilla exhibía una importante colección de imágenes. Entre ellas, la de Nuestra Señora fue donada por el aragonés Antonio Solanillas, copia de las veneradas en el Santuario de Estandillo; un Cristo hecho por los huarpes que custodia la sacristía, y una imagen de vestir del Nazareno, con articulaciones y fuelle. A mi juicio, nada comparable con el delicado ícono de San Miguel de la iglesia del Rosario de Guaymallén.

De estas colecciones resalta la imaginería altoperuana. Robustas piezas policromadas, talladas en cedro, con vestiduras flotantes y con manos y pies trabajados con una técnica acabada, cuya procedencia es mayoritariamente quiteña. Así lo denuncia el procedimiento de madera policromada brillante, sobre yeso, encolada a la madera y dado el brillo con una vejiga de carnero. De la producción criolla, la ingenuidad y el trazo rústico del corte con cuchillo sobre la madera de higuera. Y en San Juan, en la capilla de Santo Domingo, un Cristo de técnica genuinamente indígena.

---

[17] Domingo Faustino Sarmiento, *Recuerdos de provincia* (Buenos Aires, Losada, 1995): p. 81.
[18] Serge Gruzinski, *La guerra de las imágenes. De Cristóbal Colón a "Blade Runner" (1492-2019)* (México, FCE, 1994): Introducción.

De las construcciones de arquitectura civil urbana y suburbana anteriores a 1861 poco queda en Mendoza. Para el caso de San Juan, tenemos la casa que construyó doña Paula Albarracín de Sarmiento:

> [...] había reunido mi madre una pequeña suma de dinero. Con ella y dos esclavos de sus tías Irrazábales, echó los cimientos de la casa que debía ocupar en el mundo al formar una nueva familia. Como aquellos escasos materiales eran pocos para obra tan costosa, debajo de una de las higueras que había heredado en su sitio, estableció su telar, y desde allí, yendo y viniendo la lanzadera, asistía a los peones y maestros que edificaban la casita, y el sábado, vendida la tela hecha en la semana, pagaba a los artífices con el fruto de su trabajo [...]. Hacia la parte sur del sitio de treinta varas de frente por cuarenta de fondo, estaba la habitación única de la casa, dividida en dos departamentos: uno sirviendo de dormitorio a nuestros padres, y el mayor, de sala de recibo con su estrado alto y cojines, resto de las tradiciones del diván árabe que han conservado los pueblos españoles. Dos mesas de algarrobo, indestructibles, que vienen pasando de mano en mano desde los tiempos en que no había otra madera en San Juan que los algarrobos de los campos, y algunas sillas de estructura desigual, flanqueaban la sala, adornando las lisas murallas dos grandes cuadros al óleo de Santo Domingo y San Vicente Ferrer, de malísimo pincel, pero devotísimos, y heredados a causa del hábito dominico. A poca distancia de la puerta de entrada, elevaba su copa verdinegra la patriarcal higuera que sombreaba aún en mi infancia aquel telar de mi madre, cuyos golpes y traqueteo de husos, pedales y lanzadera, nos despertaban antes de salir el sol.[19]

Pedro Parada Torres. "Ranchos". Colección Alberto Petrina. Acuarela. 1945.

---

[19] Domingo Faustino Sarmiento, *Recuerdos...*: pp. 188, 196-197.

En los suburbios dominan los jardines y los huertos. En torno a los jardines, corredores que protegen las habitaciones del frío y el sol. Corredores construidos con pilares de álamos sobre bases de algarrobo o piedra. En los alrededores de la ciudad de Mendoza, la casas que resistieron el temblor de 1861 se separan de la calle por un cerco de pilares de adobe y maderas, abierto en el centro por una gran portada. En una de las alas de estas casas se fijaba habitación, y en el ala paralela bodega (con locales especiales destinados a la miel) y enramada. La construcción, que en los mejores casos incluía hasta un altillo, era de adobe, con muros espesos, y techo inclinado de barro y paja. La huerta pudo contener ejemplares de maitén y jardines con rosas, margaritas, dalias y nardos.

Las construcciones rurales también tuvieron un fuerte carácter. Eran concebidas como conjuntos, abiertas al sol, protegidas del viento y abrigadas con anchas murallas de adobe. Entre ellas, la casa de ejercicios de La Carrodilla y el altillo de Los Hoyos. Ambas del siglo XIX, replican el estilo de casa chilena del siglo anterior, con pilares, sopandas, balaustradas y áticos a mediana altura. Sólo el barro cuyano reemplaza la teja chilena.

En el horizonte interior, las estancias jesuíticas. Las posesiones de la orden en San Luis comprendían una viña cercana a la ciudad, un molino con algo de terreno y la estancia San Francisco Javier en Estanzuela. Según inventario de 1771, la estancia constaba de seis leguas de sur a norte y cuatro leguas de oriente a poniente. Entre sus edificios, una casa de doce varas de largo por veinte de ancho, otra más modesta con techo de paja, un oratorio de media agua, una despensa y cuatro ranchos destinados a los peones y esclavos. El producto de las actividades económicas de estas propiedades se destinaba a mantener los colegios establecidos en las ciudades, aunque, por la escasa energía de la orden en las tareas propias de los estancieros, su rendimiento fue de poca monta.

De la región, la calidad multicultural. Junto a los resabios de las culturas indígenas, la gesta sanmartiniana, el riego artificial, la cordillera como símbolo de la libertad, los rituales del vino, el culto al árbol, un sentido propio de lo 'provincial'. Entonces el año 1861, una fractura del tiempo. Fundacional como aquel 1561, un terremoto destrozó la ciudad colonial de Mendoza, 'ruinas'. Desde allí una segunda fundación regional montada en la ideología del progreso y el liberalismo. Dos tradiciones en un abrazo partido. Todo este torrente cultural configura la idiosincrasia de los cuyanos. La presencia de la sublime cordillera, su lugar de frontera y colonización del desierto con la creación de 'ciudades-oasis', y la condición sísmica de su geografía organizan, en el entrecruzamiento de influencias étnicas, corrientes y estilos propios de la primigenia estructura cultural hispanocriolla.[20]

---

[20] *Arte de Cuyo* (Buenos Aires, AACCA, 1999): p. 10. Catálogo de la Exhibición "Arte de Cuyo", Centro Cultural Recoleta/Museo Sívori, septiembre/octubre de 1999.

Capítulo II

La región según Sarmiento.
Historias y paradojas autobiográficas

II

> Si estuviera destinado a perdurar, representaría con mi persona los principios, las ideas, los acontecimientos, las catástrofes, la epopeya de mi tiempo, puesto que he visto terminar y comenzar un mundo...
>
> René de Chateaubriand,
> *Memorias de ultratumba*

Las autobiografías proponen antes que nada un programa y un balance. El itinerario desde la persona hasta la épica de un tiempo evidencia la cercanía entre la biografía y las pretensiones de reconstrucción histórica. Este ejercicio de la memoria subsume la historia de una vida en la historia de una comunidad... nacional. Se trata de la búsqueda de un yo y del mundo a través de relatos retrospectivos de fragmentos de vida y de una exterioridad donde la función testimonial resulta evidente.[1]

Testimonio de vida convertido en registro histórico de una época. También, claro, de una pieza literaria, sensible a la armonía del estilo y a la búsqueda estética en la narrativa. De aquí una tensión entre la impostura y el testimonio de verdad. Una lectura interesada en ese ejercicio de evocación, de descripción, de construcción de imágenes, hace, a mi juicio, que la función histórica prevalezca sobre la literaria. Éste

---

[1] Jean-Philippe Miraux, *La autobiografía. Las escrituras del yo* (Buenos Aires, Ediciones Nueva Visión, 2005): pp. 45-46.

es mi punto de partida para entender algunos de los textos de Sarmiento, en particular *Recuerdos de provincia* y *El general Fray Félix Aldao*.

No se trata del reencuentro con la crítica positivista, y ese derecho del oficio de historiador a escrutar la veracidad de cada afirmación, sino de recuperar una poética de la historia que otorgue a este relato una significación antropológica. Si bien la confesión del pasado se lleva a cabo como una tarea de autocreación del presente, a diferencia de lo que sostiene el canon del análisis del género, me entusiasma más comprender la proyección del espacio exterior sobre el dominio interior, de los acontecimientos sobre esa conciencia personal que le da sentido.[2]

La autobiografía se sostiene como construcción de una imagen de sí, pero esa imagen es tan reveladora de la personalidad como de la cultura. Sarmiento elabora *Recuerdos* sobre la figura del hijo familiar y social en una genealogía de antepasados e historia regional, como un panteón de fundadores de la nación. Ha sido notable la ignorancia de la crítica literaria argentina de los planteos que desde el campo de la historia se vienen formulando sobre el género, producto del monopolio que la literatura ha ejercido sobre los textos de Sarmiento. Me refiero al auge del registro biográfico como testimonio histórico tan ingeniosamente demostrado por la microhistoria. Los imaginarios sociales ofrecen a los sujetos representaciones de mundo dotadas de sentido: saberes que además imponen tabúes y retóricas del lenguaje, y cosmovisiones dominantes o emergentes. Así, la búsqueda de climas de época, esos territorios discursivos complejos, se propone a partir de subjetividades, no sólo espectaculares, sino también de personajes comunes, populares, lo que ha dado resultados asombrosos que van más allá de las reconstrucciones ideológicas en tantos casos rígidas de los universos culturales, creando verdaderos itinerarios etnográficos en la historia de las ideas.[3]

Sarmiento fue un escritor esencialmente biográfico, en el sentido que le atribuyo al género en el siglo XIX, no sólo en aquellos textos en los que se propone serlo, sino también en los que escribe sobre otros asuntos:

---

[2] Entre las obras indispensables para el estudio de la autobiografía, Philippe Lejeune, *El pacto autobiográfico* (Madrid, Megazul-Endymion, 1994); Georges Gusdorf, *Auto-bio-graphie*, (París, Odile Jacob, 1991), y dos importantes colecciones de ensayos en *Poétique*: "L'Autobiographie", 56, 1983, y *Anthropos*, "Suplemento La autobiografía y sus problemas teóricos. Estudios e investigación documental", 29, 1991.

[3] Existen numerosos trabajos sobre la autobiografía en Sarmiento, entre ellos, el texto imprescindible de Adolfo Prieto, *La literatura autobiográfica argentina* (Buenos Aires, CEAL, 1982). También la temática es desarrollada por Carlos Altamirano y Beatriz Sarlo, *Literatura/Sociedad* (Buenos Aires, Hachette, 1983), y Silvia Molloy, *Acto de Presencia. La escritura autobiográfica en Hispanoamérica* (México, Fondo de Cultura Económica, 1996). La microhistoria ha sido una corriente surgida hace algo más de dos décadas, cuyos exponentes más destacados son Carlo Guinzburg y su clásico, *El queso y los gusanos* (Barcelona, Muchnik Editores, 1997), y Giovanni Levi, quien ha dirigido la prestigiosa colección *Microstorie* de la editorial Einaudi y la conocida revista *Quaderni Storici*. Entre sus textos escogemos para citar *La herencia inmaterial* (Madrid, Nerea, 1990).

[...] gusto, a más de esto de la biografía. Es la tela más adecuada para estampar buenas ideas; ejerce el que la escribe una especie de judicatura, castigando el vicio triunfante, alentando la virtud oscurecida [...]. La historia no marcharía sin tomar de ella sus personajes, y la nuestra hubiera de ser riquísima en caracteres si los que pueden, recogieran con tiempo las noticias que la tradición conserva de los contemporáneos. El aspecto del suelo me ha mostrado a veces la fisonomía de los hombres, y éstos indican casi siempre el camino que han debido llevar los acontecimientos. [...] La biografía es el libro más original que puede dar la América del Sur en nuestra época, y el mejor material que haya suministrado la historia. *Facundo, o Civilización y barbarie*, y estos *Recuerdos de provincia* pertenecen al mismo género.[4]

Su narrativa se impone desde puntos de vista agudos y deliberados. Una visión de la Historia como construcción de grandes personajes queda puesta de manifiesto en este *gusto* por lo biográfico, a la vez que siente que su época, su presente, es el momento de América del Sur.

Sarmiento siempre regionaliza; civilización y barbarie son antónimos que tienen un fundamento espacial en dos territorios con características opuestas.[5] Sarmiento orienta su mirada positivista y determinista sobre la época, es la fuerza de la naturaleza condición del hacer humano: "el mal que aqueja a la República Argentina es la extensión: el desierto la rodea por todas partes y se le insinúa en las entrañas",[6] a la que asocia su pensamiento modernizante seguro de la eficacia de la educación y de la inmigración de pueblos 'más aptos' para el trabajo y el desarrollo.

Vio una América del Sur transformada. Pero el país sarmientino es tanto la Argentina como Cuyo, o la misma San Juan. Así, su idea de patria se nutre de categorías espaciales y sociopolíticas, es su "aldea'. Así, Cuyo es región, morada, país, paisaje que autoriza a soñar, el lugar de sus orígenes, de los espíritus que lo moldearon. Un Cuyo que trasciende la cordillera y se continúa en Chile con Santiago; Copiapó... Esta invención de la región como comunidad unida por lazos familiares, de amistad, de religión, que dominada por la barbarie, despertaba en Sarmiento un lamento crónico:

> Menos tiempo se necesita para que hayáis descendido de provincia confederada a aldea, de aldea a pago, de pago a bosque inhabitado [...] hoy no tenéis ya ni escuelas siquiera, y el nivel de la barbarie lo pasean a su altura los mismos que os gobiernan. De la ignorancia general, hay otro paso, la pobreza de todos, y ya lo habéis dado.[7]

---

[4] Domingo F. Sarmiento, *Recuerdos de provincia* (Buenos Aires, Losada, 1995): p. 13 y ss.
[5] Domingo F. Sarmiento, *Facundo. Civilización y barbarie* (Buenos Aires, Hispamérica, 1982): pp. 26-44.
[6] *Ibid.*, p. 26.
[7] Domingo F. Sarmiento, *Recuerdos...* , p. 28.

Además, la exaltación de una juventud pujante y sobre todo lectora. Al igual que aquellas primeras representaciones del John Bull británico algunos años antes y del otro lado del Atlántico. Su acceso a la lectura es también una opción ideológica que busca la desaparición de una mediación, la religiosa, para alcanzar la emancipación intelectual. Se trata de una concepción y de una visión sobre el futuro nacional:

> Sábese que en aquella Edad Media de la colonización de la América, las letras estaban asiladas en los conventos, siendo una capucha de fraile signo reconocido de sapiencia, talismán que servía para preservar acaso el cerebro contra todo pensamiento herético.[8]

Su escritura es un dispositivo cultural. Los últimos capítulos de *Recuerdos*, un verdadero catálogo descriptivo de sus textos, al mejor estilo de una bibliografía comentada, son, sin embargo, un retrato tanto de autor como de un proceso de fundación de identidades culturales.

No lejos de estos procedimientos, Sarmiento declara su pasión por la lectura de los escritores europeos –otra mediación– a quienes considera mucho más como interlocutores. Es una posición sobre la lengua y la literatura españolas, a la que con sutileza sobreimpone otras tradiciones:

> El cura Castro, acaso con el Emilio escondido bajo la sotana, enseñaba a las madres la manera de criar a los niños, las prácticas que eran nocivas a la salud, la manera de cuidar a los enfermos, las precauciones que debían guardar las embarazadas, y a los maridos en conversaciones particulares o en el confesionario, enseñaba los miramientos que con sus compañeras debían tener en situaciones especiales.[9]

La región logra un paisaje humano singular y común, inacabado, susceptible de ser modificado, mejorado, a través de políticas adecuadas y de la firmeza en las convicciones de biografías ejemplares.

Sarmiento escribió *Recuerdos de provincia* luego del *Facundo*, con la misma premura e intencionalidad. *Recuerdos* es su autopresentación. Si Rosas era la encarnación de la barbarie, él lo es de la civilización. Civilización que le fue negada desde su lugar de nacimiento, desde su condición de pobre, lejos de una educación formal, obligado a depender de su fuerza de voluntad y su ego.[10] Manifiesta sentirse, él mismo, Benjamin Franklin: "pobrísimo como él, estudioso como él". El Sarmiento autodidacta se educa

---

[8] *Ibid.*, p. 49.
[9] Obviamente se refiere al libro de Rousseau y a sus apelaciones por las libertades infantiles, en San Juan, en su pensamiento y debajo de algunas sotanas. *Ibid.*, p. 183.
[10] Discuto esta temática en un trabajo, "Journey to the Centre of the Earth: Domingo Faustino Sarmiento, a Man of Letters in Algeria", *Journal of Latin American Studies*, vol. 36, Part 4, 2004: pp. 665-686.

conscientemente para ser el constructor del país.[11] *Recuerdos* se torna, entonces, una biografía de biografías, personal y de un medio social contradictorio como todo hogar.

Estos recuerdos son una confidencia romántica, melancólica, íntima, donde naturaleza y personajes imbricados literariamente definen una identidad: "Las páginas que siguen son meramente confidenciales, dirigidas a un centenar de personas y dictadas por motivos que me son propios". El ser sanjuanino hunde sus raíces en el choque de dos grupos humanos, uno, el originario, los huarpes, y el otro, el español, el conquistador. Encuentro violento, de exterminios y alianzas. Los Mallea, cuenta Sarmiento, fueron acusados y denigrados con el mote de "mulatos".

Reconoce en los huarpes una "nación grande y numerosa [...] con ciudades [...] de vestigios rudos de ensayos en las bellas artes". En tres siglos habían sido diezmados, haciendo desaparecer "la vida civilizada de Cuyo por esos colonos españoles rezagados". Con todo, algunas costumbres huarpes pudieron sobrevivir: lanzar bolas, andar a caballo y el rastreo... casualmente aquellas costumbres tan características del gaucho.[12]

Mientras el huarpe echaba su canoa a las lagunas y pescaba, "el blanco embrutecido por el uso del caballo, desfila por el lado de los lagos con sus mulas, cargadas como las del contrabandista español, y si vais a hablarle de canales y de vapores como en los Estados Unidos, se os ríe", sentencia Sarmiento. Necios que no pueden ver las riquezas regionales delante de sus propias narices: "en Pie de Palo está el carbón de piedra, en Mendoza el hierro, y entre ambos extremos mécese la superficie de sinuosas lagunas [...] ¡Todo está allí, menos el genio del hombre, menos la inteligencia y la libertad!".[13]

Rescata la *Histórica relación del Reino de Chile* (1646) del jesuita Alonso de Ovalle, se entusiasma con las bendiciones de las tierras sanjuaninas, ya por entonces presentadas como de gran atracción para los extranjeros. Sarmiento reclama en pasado y acusa en presente, haciéndose omnipresente, asombra, cautiva. Así la región de Cuyo que Sarmiento relata es el producto de un espacio construido por una valoración cultural de la naturaleza y las genealogías familiares, y entre ellas, superlativamente, la suya.

¿Cuál es el Cuyo que Sarmiento imagina? Son sus memorias, sus amigos, su madre y sus hermanas, y hasta la contradictoria figura de su padre.

Es un Cuyo familiar, social y claramente urbano. Habla de los edificios, las residencias, las iglesias, los paseos públicos y las calles. Se muestra afín con el teatro y las tertulias. Sólo cuando se refiere a San Luis, redescubre el paisaje rural y campesino. Nos cuenta de los paseos por el campo que siempre culminaban en algún solar vecino, donde era convidado con mate y miel, paisaje abrasador y entrañable a la caída del sol

---

[11] Su autodidactismo no fue por elección, sufrió cada imposibilidad de acceder a la educación formal superior, y en cierta forma, se impone los exámenes y se evalúa constantemente. "Sarmiento no toma la pluma por mero alarde literario ni por vano pasatiempo, sino para pelear por sus iniciativas y realizarlas. Cuando escribe sigue siendo un formidable hombre de acción". Alberto Palcos, *Páginas confidenciales* (Buenos Aires, Editorial Elevación, 1944): p. 10.

[12] Domingo F. Sarmiento, *Recuerdos...* , p. 27 y ss.

[13] *Ibid.*, p. 33 y ss.

"prestando el oído a los ecos de la selva, el ruido de las palmas, al chirrido de las víboras, al canto de las aves".

Estrategia narrativa, apenas prólogos a la sabia labor urbanizadora: se diseña y reconstruye la iglesia, se inician las actividades escolares, dos acciones claramente destinadas a transformar el panorama: "Introdujimos flores y legumbres que nosotros cultivábamos [...] Fundamos una escuela [...] la capilla estaba sola en medio del campo, como acontece en las campañas de Córdoba y San Luis. Yo tracé [...] el plano de una villa, cuya plaza hicimos triangular".[14]

Se inclina por la San Juan ligada a la formación de la patria, al panteón de sus fundadores (Laprida, Oro, del Carril, y hasta Albarracín): "A la historia de la familia se sucede como teatro de acción y atmósfera, la historia de la patria. A mi progenie, me sucedo yo [...]".[15] Sarmiento reinventa su clan familiar. En la introducción "A mis compatriotas solamente", organiza una genealogía compleja que funciona como índice, la más lograda de sus estrategias autobiográficas. Aquí no escatima preferencias, borramientos ni arbitrariedad. Sin embargo es, de otra manera, su verdadera red de pertenencia. Los nobles personajes masculinos proceden, con unas pocas excepciones, de su línea materna. Aquí la primera aparición de la ejemplaridad que Sarmiento practicó con exceso en casi todos sus escritos.

Es una escritura del yo que presiona sobre lo que la época demanda, que se adelanta, que propone por primera vez destinos nacionales. Así, biografía y autobiografía decimonónicas se instalan como historia.[16] La modernidad latinoamericana así lo impone. Y Sarmiento hace gala de talento y visión. Escribe también para la posteridad y por esto trasciende el ejercicio literario. Deberá esperar nuevas preguntas, nuevas inquisiciones, nuevos interrogantes de una sociedad tan sinuosa en su itinerario federal y tan colmada de frustraciones. Es el mérito documental de una narración personal y moral necesariamente útil y didáctica, antesala de diagnósticos psicológicos y sociales, cuadros de época. Su importancia está dada por las proporciones que le otorgue la lectura, en mi caso, y haciendo justicia, bastante:

> Para completar este menaje, debo traer a colación dos personajes accesorios: la Toriba, una zamba criada en la familia; la envidia del barrio, la comadre de todas las comadres de mi madre, la llave de la casa, el brazo derecho de su señora, el ayo que nos crió a todos, la cocinera, el mandadero, la revendedora, la lavandera, y el mozo de manos para todos los quehaceres domésticos. Murió joven, abrumada de hijos, especie de vegetación natural de que no podía prescindir, no obstante la santidad de sus costumbres; y su falta dejó un vacío que nadie ha llenado después, no sólo en la economía doméstica, sino en el corazón

---

[14] *Ibid.*, p. 76 y ss.
[15] *Ibid.*, p. 216.
[16] Esta sección discute el interesante y controvertido capítulo "La autobiografía como historia. Una estatua para la posteridad" de Silvia Molloy, *Acto de presencia...*

de mi madre; porque eran dos amigas ama y criada, dos compañeras de trabajo, que discurrían entre ambas sobre los medios de mantener la familia; reñían, disputaban, disentían y cada una seguía su parecer, ambos conducentes al mismo fin. ¡Qué pensar en sorprender a la cocinera los niños de vuelta de la escuela, con su mendruguillo de pan escondido, introduciéndonos en vía y forma de visita, para soportarlo en el caldo gordo del puchero! Si el tiro se lograba, era preciso tener listas las piernas y correr sin mirar para atrás hasta la calle, so pena de ser alcanzado por el más formidable cucharón de palo que existió jamás, y que se asentó no menos treinta veces en mi niñez sobre mis frágiles espaldas.[17]

Encuentra en los personajes de su familia, el carácter y el compromiso que busca recrear en sus lectores/compatriotas/civilizados. La biografía es el género de los ejemplos. Su ascendencia familiar y social encarna esos moldes. Hombres de acción, como también lo es él, cultos y religiosos, mujeres laboriosas de insospechados méritos morales. Varones y mujeres, cuya bravura y voluntad los hacen erguirse como modelos: "Yo creo firmemente en la transmisión de la aptitud moral por los órganos, creo en la inyección del espíritu de un hombre en el espíritu de otro por la palabra y el ejemplo".[18]

Su padre fue una persona inestable, "trabajaba con tesón y caía en el desaliento". Sin embargo, este hombre poco singular, se convertiría en "ángel de la guarda" de todas sus desventuras republicanas desde los campamentos militares hasta el destierro. A través de él, el amor por "las ideas y preocupaciones de aquella época revolucionaria". La lealtad y el patriotismo fueron los valores que Sarmiento nunca dejó de reconocerle.

Fachada de la casa natal en San Juan.

---

[17] Domingo F. Sarmiento, *Recuerdos...* pp. 199-200.
[18] *Ibid.*, p. 180.

Casa natal de Sarmiento en la actualidad.

Sin duda, el papel estelar era el de doña Paula, quien marcó la vida y la pluma de Sarmiento. Su genealogía familiar es de vía materna. La línea paterna le habría endilgado en herencia la mala fama de "embusteros". Apenas rescata al obispo de Cuyo, Quiroga Sarmiento, siendo su encomiable modestia la virtud que le permitiría tal honor. Su temple habría sido esculpido por su madre con el ejemplo de vida. Y de ella Sarmiento recibe, indudablemente. su amor por la acción: la inteligencia como *praxis*.[19]

De ella también heredó esa fe tan particular que le permitía erguirse como juez con la libertad que le inspiraba su severo sentido común. La religiosidad de doña Paula era espontánea; rezaba si lo necesitaba por devoción a la Providencia, manifestación de Dios en todos los actos de su vida: "No conozco alma más religiosa y, sin embargo, no vi entre las mujeres cristianas otra más desprendida de las prácticas del culto". Es justamente esa autonomía la que organiza su conciencia libertaria. Jamás le tembló el pulso para acusar al pueblo español de haberse resistido "a los consejos de la sana razón oponiéndole prácticas absurdas, cruentas y supersticiosas".

De aquel grupo de su San Juan natal, algunos compañeros de escuela y de aquellos entrañables callejones de la aldea: Indalecio Gómez y Eufemio Sánchez, y los recordados Piojito, Barrilito, Velina, Chuña, Gaucho y Capotito, alborotadores de siestas, su "guardia imperial".[20] Y entre todos, José Ignacio Flores, vecino, condiscípulo, el amigo de toda su vida, "su hermano".

Clima de época en una San Juan de no más de 3000 habitantes, sin escuelas. Habría que esperar las clases de los hermanos Rodríguez llegados de Buenos Aires cinco años

---

[19] *Ibid.*, Sección "La historia de mi madre", pp. 177-195.
[20] Ana Zigon, "Sarmiento y sus amigos". *Todo es historia*, n°. 255, 1988, pp. 61-72.

más tarde. Entre los mejores, Sarmiento, claro, y su amigo y archirrival, nuestro conocido Antonio Aberastain. La lotería de becas para el Colegio de Ciencias Morales de Buenos Aires le fue esquiva. En realidad siempre se adjudicaban a los vástagos de las familias "decentes" de cada provincia y San Juan no fue una excepción. En la lista de agraciados figuraron el mismísimo Antonio, Indalecio Cortínez y Eufemio Sánchez. Cierto desinterés por las obligaciones escolares marcaría su destino, promisorio y en cierto modo original. Dice en su capítulo "Mi educación":

> Mi moralidad de escolar debió resentirse en esta eterna vida de escuela [...]. Últimamente obtuve carta blanca para ascender siempre en todos los cursos, y por lo menos dos veces al día llegaba al primer asiento; pero la plana era abominablemente mala, me escabullía sin licencia, y otras diabluras con que me desquitaba del aburrimiento, y me quitaban mi primer lugar y el medio de plata blanca, que valía conservarlo todo un día entero, lo que me sucedió pocas veces.[21]

De los juegos infantiles a los mandatos familiares y sociales, un tránsito imperceptible:

> Criábame mi madre en la persuasión de que iba a ser clérigo y cura de San Juan, a imitación de mi tío, y a mi padre le veía casacas, galones, sable y demás zarandajas. Por mi madre me alcanzaban las vocaciones coloniales; por mi padre se me infiltraban las ideas y preocupaciones de aquella época revolucionaria; y obedeciendo a esas impulsiones contradictorias, yo pasaba más horas de ocio en beata contemplación de mis santos de barro debidamente pintados, dejándolos en seguida quietos en sus nichos, par ir a dar a la casa del frente una gran batalla entre dos ejércitos que yo y mi vecino habíamos preparado un mes antes, con grande acopio de balas para ralear las pintorreadas filas de monicacos informes.[22]

Le atraían las sagas militares, y sobre todo la posibilidad de ejercer el liderazgo. Nueve años de escuela no le impidieron descargar energías e imaginación en eso que él llamaba ejército. Un joven pendenciero sin duda que encontraremos más tarde convertido en el adulto combativo, lúcido y apasionado.

En el panteón, junto a su padre y su madre, ya vimos, Antonio Aberastain, "pobre como yo", dirá Sarmiento. Amistad nacida en la infancia y prolongada hasta después de la muerte, manteniéndose viva en el recuerdo: "Nunca he amado tanto como amé a Aberastain".[23]

---

[21] Domingo F. Sarmiento, *Recuerdos...*, pp. 216-255.
[22] *Ibid.*, pp. 228-229.
[23] *Ibid.*, p. 223 y ss. "Individualidades de características diversas, apasionado y tumultuoso uno, prudente y reflexivo el otro, su hermandad se nutre sin embargo, a través de los años, de similares vivencias. Ambos sufren pobreza, proscripción y exilio y sustentan comunes ideales de

La honestidad de Aberastain y su sentido de justicia cautivaban a Sarmiento. Fue uno de los elegidos, se había graduado en Derecho en el Colegio de Ciencias Morales, donde, además, había aprendido inglés, francés, italiano, portugués y matemática... sobresaliendo en todo. Tenía la legitimidad que él no poseía, una amistad como aval de esa analogía que Sarmiento imaginaba: "la estimación de mí mismo por las muestras que me prodigaba de las suyas [...]. La estimación de los buenos es un galvanismo para las sustancias análogas. Una mirada de benevolencia de ellos puede decir a Lázaro: levántate y marcha".

Sarmiento y Aberastain son hijos de una San Juan de abolengo y restricciones económicas, de hidalguías heredadas de la colonia, pero sin las riquezas de aquella época: "Aún se habla en San Juan de entierros de plata de los antiguos, tradición popular que recuerda la pasada riqueza [...]. ¡Qué se han hecho, oh colonos, aquellas riquezas de vuestros abuelos!". Un deterioro que los avatares políticos se encargaron de agravar: "Desde su salida de San Juan, [se refiere a la partida de Aberastain] el Supremo Tribunal de Justicia es desempeñado por hombres sin educación profesional, y a veces tan negados los pobres, que para arrieros serían torpes".[24]

El exilio fue para Sarmiento la experiencia más decisiva en la conformación de esa elite:

> [...] en 1836, regresé a mi provincia [...] llegué por la amistad de mis parientes a colocarme entre los jóvenes que descollaban en San Juan, siendo más tarde el compañero inseparable de mis antiguos condiscípulos de escuela, los doctores Quiroga Rosas, Cortínez, Aberastain [...]. De aquella asociación salieron ideas utilísimas para San Juan, un colegio de Señoras, otro de hombres que hicieron fracasar, una sociedad dramática y mil otros entretenimientos públicos, tendientes a mejorar las costumbres y pulirlas, y como capitel de todos estos trabajos preparatorios, un periódico, *El Zonda*, que fustigaba las costumbres de aldea, promovía el espíritu de mejora [...]".[25]

Esta vuelta de Sarmiento a San Juan marca el inicio de su vida pública. Las actividades detalladas, "trabajos preparatorios", como las llama, tienen todo el peso de la presentación del hombre de ideas y de acción. Junto a él, "los jóvenes que descollaban en San Juan", aquellos que habían sido sus compañeros de escuela en la infancia, "hombres de valer, de talento, de luces, dignos de figurar en todas partes de América".

---

democracia, instrucción y progreso para la patria, regidos por sólidas pautas morales. Esta amistad fue realmente fructífera para ambos y para la nación a la que servían." *Aberastain y Sarmiento. Una amistad fraterna al servicio de la Constitución.* Conferencia pronunciada por Florencia Grosso de Andersen en la Cátedra Sarmiento de Sociología e Historia en Córdoba, 2002.

[24] *Ibid.*, p. 60 y ss.
[25] *Ibid.*, p. 267.

CAPÍTULO II • 55

El destierro es una forma de "diagnóstico". Como miembro de la generación del 37 atribuyó los males del país a tres grandes causas: la tierra, la tradición española y la raza.[26] Él mismo es hijo de esos "caracteres, hábitos e ideas" surgidos por "el predominio de la fuerza brutal, la preponderancia del más fuerte, la autoridad sin límites y sin responsabilidad de los que mandan, la justicia administrada sin formas y sin debates".[27] Sin embargo, es la misma revisión de estas raíces, de este pasado, lo que le otorga fuerzas para abstraerse y sobreponerse a fuerza de voluntad:

> [...] y creo que siguiendo mis huellas [...] puede el curioso detener su consideración en los acontecimientos que forman el paisaje común, accidentes del terreno que de todos es conocido, objeto de interés general, y para cuyo examen mis apuntes biográficos, sin valor por sí mismos, servirán de pretexto y de vínculo, pues que en mi vida tan destituida, tan contrariada, y sin embargo tan perseverante en la aspiración de un no sé qué elevado y noble, me parece ver retratarse esta pobre América del Sud.[28]

Escuela construida por Sarmiento en San Juan.

El ilustre sanjuanino posee un consciente arrollador. Él mismo lo declara en una de sus últimas secciones de *Recuerdos*, "Biografías". Se refiere a los "Apuntes biográficos" de la vida del Félix de Aldao. Fue éste su primer intento de proyectar épicamente la figura de un caudillo:

---

[26] Nicolás Shumway, *La invención de la Argentina. Historia de una idea* (Buenos Aires, Emecé, 2002).
[27] Domingo F. Sarmiento, *Facundo...*, p. 33.
[28] Domingo F. Sarmiento, *Recuerdos...*, pp. 216-217.

La biografía es el libro más original que puede dar la América del Sur en nuestra época, y el mejor material que haya de suministrarse a la historia [...]. Sin pretender la perfección literaria, ha querido solamente poner de relieve algunas de las figuras más enérgicas de la era de la independencia, y dejarnos entrever la fisonomía general de las provincias argentinas, las costumbres, las preocupaciones, las pasiones, en una palabra, la vida de aquellos pueblos a la vez guerreros y pastores.[29]

He aquí una secuencia, memoria, conocimiento y modelo. Fabulaciones, diría Alberdi, con cierta razón, simulacros revestidos de falsos certificados. Pero es el propio ejercicio autobiográfico en estas condiciones históricas el que otorga legitimidad a esa cadena como documento histórico y lo deja latente. Un juego de recuerdos y olvidos para quienes deciden 'narrar su vida'. El mismo Rousseau en sus *Confesiones* aclaraba el malentendido utilizando la metáfora del fresco stendhaliano.[30] Claro que desde lejos, el conjunto de historias parece coherente, dominado por una sensación de totalidad. La estructura del fresco da una impresión de armonía que se va corrompiendo al lograr mayor proximidad. Desde el nuevo punto de vista son perceptibles las grietas, los revestimientos en un proceso de degradación que el tiempo produce. Así, la obra es presencia y ausencia, fragmentos. El pacto autobiográfico es una manifestación de este sistema de representaciones elípticas que, lejos de ser falsas, nos obligan a someternos a la exigencia de los silencios, una tarea, hoy por hoy, en estado de extinción. Para los historiadores, una obligación:

Mis *Recuerdos de provincia* son nada más que lo que su título indica. He evocado mis reminiscencias, he resucitado, por decirlo así, la memoria de mis deudos [...]; he querido apegarme a mi provincia, al humilde hogar en que he nacido; débiles tablas, sin duda, como aquellas flotantes a que en su desamparo se asen los náufragos, pero que me dejan advertir a mí mismo que los sentimientos morales, nobles y delicados, existen en mí [...].[31]

Es por ese mismo tono que su escrito cenit sobre una historia regional se realza. No se trata solamente de un modelo moral; es un ejercicio de evocación de un *ethos* provincial que sus historias familiares rememoran, constituyen y registran:

Aquella cualidad industrial es inherente y orgánica en la familia de los Salas. Su padre don Joaquín Salas inventaba máquinas y aparatos para todas las cosas, y perdió una inmensa

---

[29] Ibid., p. 326.
[30] Sobre estas imágenes Jean-Jacques Rousseau, *Las confesiones* (Madrid, Alianza, 1997), retomadas por Jean-Philippe Miraux, *La autobiografía...*, p. 69.
[31] Domingo F. Sarmiento, *Recuerdos...*, p. 12. A partir de la década de 1940 este concepto es recuperado y enriquecido por las Ciencias Sociales. En la categoría espacial de sus elementos físicos, la región comienza a definirse como un conjunto humano, social y cultural. Beatriz Alasia de Heredia, "Acerca del concepto región". *Revista Estudios* n°. 11-12, enero-diciembre de 1999, pp. 83-95.

fortuna heredada de doña Antonia Irrazábal, parte en aquellos ensayos de su ingenio. Don Juan José Salas, su hijo, despunta por la misma capacidad fabril, que en San Juan, dados los hábitos de rutina española, se malogra en curiosidades improductivas. En fin, las señoras Salas, solteras, viven en una honesta medianía del producto de una industria que ellas han inventado, perfeccionado en todos sus detalles, y elevado a la categoría de una de las bellas artes. Son célebres en San Juan las flores artificiales de mano de las Salas que, sin exageración, rivalizan con las más bellas de París, cuyas muestras estudian a fin de adivinar los procederes fabriles, que en cuanto a la belleza artística imitan ellas a la naturaleza misma, y no pocas veces le harían aceptar una rosa de sus manos, o una rama de azahares, tal es la paciente habilidad que ha impuesto en copiarla hasta en los más mínimos accidentes. Su hermano don Saturnino ha continuado por largos años estudiando por vocación las matemáticas, enseñándolas por necesidad, enrolado en el cuerpo de ingenieros en Buenos Aires, y contento en la miseria, única recompensa hoy en su patria del saber que no se hace delincuente e inmoral. Mientras que aquel profundo matemático vegeta en la miseria, el gobierno de San Juan pagaba tres mil pesos anuales a un zafio desvergonzado que se daba por hidráulico, maquinista, ingeniero, abogado y entendido en cuanta materia se mencionaba [...]. ¡Salud, federación! ¡Por el fruto se conoce el árbol!.[32]

Sarmiento es un hombre del iluminismo. El yo, en tanto objeto hermenéutico, debe ser interrogado a partir de lo que lo constituye: su infancia, su historia, sus entornos. Un sujeto capaz de encontrar su verdad y su libertad en el imperativo de la reflexión sobre la moral, la historia y el devenir. Esa curiosidad filosófica que se vuelve hacia las preocupaciones mundanas. Escribe vidas porque éstas dan testimonio de sus tiempos, instauraurando figuras históricas en la retórica de los retratos y la ejemplaridad.

Así, sobre esta autoridad, sus textos portarán al menos dos atributos, hacia un pasado común de raíces, tradiciones y experiencias, y hacia el futuro, un universo rico en interpretaciones y perspectivas. Desde un retrato físico hacia un retrato moral, y la ejemplaridad operando al servicio de un humanismo hacia el porvenir.

Requirió además un movimiento de introspección, de emociones que debían enlazar remembranzas y acontecimientos. Diría en *Mi Defensa*, contestando los insultos de Domingo Godoy: "no conozco en los asuntos que son personales otra persona que el yo". La 'sinceridad' reemplazaba a la verdad. La vocación de conocimiento se transformaba también en convicción casi autoritaria por la reapropiación de un mundo presente dominado por peligros y asechanzas atávicas.

Sin embargo, en *Recuerdos de provincia* Sarmiento fija un punto de referencia para este itinerario de pluma y pensamiento, muy caros a la historia de San Juan y de Cuyo. Su intimidad y su honor vilipendiados lo inducen durante su estancia en Yungay a comienzos de 1850 a vislumbrar el futuro rememorando.[33] Agitó su yo por genealogías

---

[32] *Ibid.*, pp. 225-226.
[33] Juan Manuel Corcuera, *Sarmiento y el romanticismo* (Buenos Aires, Comisión permanente de homenaje a Sarmiento en Washington y en Asunción, 1982): p. 22. Gentileza del Museo Sarmiento.

y paisajes cuyanos, los Mallea, Albarracín, Flores, Gómez, Sánchez, Oro y Funes. También buscó en sus afectos familiares, las experiencias y las historias de vida, un mundo interior reflejo de esa 'realidad objetiva' de sus circunstancias. Necesitó siempre que su escritura le devolviera aquellas virtudes ejemplares imprescindibles tan propias el espíritu romántico en esa búsqueda apasionada del alma y territorio de los pueblos.

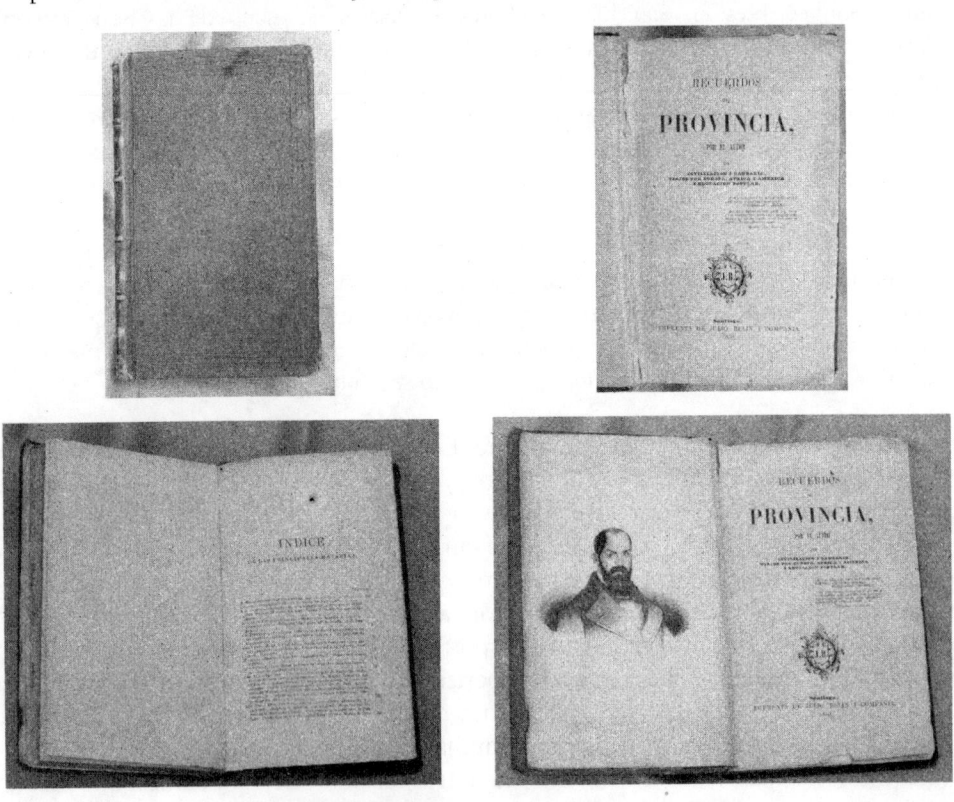

Portadas de *Recuerdos de provincia* en primeras ediciones.

Tradiciones, vida pueblerina, biografías, paisajes locales habían abordado el conjunto de las artes y las ideas en los comienzos del siglo XIX. Esas ficciones orientadoras de las comunidades, historias y mitos de la identidad nacional.[34] Y entre los fundacionales, el del héroe... cuyano, en la galería de celebridades argentinas.

Desde la declaración de autonomía, San Juan se había convertido en el epicentro de disputas políticas inacabables. La Sala de Representantes convocó a elecciones en enero de 1823. Los sanjuaninos varones mayores de edad eligieron a Salvador María del Carril, un joven abogado con experiencia en la función pública. En la Carta de Mayo,

---

[34] Nicolás Shumway, *La invención de la Argentina...*, cap. I.

la Constitución provincial, se adhería a los principios rivadavianos sobre las libertades públicas, la reforma religiosa y la expansión de la administración pública.

La sedición del clero y los sectores tradicionales sanjuaninos no tardó en estallar. En Mendoza, el gobernador y su equipo de gobierno solicitaron la ayuda del ex fraile Félix Aldao, por entonces el gran caudillo provincial. Aldao organizó un cuerpo militar, invadió San Juan y derrotó a los sublevados cerca de Pocito, en Las Leñas. Entró en la capital provincial y repuso al gobierno amigo.

Entre los sediciosos, José de Oro, hermano de la madrina de Sarmiento y a su vez pariente de los Sarmiento-Albarracín. Desde su exilio en San Luis, invitó a Domingo, quien a las pocas semanas llegaba a San Francisco del Monte. Durante varios meses, observó, estudió y reflexionó. Latín, traducciones, historia clásica, filosofía fueron los temas de sus informales clases. A fines de 1826, el propio Clemente Sarmiento lo iba a buscar. A su retorno a San Juan, lo esperaba la promesa del nuevo gobernador, el coronel chileno José Antonio Sánchez, de tratar de conseguir una beca para el Colegio de Ciencias Morales de Buenos Aires. Como tendero, realizó un conjunto de lecturas fundamentales para su formación, casi a escondidas en el almacén. La renuncia del gobernador implicaba una nueva frustración a sus ilusiones porteñas. El avance de Facundo sobre San Juan motivó un alzamiento unitario encabezado por Laprida, Rudecindo Rojo y Nicolás Vega. Este último, marino español convertido en independentista, decidió enfrentar a las fuerzas federales que venían desde Mendoza al mando de Francisco Aldao, hermano del ex fraile gobernador. Sarmiento acabaría enrolándose con destino al batallón que comandaba Javier Angulo. Tenía 18 años en su bautismo de fuego. Escaramuzas, saqueos, ocupaciones. Sarmiento termina en Mendoza, integrando el batallón de sanjuaninos contra los "montoneros, avestruces y cobardes". Por el momento el éxito era de 'el Fraile'. Sarmiento recordaría en febrero de 1845, en la introducción del personaje Félix Aldao:

> Treinta sables se veían en la orla de este cuadro subir y bajar en el aire con la velocidad del brillo del relámpago; entre esos treinta granaderos a caballo mandados por el teniente José Aldao, y en lo más enmarañado de la refriega, veíase una figura extraña vestida de blanco, semejante fantasma, descargando sablazos en todas direcciones. Con el encarnizamiento y la actividad de un guerrero implacable. Era el capellán segundo de la división que arrastrado por el movimiento de las tropas, exaltado por el fuego del combate, había obedecido al fatídico grito de ¡a la carga! precursor de matanza y exterminio cuando hería los oídos de los vencedores de San Lorenzo [...] traía aún el cerquillo desmelenado y el rostro surcado por el sudor y el polvo; dio vuelta a su caballo en ademán de descontento, cabizbajo, los ojos encendidos de cólera y la boca contraída [...]. La guerra lo llamaba, lo atraía, y quería desembarazarse del molesto saco que cubría su cuerpo, y en lugar de un cerquillo, símbolo de la humillación y de penitencia, quería cubrir sus sienes con los laureles del soldado.[35]

---

[35] Domingo F. Sarmiento, "El general Fray Félix Aldao" en *Obras Completas de Sarmiento* (Buenos Aires, Editorial Luz del día, 1949): vol. VII, p. 248.

Ese desdén por todo caudillismo, propio de la generación del 37, se inspiraba en una concepción elitista de la organización nacional según los parámetros de la modernidad y el republicanismo. Los ataques a sus símbolos, la tierra, la tradición, las masas populares, se contrastaban con el reconocimiento de una valentía y un carisma casi salvajes que alteraban los ánimos. Eran, en otras palabras, tan irreverentes como el propio Sarmiento:

> Mendoza que lo había visto, revestido de los ornamentos sacerdotales, ofrecer en los altares el incruento sacrificio, iba ahora a verle con charreteras en lugar de casulla sobre los hombros, y por cíngulo una espada. Las mujeres y los niños, al verle pasar, habrían de señalarle con el dedo, y con la sorpresa, la desaprobación y la novedad pintada en sus semblantes, trasmitirle al oído esta injuriosa frase: ¡el fraile!.[36]

Sobre esa tierra tan extensa reinaba la muerte. Sus caras, las tormentas, la barbarie, los misterios. Sarmiento no oculta su fascinación y cierta impotencia por una modernidad obstruida por estas fuerzas. Sin embargo, sus cuadros vulneraron tanta pasión e impulso ideológico, componiendo una verdadera poética de climas de época. Como anuncios del levantamiento contra Carril, el de "esa chusma fanatizada", dibuja:

> Por doquier se agitaba el caos; los nubarrones de la próxima tormenta asomaban torvos y negros en el horizonte; y como las aves que cruzan inquietas la atmósfera anuncian la próxima borrasca, los ánimos se agitaban por todas partes, la inquietud estaba pintada en los semblantes, y confusos murmullos que traía el viento [...]. De repente el trueno estalla en San Juan a los gritos de ¡viva la religión![37]

La vida de Aldao fue publicada bajo el título *Apuntes biográficos* y tuvo la clara intención de demostrar cómo la tierra influía en los asuntos humanos, otra forma intencionada de regionalismo. El fraile Aldao era mendocino de origen, cuyano como él, dominico como sus tíos curas. Compartían ese mismo legado colonial y revolucionario a la vez. Aldao. Pertenecía a ese grupo de familias patricias cuyanas que viven su dominio sin fronteras definidas. La idea de repúblicas separadas no existía en el imaginario de aquellas elites.

El general fraile, por la fuerza del relato, ejerce sobre él la misma fascinación del mundo bárbaro que condena. La fuerza de naturaleza humana es el instinto. Cuanto más indomable es el paisaje, más indomable es el ser que lo habita. Tentado por los clarines de San Martín que convocaban a libertar Perú, cometería la apostasía de tomar las armas y sentirse libre de autoridad eclesial para dar rienda suelta a su violencia instintiva. Esta apostasía pesará en la conciencia de Aldao de tal manera que Sarmiento justifica a través de ella esa necesidad de hundirse en la degradación del alcohol y el

---

[36] *Ibid.*, p. 253.
[37] *Ibid.*, p. 254.

juego, y del desorden que se vivía por entonces: "la embriaguez, el juego y las mujeres entraban a formar el fondo de su existencia". Pero fue en el Perú donde Aldao, según nuestro narrador, cometió los mayores atropellos, dedicándose al pillaje de poblaciones indefensas, atacándolas con violencia para satisfacer sus "pasiones desarraigadas". Sarmiento quiere mostrar de cuerpo entero al bárbaro. Veamos. Mandado a cuidar el Puente de Iscuchasca, se presentó allí con sus indios, que sabiendo de la proximidad y el número de tropas enemigas huyeron. No entendieron, murmura Sarmiento, que la furia de aquel hombre podía ser más mortal que el ejército español: "Por sangriento que hubiese sido un combate en el puente i por más efectivo el fuego de los españoles, habrían perecido menos hombres que los que quedaron víctimas de la cólera de un hombre".

Este hecho le ganó la destitución del Regimiento de Granaderos y la pérdida de su grado de teniente coronel. Entonces en Lima fue favorecido por el juego y el amor. Conoció a "una joven de familia decente, de figura agradable que realzaban quince años y las gracias que distinguían a las mujeres peruanas". Éste no era un amorío pasajero, "era una pasión profunda", que sin embargo no podía ser bendecida por "los indisolubles vínculos del matrimonio"; existía otro compromiso del que había renegado: sus hábitos. Sarmiento resalta una vez más esta doble apostasía de Aldao: la de haber tomado arma en mano y mujer en lecho. Víctima de su tiempo, culpa a la Iglesia, a la sociedad y a sus leyes:

> ¿Por qué la sociedad y las leyes se manifiestan tan severas en casos como éste, no hay medio que elegir, y en que fuera un vicio en circunstancias ordinarias, es una virtud recomendable? La Iglesia, por otra parte, se muestra implacable con los ministros que abandonan sus filas y quieren pasar a las de la sociedad civil. Si el padre Aldao hubiera podio legitimar su matrimonio y ordenar sus pasiones, dulcificadas por los goces domésticos, lo hubiese extraído de los crímenes y desórdenes a que más tarde se abandonó por despecho, quizá por horror de sí mismo.[38]

La vuelta a Mendoza agudiza en el personaje la crisis moral; ve reflejado en el rostro de aquellos que lo conocieron cura, el peso de la condena. Encerrado en el seno de su hogar, hasta el ser llamado padre por sus hijos le traía a la memoria la época en que sólo era el padre Aldao. ¿Cómo vivir con semejante carga?

La guerra civil lo convocó. A pesar de resistirse se dejó convencer por sus hermanos, que con conciencia de su poder buscaron la gloria y la riqueza en la guerra. Este "triunvirato de los Aldao" fue uno de los "peores azotes que la barbarie endilgó a la República", confirma Sarmiento. Los Aldao no tenían una idea propia por la que pelear más que su propio interés, moviéndose por lo tanto con esa libertad de un bando a otro, sirviéndose de los distintos partidos. Hoy podrá ser "Religión o muerte" y mañana

---

[38] *Ibid.*, p. 253.

"Federación". El fraile Aldao, cargaba con todo el peso de haber y haberse deshonrado, para el tormento de su propia alma y el terror de los que lo rodeaban.

Frente a ellos la figura del negro Barcalá, negro esclavo que "se sintió con fuerzas para ser caballero y lo consiguió con una conducta intachable y conocimientos profesionales y talentos estratégicos que lo colocaban entre los militares más cuadrados, según la célebre frase de Napoleón". De las figuras más distinguidas de la revolución argentina.

Como el propio Sarmiento, Barcalá había suplido la imposibilidad de una educación formal rodeándose de hombres instruidos, acercándose a las luces, preparándose:

> Era un hombre eminentemente civilizado en sus maneras, gestos e ideas [...], [tenía] un raro talento para la organización de los cuerpos, y la habilidad con que hacía descender a las masas las ideas civilizadoras. Los pardos y los hombres de la plebe se transformaban en sus manos, la moral más pura, el vestir y los hábitos de los hombres decentes, el amor a la libertad i a las luces, distinguían a los oficiales y soldados de su escuela.[39]

El texto biográfico implica, ya se ha señalado, un sistema argumental donde lo privado y lo público se contraponen en un único espacio discursivo. Esta tensión es manipulada por el narrador cuando el sujeto del acto biográfico se percibe como transgresor del entorno, de sus valores, de sus normas, de sus creencias. Las biografías se convierten, desde esta óptica, en una revelación privada de lo público. Parte central del contexto sociomoral en el que se desenvolvió Sarmiento fue ese espacio cultural y geográfico preciso que la crítica literaria ha subestimado. Y en ese territorio un vínculo esencial entre el narrador y su aldea. Dicho en otras palabras, textos en 'proceso de situación' en que el sujeto se ubica en dilemas tanto particulares como universales territorializados, historizados. Es sesgado, o al menos perezoso, ver mera subjetividad, o solamente arte. El Sarmiento de "fray Félix Aldao" no deja dudas:

> ¡Ah! Cuándo podrá escribirse la historia de la República Argentina, libre el ánimo de prevenciones del partido; y cuándo podrán leerla sus hijos, sentados en el hogar doméstico, sin un tiranuelo sombrío que les prive gozar a sus anchas del terrible drama de la revolución que abren los leopardos de Albión vencidos por mujeres, los leones de Castilla correteados por toda la América, ya que no les fue dado divisar el humo de nuestras habitaciones.[40]

Ahora mismo, diría yo... Aun en ese final degradado de cobardías y decrepitud, el personaje se desintegra, no como anulación subjetiva sino como representación del proceso político cuyano que el narrador provoca, expresando la fuerza anónima de un tipo de opinión pública. Es ésta la dimensión literaria del Sarmiento acusador que me interesó explorar:

---

[39] *Ibid.*, p. 259.
[40] *Ibid.*, p. 256.

¿Qué hacía en tanto Aldao? Su cobarde fuga del campo de Angaco le colocaba en una posición despreciable; el prestigio militar en Cuyo había pasado entero a Benavides, y en su provincia, en su propiedad, cuya quieta posesión había disfrutado por diez años, encontró el desdén de los vencedores. [...] Aquí termina la vida pública del general D. Félix de Aldao [luego de un intento de vindicación que Rosas le otorga a medias]; lo que sigue es la disolución lenta de un despotismo envejecido e impotente, la aniquilación de una vida repartida durante tantos años entre las fatigas de la guerra y la orgía de la paz, perseguido en todas partes por la conciencia de su vileza, y el odio y desprecio mal comprimidos del pueblo que degradaba.[41]

Él, que tuvo sus orígenes en esa San Juan presa del materialismo, la inercia y el abandono de "todo lo que constituye la vida pública [...] [y] que el despotismo exige", pudo gracias a su afán por escuchar a los hombres instruidos ir "dando asidero" a sus orígenes, a sus invenciones. Si su biografía podía constituirse en ejemplo del triunfo de la civilización sobre la barbarie, se debía a la fortaleza del propio género. Del otro lado, los personajes de la barbarie tan contundentes como él mismo.

El escenario donde estos protagonistas tan contrastantes actuaban era Cuyo. Desde San Luis hasta Mendoza, pasando por San Juan y Chile, todos se conocían. Venerados unos, temidos otros. El que nació sin vestido aprendió por mérito propio a vestirse; el que mereció los ornamentos sacerdotales prefirió abandonarlos en pos de sus instintos más primitivos, sin dejar, por ello, de sentir atormentada su alma. Civilización y barbarie: pasiones regionales. Su gusto por el género biográfico parece dar cuenta de su conciencia determinista pero también de su gozo por la voluntad de los pueblos:

> Decidle a la Europa que acá hai un pueblo y en un siglo seremos innumerables como las arenas del mar, nuestras llanuras cultivadas pueden convidar a todos los habitantes de la tierra para un banquete, espacio y alimento para todos.[42]

---

[41] *Ibid.*, pp. 275-276.
[42] *Ibid.*, p. 257.

Capítulo III

Economías y redes mercantiles.
De guerras, aduanas y catálogos

III

La guerra revolucionaria necesitaba de fondos. La administración nacional conducida desde Buenos Aires acumulará medidas reparatorias del magro erario y también algo de desprestigio. El 31 de septiembre de 1812 se decidió la creación de las aduanas de Mendoza y Corrientes. Mendoza será el 'punto preciso' al cual deberán dirigirse todas las introducciones que se hagan por la cordillera. Los derechos de tránsito como fuente de recursos del erario público afectaba el comercio interprovincial, una actividad vigorosa desde la segunda mitad del siglo XVIII. Las quejas del Cabildo de San Juan no se harán esperar, el 4 de septiembre de 1813 declara:

> Por orden de la aduana de Mendoza el año pasado de 1812 se prohibió a nuestros comerciantes de efectos de Chile el transitar y dirigir sus cargas como acostumbraban por la sierra a esta ciudad, precisándoles a tocar en la de Mendoza para pasar vista y registro de ellas en su aduana [...] no veo que se logren de ningún modo las lisonjeras ventajas que nos promete este principio; antes al contrario, es la ruina de este comercio obligando a sus individuos a que lo abandonen [...]. Los arrieros chilenos hacen sus fletes desde Chile a Mendoza a 5 pesos por carga, y a esta ciudad lo hacían cuando transitaban por la sierra a 5 pesos. A principios de este año los comerciantes de esta se hallaron entonces en Chile, sabiendo la orden prohibitoria del tránsito recto por la sierra a ésta solicitaron contratar sus fletamientos viniendo por Mendoza, conforme a la orden todos los arrieros se negaron, y sólo convenían en dejar la carga en Mendoza al precio de 5 pesos, alegando lo cansado de la atravesada de Mendoza a esa por sus gruesos arenales, su travesía de cuarenta leguas, su

esterilidad del campo, y fangales impenetrables que se forman cuando llueve, y consiguientes creces y avenidas que bajan de la sierra muy repentinas, y frecuentes en verano [...]. Todo el comercio de Chile principalmente se reduce a la extracción de azúcar para esta ciudad, Rioja, Córdoba, Catamarca, Santiago del Estero, Tucumán, y Salta, sus partidas son considerables, si acaso se ven precisados, como sucede hoy dirigiéndola por Mendoza [...]. El comerciante para extraer su negocio de Chile saca sus guías para su destino con la obligación de presentarlas en su guardia de cordillera donde tienen ministros suficientemente autorizados para su conocimiento y registros. ¿Por qué V.E. no hace lo mismo en la guardia que tiene puesta en el valle de Uspallata, punto preciso en el tránsito de todo arriero y división de nuestro camino con el de Mendoza, autorizándola para que registrando y tomando razón de las guías se las devuelva al interesado para que elija el camino más útil [...]? Algunos comerciantes para evitar los peligros del camino de Mendoza a San Juan que anteriormente he dicho sufriendo gastos innecesarios se han visto precisados a dirigirse personalmente a Mendoza, dejando sus intereses en Uspallata, interponer sus súplicas al administrador para que les permitiese el tránsito recto por la sierra [...]. Es por último señor excelentísimo perjudicial a la hacienda del Estado y sumamente gravosa al comerciante: luego que pisa la carga en Mendoza, o se toma razón de ella en la aduana se precisa al interesado a que inmediatamente pague los derechos. Esta disposición además de ser gravosa refunde en perjuicio del erario; porque el comerciante que había de emplear en Chile diez, no lo puede hacer sin reservar la tercera parte de este principal o tener nuevos fondos en Mendoza, o contraer nuevos créditos donde no los tiene para satisfacer los derechos.[1]

Las prestaciones forzosas para costear la guerra son pesadas cargas provinciales.[2] San Luis, la más pobre de las provincias cuyanas, aportó entre 1813 y 1819 cerca de 47.381 pesos de la siguiente manera: dinero en efectivo 4001 pesos; pago de oficiales y cabos veteranos 834 pesos; recluta y remisión de hombres 4281 pesos; socorro a oficiales y tropa de ejércitos diversos 1504 pesos; pago de esclavos 418 pesos; charqui, bayeta y pieles para la expedición de reconquista de Chile 4500 pesos; vacas, mulas y caballos para el mismo destino 11.000 pesos; pago de fletes 186 pesos; mulas, caballos y novillos para el regimiento de Granaderos a Caballo formado en la ciudad, de más de 600 plazas, para auxiliar a Buenos Aires ante el evento de una posible expedición española y que, al no producirse marchó a Chile 18.800 pesos; gastos de hospital y otros para ese regimiento 519 pesos, y en comisiones y remisión de pliegos a varios destinos 299 pesos.[3]

---

[1] Archivo General de la Nación (AGN), Sala X, Expediente 5-8-3.
[2] Un clásico para el tema, Tulio Halperín Donghi, *Revolución y guerra. Formación de una elite dirigente en la Argentina criolla* (Buenos Aires, Siglo XXI, 1972).
[3] Cifras redondeadas. Citado en Carlos Segreti, *La economía del interior en la primera mitad del siglo XIX. Cuyo* (Buenos Aires, Academia Nacional de la Historia, 1981): pp. 37-38.

Cualquier economía agrícola y familiar, como la cuyana, se resentía con la diáspora que provocaba la leva militar. Entre reclutados, desertores y huidos, la escasez de mano de obra era apenas retenida con la reaparición de la papeleta de conchabo. Para San Juan se decía:

> la experiencia misma ha acreditado que la gente de estos lugares es poco o nada aparente para el ejercicio de las armas. Así que cualquier costo que se impongan en su penosa conducción a tan larga distancia y los demás consiguientes no producirán jamás sino gravámenes al erario y perjuicios que irrogados inmediatamente a nuestro pueblo deben ser de no pequeña trascendencia al Estado.[4]

Gran parte del bienestar de los cuyanos dependía de la liberación de Chile, sobre todo su circuito comercial interrumpido desde la derrota de Rancagua en octubre de 1814. Paradójicamente y dada la estrechez del comercio exterior, la industria bélica funcionaría como incentivo del sector artesanal. Entre ellas, los vinos y aguardientes.

Las guerras napoleónicas no permitieron el arribo de buques de altamar. Así se evitaba la salida de metálico para la metrópoli, y más importante aún, se imponía un proteccionismo de hecho. Se hacía obvio que todos los ramos de agricultura, industria, artes y comercio debían recibir el fomento del Estado; así lo proponía el director Posadas. Las cargas de aguardiente de San Juan salían fundamentalmente hacia Buenos Aires, y en menor volumen hacia Santa Fe, Salta, Córdoba y Tucumán. En 1816, los caldos extranjeros se hacían sentir en el nivel de exportaciones de toda la región. Así San Martín dispuso un fuerte aumento de los derechos que gravaban su importación, y una representación de "los apoderados del comercio, labradores y cultivadores de los pueblos de Mendoza y San Juan de la Frontera" partía hacia Buenos Aires con el fin de promover y gestionar ante el Director Supremo la protección de la industria. El documento entregado se titulaba: "Representación que los apoderados de los hacendados de viñas de la provincia de Cuyo han hecho al Exmo. Señor Director de las Provincias Unidas del Río de la Plata".[5] Lo indudable es que, después de 1810, la introducción de vinos extranjeros a menor precio del 'principal y costos de los fabricados en el país' se acrecentaba y el verdadero rostro de la crisis económica era la interrupción del comercio con Chile. Su liberación significaba para Cuyo mercados y eventuales retornos de sus inversiones bélicas; así lo expresaba Toribio de Luzuriaga, teniente gobernador de la ciudad de San Juan:

> Por todo ello juzga el ayuntamiento que el arreglo sobre esta materia se debe circunscribir a las siguientes prevenciones: Primera, que los naturales de la América entablen su comercio

---

[4] AGN, Sala X, Expediente 5-8-3.
[5] Museo Histórico Nacional. *Documentos para la Historia del Libertador General San Martín* (Buenos Aires, MCMLIV): t. IV, p. 540.

ilimitadamente con preferencias para que puedan resarcir los incalculables gastos que han emprendido y tenemos que erogar hasta ver plantada nuestra permanencia [...].[6]

El Gobierno chileno se abría a los pedidos cuyanos. Sus comerciantes podían ejercer el comercio minorista, extraer oro y plata; se suprimen los derechos sobre la introducción de caballos y mulas, y, a pedido de los mendocinos, se aumentan los derechos sobre la yerba que se conduce por mar para favorecer la introducción por la cordillera. En el horizonte, la posibilidad de conectar Cuyo y el resto de las Provincias Unidas con el circuito comercial del Pacífico, a través de un tratado con Chile.

Santiago de Chile, la Cañada.

Aunque en el largo plazo, la fuerza del litoral Atlántico se haría irresistible, la guerra civil y el contrabando portugués demoraban la explosión de Buenos Aires como centro consumidor por excelencia de los productos regionales, y los problemas de aquella plaza se prolongarían más allá de 1820 con las invasiones de Francisco Ramírez y de José Miguel Carrera. La inestabilidad de los poderes nacionales conllevó la convicción de un itinerario productivo y comercial cierto para las provincias de Cuyo. San Juan y San Luis se independizaron de Mendoza, mientras las políticas arancelarias se autonomizaban. Con el bando del gobernador mendocino Pedro José Campos del 29 de abril de 1820, nace el primer reglamento de aduana provincial:

---

[6] Archivo Histórico de San Juan (AHSJ), Libro 54, f. 373.

Por tanto conformándome con el dictamen de la junta comisionada ordeno y mando: que la yerba que en adelante se introdujese en esta ciudad sólo pague por cada zurrón tres pesos por el derecho extraordinario de guerra y cada arroba de tabaco dos.
Todos los licores espirituosos como caña, ron, ginebra, coñac pagarán por su introducción 25 pesos por cada un barril.
Los licores fermentados como son el vino, cerveza, sidra, pagarán un doce y medio por cada un barril.
Todo artículo que se introduzca con pase y que su producto exceda de dos pesos por derechos de aduana será aforado en la misma y se exigirán los derechos corrientes como si viniese con guía.
Todos los artículos de comercio precedentes del Estado de Chile que hasta hoy pagaban el 25 por ciento de introducción a esta provincia pagarán en adelante sólo el doce. El gobierno se promete alcanzar de el de Chile la mutua rebaja de los que de esta sean conducidos a aquel Estado, para lo cual empeñará todos los arbitrios que le dicten la prudencia, dirigida por sus desvelos en beneficio del país [...].[7]

La política exterior chilena, recelosa de los sucesos políticos del Río de la Plata, continúa sin embargo favorable para los pueblos cuyanos. *La Gaceta* anunciaba con fecha 29 de septiembre de 1820 el decreto de libre importación a Chile de los efectos naturales e industriales de la provincia de Mendoza, para convenir el arancel que en tal caso deba regir para los de igual procedencia de Chile hacia esa ciudad. La Legislatura mendocina dictaría a comienzos de 1821 una ley de reciprocidad.

Mientras tanto Buenos Aires provincializa sus intereses. Desde el Interior se clama por la reorganización nacional, una constitución y el régimen federal. En este clima se iniciaban las sesiones del Congreso de 1824 reunido en Buenos Aires.

Los caldos cuyanos comienzan a ser afectados por una caída general de los precios de los alimentos. Resurge así el ramo de la minería. Cierto descuido pareció ser admitido tras la avalancha de peticiones para atraer capital inglés para la explotación de minas de oro y plata. Entre los recuerdos de las vicisitudes de la minería cuyana sobresalen los de Damián Hudson:

Durante el coloniaje se trabajaron las más abundantes y de más subida ley que se descubrieron de esas regiones, pero sin inteligencias, ni capital suficiente en el laboreo y beneficio de dichos metales, sin sujeción a las Ordenanzas del ramo, dadas por el Rey de España para México. El laboreo lo hacían puramente en 'disfrute', es decir, aprovechando todo el buen metal que encontraban, sin llevar la excavación de la mina con seguros pilares del propio mineral, como lo prescriben aquellas ordenanzas [...]. La guerra e independencia, la falta de brazos útiles y prácticos en esa industria, hizo abandonarla. Se redujo entonces a la busca de oro, a poca costa, por hombres de las campañas, llamados por ese su oficio,

---

[7] Archivo Histórico de Mendoza (AHM), Época Independiente, Carpeta 5.

'pirquineros', significado del que se ocupa en recoger con poco trabajo, lo desperdiciado en las labores abandonadas.[8]

El entusiasmo determinó que el 16 de enero de 1824 el gobernador de Mendoza autorizara a Rivadavia como Ministro de Relaciones Exteriores y Gobierno a solicitar y promover en Inglaterra el establecimiento de una sociedad de capitalistas para la explotación minera en Mendoza como parte del territorio de las Provincias Unidas. La influencia del teniente coronel José Arroyo, natural de la ciudad de La Paz, experto en mineralogía lo había animado para tal solicitud. A su vez, el gobernador de San Luis enviaba el 24 de enero del mismo año una descripción de la minería y campaña puntanas:

> En el año 97 trabajaron algunos mineros con bastante eficacia y de 18 quintales de metal sacaron varias veces hasta 24 libras de oro; así en la corrida del cerro (la Carolina) como en los lavaderos se encontraron pepas, la de mayor peso de 6 onzas de oro macizo y de tres hasta onza y adarmes muchas: según sonda de las guías que dio la aduana para la extracción de oro salieron en el referido año hasta 150 libras. Todas las faldas del cerro y aún las de otros crían oro en su superficie [...]. El cerro está situado en el extremo de una quebrada llana y espaciosa y desde su falda sigue la población a la vega de un arroyo de rica agua, tiene un templo de muy buena construcción. El temperamento es benigno pues se produce el durazno, el manzano, y toda clase de verza, hasta el tomate trayendo su planta. El campo es ameno y a pequeña distancia se encuentran en las quebradas arbustos que sirven de leña y suplen la del algarrobo que se trae de ocho leguas de distancia [...].[9]

En cualquier caso, tantos buenos augurios, promesas y afán de lucro no podrán torcer el rumbo del fracaso por el que transitarán prácticamente todas las empresas mineras de la época. Al mejor estilo del Lejano Oeste, muchos años después apreciamos este empecinamiento por una industria tan ardua. Una seguidilla de artículos de *El Zonda*, son el mejor ejemplo:

Sábado 22 de marzo de 1862
3ª Época. Año II, Número 30
Aviso
D. Juan J. Gamallo se ha presentado a la Diputación de minas, diciendo: que en el Mineral del 'Tontal' existe una vera virgen de metales de plata, conteniendo una cala abierta de 7 a 8 varas de hondura, con rumbo de Norte a Sud, siendo vista por el Norte a las minas nominadas Colon, Casualidad y Al Fin Hallada, de que se encuentra inmediata [...]. Lo que

---

[8] Damián Hudson, *Recuerdos históricos...*, pp. 3-5.
[9] AGN, Sala X, Legajo 5-8-5.

se avisa al público, para que dentro del término de la Ley, se presenten los que se consideren con derecho a dicha veta.
Román Jofré
Escribano Público de H. y G.[10]

Sábado 31 de mayo de 1862
Año II, Número 53
Minería
Noticia Satisfactoria
La hemos recibido del mineral del "Tontal" de un amigo nuestro, que nos manifiesta que en la mina Mediodía, de Zuleruelo Noasillo y Co. Se ha hecho un grande alcance de metales cálidos: en 10 días de trabajo, sólo con un barretero, se han sacado 25 cargas de metal de ley de 150 marcos por cajón.[11]

Jueves 12 de junio de 1862
Año II, Número 57
A Los Mineros
El que suscribe, ingeniero de minas, partirá para el 'Tontal' el 4 del corriente. Otras personas que tengan que mensurar sus minas pueden dirigirse a Joaquín Godoy.[12]

Jueves 31 de julio de 1862
Año II, Número 73
Aviso a Los Mineros
Oficina de Ensayes
Queda abierto desde la fecha, el Laboratorio Químico del Gobierno, en el convento antiguo de la Merced, donde se recibirán toda clase de ensayes y análisis, desde las diez de la mañana hasta las cuatro de la tarde.
Tarifa

Por cada ensaye de plata y oro	$5,00
" " " de cobre	$8,00
" " examen preliminar de metal de oro, plata y cobre	$1,00
Por cada análisis	$17,25

F. Ignacio Rickard – F.C.S.[13]

Martes 12 de agosto de 1862
Año II, Número 78

---

[10] *El Zonda*, fecha de referencia.
[11] *Ibid.*, fecha de referencia.
[12] *Ibid.*, fecha de referencia.
[13] *Ibid.*, fecha de referencia.

Máquina, Trapiche y Hornos
Para beneficiar metales de plata
El que suscribe pone en conocimiento de los mineros, que en la Iglesia tiene una máquina de toneles, un trapiche y hornos para beneficiar metales de plata; todo corriente y con los útiles necesarios. El beneficiador del Establecimiento es de primera clase, como científico y práctico.
Cruz Vera[14]

La vida local se impregnó de los conflictos interprovinciales. Por un lado la estrella de Quiroga y su ascendiente sobre parte de la elite mendocina, y por el otro, la contrafigura unitaria del manco Paz. La volatilidad de los 'programas industriales' de la región alimentaba la aspiración cuyana de concretar un tratado comercial con Chile. A fines de 1826, el ministro plenipotenciario en Chile, general Álvarez Thomas, firma con Manuel Gandarillas, ministro del Interior y Relaciones Exteriores de ese país, el 'Tratado de amistad, alianza, comercio y navegación', que reconoce reciprocidad perfecta y libre concurrencia de la industria. El papel no garantizaba la fluidez del tráfico, ni la protección de sus producciones, y las provincias cuyanas lo sabían. Mientras la situación del puerto de Buenos Aires no se calmase, la vía chilena florecería. Las mejoras en los caminos cordilleranos de Uspallata y Portillo emprendidas por mendocinos de más de 1800 pesos de inversión son el resultado de tal diagnóstico. La imposición de un real a toda carga que transite por la cordillera tendría justamente ese destino.

Por su lado San Juan, con menos recursos, sufre aun más la demora en la implementación de los acuerdos internacionales. El 26 de noviembre de 1827, la Legislatura dicta:

> Se autoriza al Poder Ejecutivo que pueda proponer y estipular con el gobierno de la República de Chile un convenio de recíproca libertad o baja de derechos para la introducción de los productos y manufacturas de la provincia de San Juan en aquella República, y de los productos y manufacturas de dicha República en esta provincia [...]. La sala de representantes se reserva la facultad de ratificar el convenio que estipule el gobierno en virtud del artículo anterior.[15]

La Liga del Interior formada bajo el liderazgo de Paz intensificará las iniciativas comerciales con Chile. El enviado del Supremo Poder Militar, José Márquez, ratificaría en enero de 1831 el acuerdo de libre introducción de productos mendocinos sin arancel alguno como "un canal donde sus frutos estancados, por falta de consumidores puedan ir a buscar otros mercados aparentes, que aunque menos cómodos por la distancia a que están, son más lucrativos, y de grande consumo".[16]

---

[14] *Ibid.*, fecha de referencia.
[15] Archivo Histórico de San Juan (AHSJ), libro 102, f. 329.
[16] AHM, Cuerpo Documental Época Independiente, Carpeta 705.

El entusiasmo inicial de las industrias cuyanas fue proporcional a los altibajos del proceso de integración Atlántico-Pacífico. La futura e intermitente reorganización nacional consolidaría gradualmente la hegemonía comercial de Buenos Aires, limitando el tránsito con Chile. Sin embargo, Mendoza y San Juan iniciarían en 1835 gestiones con el país cordillerano para la firma de acuerdos comerciales. Como consecuencia de la delegación del manejo de las relaciones exteriores en el Gobierno de Buenos Aires, Chile sólo concedió la firma a convenios de tipo privado. En ellos se reducían al 6% los derechos aduaneros a ambos lados, que incluían los siguientes productos cuyanos: vacunos al pelo, jabón, sebo en rama o colado, cueros de chinchilla, pasas de uva, frutas secas, macano (tinturas negras), pellones tejidos, cueros de vicuña, monturas de suela, jergas bordadas, lana, piedras de amolar, dichas para destilar, alfombras, riendas de cuero, pluma de avestruz, cecina, ganado vacuno, dicho lanar, caballos, mulas y burros. La Ley de Aduanas porteña de 1836 recoge en alguna medida las aspiraciones de las provincias de Cuyo, que celebran la prohibición de importaciones que perjudiquen a la industria y el alto arancel impuesto a los vinos y aguardientes.

La nueva guerra civil, que para Cuyo se prolongaría hasta fines de 1841, afectó las economías regionales y en particular al gremio mercantil. Las medidas de recuperación en torno a impuestos de patentes y derechos comerciales eran insuficientes. Así se permitió el regreso de los emigrados, entre ellos comerciantes y hacendados de prestigio y poder económico. La necesidad regional de un comercio trasandino estaba más que probada. Y la intervención anglofrancesa y el bloqueo del puerto de Buenos Aires refuerzan las ilusiones de un tráfico comercial definitivo con Chile. Ante la presión, el gobierno de Rosas decidió abrir en forma provisoria ese comercio a fines de 1846. Este impulso comercial arrojaría cierto alivio en los erarios provinciales y una tendencia de relativa autonomía para las provincias cuyanas, siempre sometidas al poder porteño. Mitre sintetizaría un poco después, los factores de estabilización del comercio con Chile y expondría una visión estratégica acerca de sus potencialidades:

> Pero aquel que no ha presenciado en los lugares mismos el crecimiento instantáneo del comercio trasandino, le sería difícil darse cuenta de las causas que lo originaron. Prescindiendo del peligro de indios, de los recargos de las aduanas terrestres, de las trabas de la aduana de Buenos Aires, de las leyes prohibitivas sobre la extracción del oro y la plata en este puerto, de las distancias, de los costos; la causa principal que precipitó definitivamente al comercio de la región andina por su ruta natural, fue la apertura del mercado de California, que desde luego trajo una demanda crecidísima de los productos de San Juan y Mendoza, especialmente de las frutas secas, que se llegaron a vender en San Francisco por precios fabulosos, a lo que se agregaba la demanda de jabón y otros artículos de primera necesidad.[17]

---

[17] Bartolomé Mitre, "Política comercial", *Los Debates*, Buenos Aires 10-5-1852, año I, n°. 28, p. 2.

Durante la década de 1860, el ciclo de prosperidad del comercio con Chile, la construcción del ferrocarril Rosario-Córdoba y la recuperación de la industria vitivinícola junto al incremento de la producción de trigo y harinas entusiasmaban a los cuyanos. Tal como lo anticipaba Mitre, el incremento comercial y en particular el negocio ganadero coincidieron con el impulso de la producción de trigos y harinas en el valle central chileno, granero de la ruta del Pacífico robustecida por la fiebre del oro en California.[18] Una relativa disponibilidad de capitales, producto de la balanza comercial favorable con Chile, permitió a los empresarios locales destinar parte de sus ganancias en la inversión vitivinícola. Dicha especialización, ocurrida principalmente en Mendoza, fue además el resultado de la reestructuración económica nacional que privilegió la producción cerealera del sur santafesino. Esta reconversión regional, fuente de diversificación económica y social, fue conducida por una elite organizada en torno a empresas familiares que controlaban las etapas estratégicas de la producción y los itinerarios del circuito comercial.[19]

La economía mercantil colonial impulsó la formación de fortunas a partir de la disponibilidad de crédito comercial. Las familias beneficiarias, unas pocas, combinaron estas actividades comerciales con otras productivas trazando vínculos eficientes entre el medio rural y el urbano. Su poder monetario, el acceso a información sobre el estado de los mercados, en particular los de la ruta al Litoral, y el sistema de lealtades familiares permitieron una etapa de acumulación y ahorro fundacional de este nuevo tipo de burguesía.[20] Un flujo comercial sostenido por la producción agrícola-ganadera de chacras, haciendas y estancias y un sistema ágil de cargas y carretas hacia un centro neurálgico de la nueva economía: Rosario.

El matrimonio conformaba la alianza preferida entre esta nueva burguesía y los apellidos de raíces más 'aristocráticas'. Verdaderos clanes familiares que articularon su poder económico y social con el ejercicio de la política y la justicia. Asimismo las relaciones comerciales estimulaban la ampliación del mercado matrimonial cuyano a las familias adineradas de Córdoba y Buenos Aires.[21]

La fuerza de atracción del Litoral, sin embargo, no hizo desaparecer algún destino trasandino del horizonte mental de las clases acomodadas cuyanas. Las universidades de Santiago, y en particular sus carreras de Derecho e Ingeniería; la prensa chilena, las

---

[18] Beatriz Bragoni, "La Mendoza criolla. Economía, sociedad y política (1820-1880)" en Arturo Roig et al., Mendoza..., p. 145.

[19] Emilio M. Navarro, *Contribución al estudio de la historia vitivinícola argentina* (San Juan, Editorial Sanjuanina, 1977); Beatriz Bragoni, *Los hijos de la revolución...*

[20] Jorge Balán, "Una cuestión regional en la Argentina: burguesías provinciales y el mercado nacional en el desarrollo agroexportador", *Desarrollo Económico*, n°. 69, 1918, pp. 49-87.

[21] Sobre estrategias familiares en América latina durante el siglo XIX, Ricardo Cicerchia, "The Charm of Family Patterns: Historical Background and Social Change in Latin America" en Elizabeth Dore (comp.), *Latin American Cross Currents in Gender Theory* (Nueva York, Monthly Review, 1997): p. 123.

casas comerciales y los clubes políticos fueron siempre espacios de convocatoria para los habitantes de la región. Como sabemos, la experiencia chilena fue, en muchos casos, plataforma de carreras políticas decisivas en la historia nacional.

Del terremoto de Mendoza a la contundencia del pabellón de las provincias cuyanas en la Exposición Nacional de Córdoba, pasaron apenas 10 años. El 20 de marzo de 1861 la sociedad mendocina se sacudía junto con sus cimientos. Aquí algunos testimonios:

Mendoza, marzo 22 de 1861. Al Excmo. S. Ministro de Estado en el departamento del Interior de la Confederación.- Me dirijo, Sr. Ministro a V. E., poniendo en su conocimiento la horrible catástrofe que acaba de sufrir este pueblo: **la ciudad de Mendoza no existe ya**. El 20 del presente, a las ocho y media de la noche, un estremecimiento de tierra redujo a escombros la ciudad entera, sin que haya quedado una sola casa; todo, todo ha sucumbido; y aunque el número de cadáveres no es conocido, se juzga que por lo menos no bajará de seis mil [...]. Ruego a V. E. no deje sin auxilio a esta Provincia, porque perecerán todos si carecemos de recursos. Dios guarde a V. E. Laureano Nazar. Por orden de S. E. Manuel Ahumada, Oficial Mayor.[22]

Lunes 5 de mayo. Me levanté a primera hora y salí a contemplar las ruinas de la ciudad condenada. El hotel está situado a la izquierda de la Alameda, frente a donde se alzaba el viejo centro de la ciudad; junto con unos pocos ranchos más, constituye todo lo que queda de Mendoza. Caminé por esa hermosa avenida de álamos [...] y quedé absolutamente atónito ante la horrible escena que tenía ante los ojos [...]. A lo largo de la calle no había una sola casa en pie; todo era una masa confusa de adobes, vigas y ladrillos. Las paredes derrumbadas de ambos lados cubrían la calle, y se explicaba la cantidad de víctimas (arriba de doce mil) que habían quedado sepultadas aquel fatídico 20 de marzo de 1861 [...]. Al acercarme a Santo Domingo vi tirados varios esqueletos humanos, y partes de cuerpos asomando de debajo de las masas más pesadas de mampostería. La visión me obligó a apartarme rápido. En muchas partes de la ciudad **vi la misma horrible exhibición: cráneos, brazos, piernas** [...].[23]

Señores Redactores de La Tribuna.
Señores: Si ustedes juzgan que pueda ser útil a la ciencia, podrán dar publicidad al hecho siguiente, observado en mi relojería, Perú 69. Serían las nueve de la noche del 20 del corriente, se hallaban varias personas en mi casa, una de ellas del mismo arte, me hizo notar que la péndula de un reloj de mesa a la sazón parado, tenía un movimiento bastante visible e irregular, a lo que presté poca atención. Pero esa misma persona, habiéndose allegado a mi

---

[22] Comunicado oficial del terremoto. Citado en Ismael Bucich Escobar, *Destrucción de la vieja Mendoza. La catástrofe más grande que el país ha conocido* (Buenos Aires, Librería Americana, 1941): Apéndice Documental (énfasis mío).

[23] F. Ignacio Rickard, *Viaje a través de los Andes* (Buenos Aires, Emecé, 1999): pp. 85-87 (énfasis mío).

regulador que tiene la frente (cuadrante) al naciente, me avisó que la péndula de dicho regulador oscilaba de un modo extraordinario, pues pasaba de ocho grados el arco que describía, siendo su marcha ordinaria de 2 grados. Nuestra sorpresa fue grande, y no conociendo la causa de estas oscilaciones tan precipitadas que podían alcanzar y romper los vidrios de la caja, detuve su marcha, para darle la que debía tener. Entonces fijamos nuestra atención a más de 25 relojes parados, y todos tenían sus péndulas en un movimiento irregular bastante notable [...]. Verdaderamente sorprendido [...] salí a mi puerta a ver el cielo que se hallaba del todo sereno [...]. Saluda a ustedes S. S. S. Federico Francois.[24]

A las nueve de la noche del miércoles 20 de marzo [...], me hallaba yo, al punto en que daba la hora el reloj de la torre de la Catedral de esta ciudad, en la joyería de don Ángel Scotto, para mandarle hacer un puño para un bastón. Estaba viendo diferentes alhajas de oro y piedras preciosas que tiene en la vidriera del mostrador, cuando al volver la vista a las otras vidrieras que rodean la tienda, observé que varias piezas que tiene colgadas en ganchos de equilibrio, como ser, tres o cuatro pares de estribos de plata, cuatro o seis cadenas de oro porta-reloj, y un cucharón de servir sopa, tres o cuatro cucharas doradas para salsera, y muchas otras piezas que también pendían en equilibrio, estaban en un movimiento continuo y violento que extrañé mucho. Hice notar al señor Scotto aquel movimiento extraordinario de tantas piezas, y le dije, que si estaría alguna persona por detrás afirmada al armazón. Él me respondió que no [...]. Observamos ese movimiento oscilatorio de las piezas en equilibrio, por más de doce minutos, y por aquel momento no encontramos causa aparente a que atribuirlo [...]. Sin embargo, el señor Scotto me dijo, que quizá aquel movimiento procedía de algún temblor de tierra, pues una cosa parecida le había sucedido en Montevideo, cuando se sintieron unos temblores en esa ciudad ahora años. Yo le dije entonces que así sucedía en los países aquejados de ese azote, como Chile, Perú, Caracas, Portugal [...]. Pero habiendo pasado esta noche por la tienda del señor Scotto, me llamó para recordarme, la coincidencia que se advierte, entre el fenómeno que observamos la noche del 20 con el terremoto que arruinó la ciudad de Mendoza, casi a la misma hora, según el parte publicado hoy; es ahora que he venido a explicármelo, admirando con doble razón, que el movimiento de tierra alcanzase a transmitirse a 160 o más leguas que habrá en la línea recta desde Mendoza al Paraná. [...]. Paraná, marzo 31 de 1861. A las diez de la noche. G. Espejo.[25]

La Cámara Legislativa de la Provincia, en uso de las facultades sanciona lo siguiente: Autorízase al S. P. E. para poder disponer de la suma de diez mil pesos de las rentas públicas, para invertirlos en el especial objeto de proteger la emigración de Mendoza, y prestar a la parte de habitantes que aun existen todos los auxilios de que pudieran precisar en su desgracia.

Facúltese igualmente para movilizar el número de fuerza que estime conveniente para hacer

---

[24] *La Tribuna*, Buenos Aires, 23 de marzo de 1861.
[25] *La Luz. Periódico Político y de Variedades*. Paraná, 7 de abril de 1861.

guardar el orden y proteger los intereses de aquella ciudad que se hallaren sepultados en las ruinas y demás [...]. Sala de Sesiones en San Juan. Manuel J. Zapata, Presidente.[26]

El gobierno de la Provincia. – Las lamentables desgracias de que ha sido víctima el pueblo de Mendoza, el día 20 del corriente, exigen [...] toda la protección que se debe a un pueblo hermano, para aliviar en parte su desgraciada situación. Decreta:
Nómbrase en Comisión para representar al Gobierno ante el pueblo de Mendoza a los ciudadanos D. Valentín Bargas y don Luis Maldonado [...].
Los comisionados a nombre del Gobierno proporcionarán a todos los desgraciados habitantes de Mendoza, que quieran trasladarse a ésta, todos los recursos que necesiten para su marcha y traslación. S. A. A. Carmen J. Domínguez.[27]

El impacto del terremoto sobre la región es enorme en la vida, los recursos y la memoria de los cuyanos. Sin embargo, en el contexto de cierta expansión económica en poco tiempo la recuperación es evidente. La cifra estimada fue de 8000 muertos casi todos de la ciudad capital.[28] Los datos del *Registro Estadístico* confeccionado bajo la dirección de Damián Hudson basándose en el Censo Nacional de 1869, así lo demuestra.[29]

Después del terremoto, Mendoza estuvo más que dispuesta a la promoción de la inmigración y sobre todo europea. El gobernador Luis Molina envió un plan de colonización del este y sur de la provincia al gobierno nacional y en 1864 se creó la Comisión Mendocina de Promoción de la Inmigración.

En 1869 la población total de la provincia de Mendoza llegaba a 65.413 habitantes. De ellos, los niños hasta 14 años sumaban 29.099. Del total de 36.786 adultos, los extranjeros representaban el 12,50%. Los totales de la ciudad también reflejan la recuperación demográfica luego del terremoto. Los adultos nativos alcanzaban la cifra de 4566 habitantes y los extranjeros 532, con una proporción muy cercana al índice provincial.

San Luis arroja para el mismo año un total provincial de 53.294 habitantes. Los adultos suman 27.397, y de ellos 26.923 son nativos, siendo los extranjeros una minoría de apenas 464 habitantes.

San Juan llega a los 60.319 habitantes en el mismo censo. Los adultos suman 34.018, repartidos entre 31.875 nativos y 2143 extranjeros. Para los tres casos es notable el desbalance sexual dentro del grupo de nacionales:

---

[26] Gobierno. San Juan, 23 de marzo de 1861. Citado en Ismael Bucich Escobar, *Destrucción...*: Apéndice Documental.
[27] Gobierno. San Luis, 24 de marzo de 1861. *Ibid.*
[28] José L. Calderón Masini, *Mendoza hace cien años. Historia de la provincia durante la presidencia de Mitre* (Buenos Aires, Theoría, 1967): pp. 12-14.
[29] *Registro Estadístico de la República Argentina*. Bajo la Dirección de Damián Hudson. Jefe de la Oficina de Estadística Nacional 1869-1870 y 1871 (Buenos Aires, Imprenta Americana, 1873): t. VI.

	Varones	Mujeres
Mendoza	13.994	17.792
San Luis	11.454	15.469
San Juan	13.684	18.191

Cifras relativamente razonables para economías mercantiles, pero que por su volumen indican procesos migratorios masculinos impulsados por el auge de la producción cerealera del Litoral. En el contexto del proceso migratorio nacional, las provincias cuyanas adquirieron rasgos particulares debido a su situación de zona de frontera y su estrecha relación con Chile.

Es notorio el caso mendocino, entre 1860 y 1880 el predominio de la comunidad chilena. La relación de la provincia con la región del valle central chileno y su ubicación de nexo entre Buenos Aires, Córdoba y Santiago de Chile, alternativo al paso de Magallanes, estimuló su agricultura y la demanda de brazos chilenos. Mendoza fue un destino posible, auspicioso y cercano para los pobladores del corredor cordillerano entre Santiago y la provincia cuyana. De un total de cerca de 11.000 inmigrantes trasandino en la Argentina, el 53% decidió radicarse en Mendoza.[30]

Por otro lado el porcentaje de inmigrantes europeos en la región era escaso. La mayoría de los extranjeros era de origen chileno, seguidos por italianos, españoles y franceses. Los europeos constituyeron un flujo migratorio en ascenso sólo a partir de 1885 con la inauguración del ferrocarril y la ampliación del límite sur de la provincia, atravesando el río Diamante, que resguardaba las actividades económicas de las estancias ribereñas. Con una inmigración europea estimulada desde el Gobierno nacional por su eventual aporte de nuevas tecnologías y conocimientos, y el golpe de gracia a la histórica integración económica y social entre Cuyo y Chile dado por el ferrocarril y la impronta pampeana, los contingentes de inmigrantes de ultramar comenzaron a desplazar a los chilenos. En 25 años, su representación caía así del 90% del total de extranjeros hacia 1869, al 33% en 1895, y a un modestísimo 12% en 1910.[31] La llegada del ferrocarril cambiaría el mapa poblacional de Mendoza. A fines de siglo la provincia había duplicado su población que alcanzaba los 117.000 habitantes. Y ya para el Centenario la comunidad chilena de 6183 personas, apenas algo más del 12% del total de extranjeros, era superada ampliamente por los 18.665 italianos y los 15.248 españoles, cifras que confirmaban una tendencia irreversible.

Veamos hasta qué punto podemos referirnos a una recuperación de la región durante la década de 1860. Un buen indicador son los resúmenes de los presupuestos provinciales de 1871 que nos ofrece la estadística administrativa de Hacienda organizada por Hudson. Para ello compararemos los rubros más significativos valuados en pesos fuertes, entre las provincias líderes y las cuyanas (la numeración corresponde

---

[30] Alejandro Paredes, "Los inmigrantes en Mendoza" en Arturo Roig *et al.*, *Mendoza...*, pp. 212-214.
[31] *Ibid.*, p. 219.

a la ubicación provincial con respecto al total de provincias en orden a los montos presupuestarios):

Incisos	Buenos Aires (1)	Córdoba (5)	Santa Fe (2)	Mendoza (7)	San Juan (6)	San Luis (8)	Total Nac.
Policía	415.597	56.274	93.556	13.139	49.078	14.099	888.772
Justicia	273.168	41.480	47.446	10.875	16.038	11.115	506.224
Inst. Pública	120.668	32.784	18.244	20.757	62.020	20.336	427.225
% del Total Nac.	44,4%	7,2%	18,2%	2,5%	7%	2,5%	1.822.221

Los datos posicionan bien a la región con respecto al conjunto de provincias argentinas. En cualquier caso, dentro de un panorama de equilibrio entre población, recursos y presupuestos, lo notable es la robustez presupuestaria de San Juan y la diferencia con las otras provincias cuyanas. El presupuesto de San Juan se parece mucho al cordobés y sólo fue superado por Corrientes, además de Buenos Aires y Entre Ríos. ¿Tendremos alguna otra evidencia de esta pujanza sanjuanina? Veamos...

Al momento de asumir la primera magistratura, Sarmiento animó a Nicolás Avellaneda, ministro de Justicia e Instrucción Pública, sobre la necesidad de realizar una Exposición Nacional.[32] Fue justamente su Ministerio, y su poderoso presupuesto, el que elaboró el proyecto de ley. El 9 de diciembre de 1868 se disponía entonces la organización de una 'Exposición de Artes y Productos Argentinos de la ciudad de Córdoba'. El 14 de junio de 1869, el Congreso aprobaba (por abrumadora mayoría de la Cámara de Diputados) el proyecto. Así nacía 'La Exposición Nacional de Córdoba'.[33] Este ícono del progreso completaba así su sección sudamericana:[34]

> Hay pues ya en esta América, quien piensa en la importancia de esos concursos y quien trata de darles formas más prácticas y adaptables a la necesidad de estos países (Río de Janeiro 1861-1866; Santiago de Chile 1869; Bogotá 1870) [...] lo hemos dicho repetidas veces; la exposición deber tener un objeto práctico y lo más inmediato posible; éste es, conocer al país y fomentar sus elementos de prosperidad.
> Al efecto se requiera la localidad aparente, dirección idónea, laboriosidad administrativa,

---

[32] Seguimos aquí mi relato de la Exposición Nacional de Córdoba de 1871, tomado de Ricardo Cicerchia, *Historia de la vida privada en la Argentina. Córdoba: Un corazón mediterráneo para la nación* (Buenos Aires, Troquel, 2005): vol. III, cap. 5.

[33] Información del *Boletín de la Exposición Nacional* (Publicación oficial) (Buenos Aires, Imp. Lit. y Fund. De tipos a vapor de J. A. Bernheim, Buenos Aires/Moreno 130), 3 vols. (1: 1869; 2: 1871; y 3: 1872; y el *Catálogo general de los productos nacionales y extranjeros presentados a la Exposición Nacional Argentina de la Ciudad de Córdoba* (Publicación oficial) (Córdoba, Imprenta de Pedro Rivas, 1871).

[34] Eduardo Katsuda, *La Exposición Nacional en Córdoba* (Córdoba, Secretaría-Ministerio de Educación y Cultura, 1971).

pericia en la petición y elección de objetos, prudencia económica interna, jurados concienzudos e independientes, informes detallados y comparativos.[35]

El 23 de diciembre de 1868, una Comisión Organizadora se instaló oficialmente en los salones de la Sociedad Rural. Su primera decisión fue no ceñir la muestra a la producción nacional y abrirla internacionalmente. Se designaron subcomisiones y delegaciones en el interior del país, y se redactaron los reglamentos junto con los planos de la estructura que albergaría la Exposición. Toda su actividad quedó registrada en el *Boletín Oficial* que también incluyó datos sobre las economías regionales y la población del país. Hubo 16 comisiones provinciales. El 21 de diciembre de 1868, el Gobierno de la provincia de Córdoba dispuso la creación de un organismo presidido por Lucas González, encargado de preparar las instalaciones, seleccionar los cultivos, equipar las mesas de ensayo y manejar el presupuesto. Córdoba marcaba un rumbo nacional.

El ingeniero Pompeyo Monetta tuvo a su cargo los relevamientos de los distintos terrenos ofrecidos. La instalación quedó decidida en la Quinta de Peñaloza, un solar de unas cinco hectáreas, hacia el sur de la ciudad y por el que debieron pagarse 1200 pesos mensuales. A fines de 1869, el ministro Avellaneda visitó el lugar y aprobó el predio que quedó en posesión de la Comisión. Los trabajos de remoción de tierra para la preparación de los patios, la construcción de caminos y la instalación de los depósitos de agua fue obra del ingeniero Shaw. Al mismo tiempo se encargaba a la firma Marshall y Ricker de Nueva York, la construcción del Palacio central de la Exposición. El techo y los vidrios de la estructura se adquirieron en Londres. Finalmente la construcción alcanzó una longitud nada despreciable de 120 metros de largo por 8,60 de ancho.

Los representantes de la Comisión recorrieron los departamentos de Córdoba, mientras recibían los informes de sus contactos en las otras provincias. La tarea culminó con la confección de una copiosa lista de productos que debían prepararse para ser exhibidos. El 15 de diciembre, con la presencia de la Comisión en pleno, el ministro Avellaneda puso en marcha las trilladoras de vapor, inaugurando así la exposición.

En los finales del siglo XIX, la ciencia y la industria se consideraban los fundamentos del progreso. La era del progreso, el orden y la confianza configuraron una imagen del mundo y una forma de exhibirla, las exposiciones internacionales. Las exposiciones mundiales eran representaciones universales y conscientes de la modernidad, y de manera secundaria disparos del capitalismo sobre la imaginación global. Contrariamente a lo que sostienen algunos investigadores, no es cierta la fecha de 1880 en el comienzo de estos espectáculos.[36] Las exposiciones fueron el momento

---

[35] Una verdadera lección de fundamentos. *El Plata Ilustrado*, vol. II, n° 21, 1872, p. 246.
[36] Me refiero al trabajo de Mauricio Tenorio Trillo, *Artilugio de la nación moderna. México en las*

Galería de Arte del Palacio de Cristal. Londres, 1851.

fundacional en que la industria y la ciencia occidentales manifestaron todas sus virtudes y su rango universal. Córdoba, Argentina, 1871, temprano, pionero, visionario en la imaginación sarmientina, es el ejemplo flagrante.

Cómo se preparó San Juan para el evento... Veamos las descripciones de su agricultura, industria, costumbres y poblaciones hechas a propósito de su participación en la exposición, la organización de la muestra provincial y la *performance* realizada por su pabellón. Y en los fundamentos nuevamente la figura de Sarmiento:[37]

---

exposiciones universales, 1880-1930 (México, FCE, 1998). Para otros antecedentes véase John E. Findling (comp.), *Historical Dictionary of World's Fairs and Exposition, 1851-1988* (Nueva York, Greeenwood Press, 1990).

[37] Seguimos en estas descripciones a Rafael Igarzábal, *La provincia de San Juan en la Exposición de Córdoba: Geografía y Estadística* (Buenos Aires, 1872), el *Catálogo general de los productos nacionales y extranjeros presentados en la Exposición Nacional Argentina en la ciudad de Córdoba* (Córdoba, Imprenta de Pedro Rivas, 1871), y el *Boletín de la Exposición Nacional de Córdoba* (Buenos Aires, Imp. Lit. y Fund. De Tipos a Vapor, 1872) 3 vols.

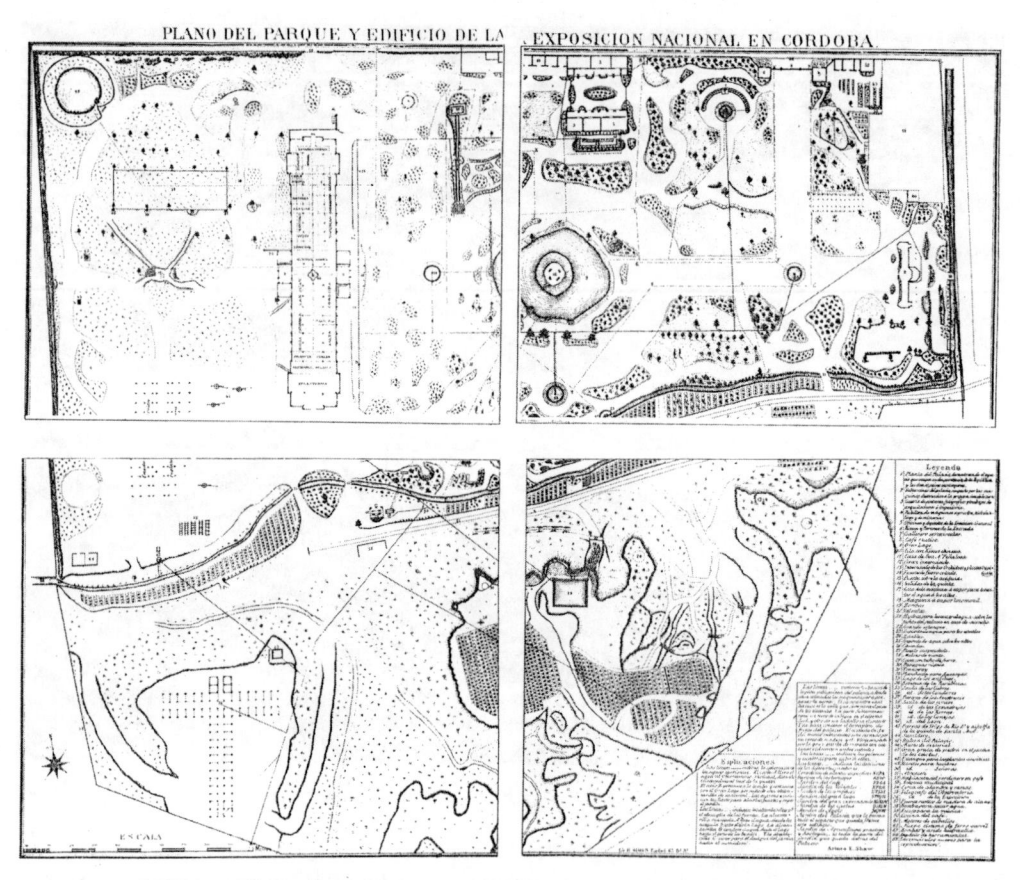

Planos del parque y edificio de la Exposición Nacional de Córdoba.

Capítulo VI. Agricultura
[...] La provincia de San Juan es de todas las de la República la de suelo más árido y triste, y por la misma sequedad de su clima, aquella en que su vegetación natural es más diminuta y raquítica. La Pampa con sus magníficos pastos, el Chaco con sus hermosos bosques, Córdoba con su pintoresca sierra, Tucumán con sus numerosos ríos, y en fin muchos otros puntos del suelo argentino ofrecen más novedad en su aspecto y en su vegetación natural. Después de algún examen detenido forzoso es reconocer, sin embargo, que a pesar de tanta aridez y falta de vegetales, la Provincia se divide en dos grandes zonas que separadas de S. a N. Por el valle de Tulum o de San Juan, abarcan un sistema que orográficamente hemos llamado andino y otra el que hemos denominado pampa [...]. Reducida, pues, la vegetación de San Juan a sólo plantas gramíneas y a árboles y arbustos de las especies espinosas de la familia de las mimosas, ha sido indispensable buscar en la industria, en la labor de la tierra los elementos indispensables a la población [...]. A este fin el Gobernador D. Domingo F. Sarmiento fundó el 7 de septiembre de 1862 una Quinta Normal de Agricultura que sirviese

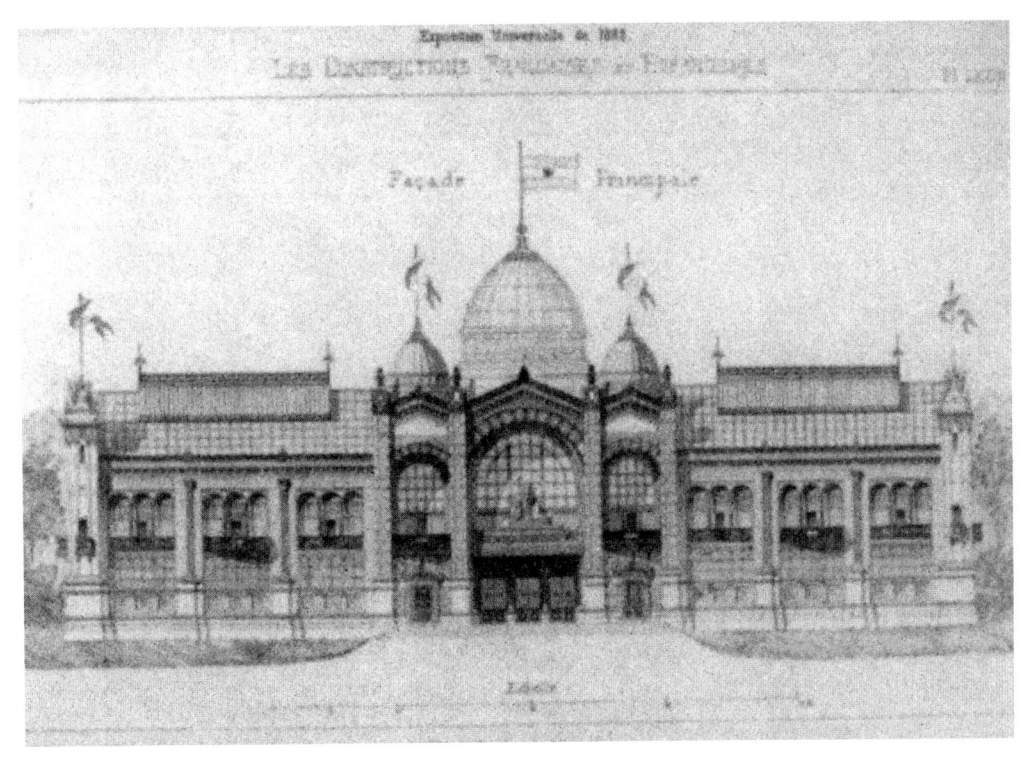

Pabellon Argentino en la Exposición de París, 1889.

de escuela práctica y de campo de ensayo para la aclimatación de vegetales, y para el uso de instrumentos de labranza [...]. Las máquinas hasta entonces eran enteramente desconocidas, mientras que la estadística de 1870 nos da 5 para segar, 1 de destroncar, 13 de limpiar trigo, 8 de desgranar maíz y 6 de hacer mantequilla en toda la Provincia. Las cifras son enteramente insignificantes, pero esto en todo caso significa más adelanto en 8 años que lo que hasta entonces se había aprendido en 300 que San Juan contaba desde su fundación.[38]

Las estadísticas de 1870 revelan que durante ese año se edificaron 46 casas o fincas, 137 ranchos, 40 casas de labranza, 141 puentes, 12 estancias y más de 13.000 cuadras abiertas para calles, canales y desagües. Todo por un valor superior a los 155.000 pesos, cercano al total del presupuesto de Policía, Justicia e Instrucción Pública, que indicamos en este capítulo. Por entonces, la provincia contaba con un stock ganadero de 411.000 animales por un valor estimado en los tres millones de pesos bolivianos. Mientras que la estadística de minas nos indica que había 40 minas en trabajo con algo más de 400 obreros ocupados. Cifras bastante inferiores a las registradas para 1865. Por entonces, sólo el Tontal contaba con 171 minas y ocupaba cerca de 2000 operarios.

---

[38] R. Igarzábal, *La provincia de San Juan...*, pp. 165-169.

Además de las minas, mantos y lavaderos de oro, la provincia cuenta con lavaderos de cobre, cobre, hierro, zinc, alcaparrosa, alumbre, cal, yeso, sal, arcillas, mármol, carbonato de cal y finamente los minerales inflamables como blenda, azufre y carbón de piedra.[39] Recordemos que el Censo Nacional del 15 de septiembre de 1869 indicaba una población para San Juan de 60.319 habitantes distribuidos de la siguiente manera:

Ciudad de San Juan	8353
Desamparados	4246
Concepción	6375
Santa Lucía	3512
Trinidad	5215
Pocito	2838
Marquesado 844, Guanacache y Pedernal 1320	2164
Albardón	2924
Angaco	3094
San Isidro	2385
Caucete	3221
Huerta 794 y Calingasta 1066	1860
Valle Fértil	2056
Jáchal, Iglesia, Gualilán	12.040
TOTAL	60.319

Con referencia a los productos presentados en la exposición de Córdoba, fue sin duda anhelo sanjuanino enfatizar su visión industrial como el mayor exponente de su potencial:

Capítulo IX. Industria.
[...] Nos proponemos comenzar este capítulo refiriéndonos a los objetos y productos con que la Provincia se presenta en la exposición de Córdoba, en este gran concurso de la industria que tan benéficos resultados tendrá para el progreso y bienestar de los Pueblos Argentinos. Al escribir estas líneas no es posible aún abarcar todos los productos, porque a última hora se presentarán muchos a los cuales no es dado esperar, pero la lista de 300 objetos que nos ha facilitado el Presidente de la Comisión de esta Provincia D. Félix Santiago Klappenbach, nos da los suficientes materiales para hacer curiosas estas líneas. Nosotros hemos hecho de tales productos una clasificación que nos muestra que ellos son: tejidos, bordados, lanas, algodones, vinos, licores, jarabes, cereales, frutas, maderas, dulces, ceras, miel, máquinas, minerales de todas clases, aguas de baños medicinales, productos de artes y oficios y objetos diversos de origen puramente indígena [...]. En vinos esta provincia ha

---

[39] *Ibid.*, pp. 189-234.

progresado inmensamente de pocos años a esta parte, pero debe confesarse que para ello ha sido estimulada por los adelantos de Mendoza donde el establecimiento de extranjeros inteligentes ha hecho que fuera la primera de la República en hacer exquisitos vinos. San Juan, sin embargo, por la razón de su clima más cálido, y mejor calidad de sus tierras, produce una uva mil veces más exquisita que la de Mendoza, donde esta fruta no tiene el alcohol necesario para vinos especiales.[40]

Sin embargo, el cuadro de los establecimientos industriales en 1870 refleja una estructura industrial relativamente modesta y poco diversificada. San Juan contaba con: 221 bodegas, 173 alambiques, 42 molinos, 10 panaderías, 14 lecherías, 4 alfarerías, 2533 colmenas, 14 hornos de cal, 5 barracas, 5 canteras, 20 jabonerías y 24 hornos de ladrillo. La ocupación industrial alcanzaría por entonces los 1364 trabajadores, y el valor total de la producción sobrepasaría los 3.655.000 pesos bolivianos, siendo la harina la producción más valiosa (1.320.000 pesos bolivianos) y realmente industrial de toda la provincia.[41]

Las casas de comercio, en los diversos ramos, sumaban cerca de 570, siendo los almacenes (320), seguidos por las zapaterías (67) y las pulperías, lugar de encuentro donde los sábados se bailaba zamacueca y gato (47), los más populares. Los departamentos más atendidos fueron los de la Ciudad con 226 comercios, Concepción con 71, Trinidad con 47 y Desamparados con 36. Los talleres y demás establecimientos para el abasto suman un total provincial de 1531, destacándose los 127 puestos de carne y las 68 carpinterías. Se ve también que la mayoría de estos establecimientos están en la Ciudad (558), seguida por Concepción (169) y Trinidad (161).[42]

También en el repertorio humano se imponía esa provincia aún de frontera, diminuta pero pujante y democrática:

> Ya no existen ni las últimas costumbres aristocráticas de España, ni las tradiciones de nobleza que a pesar de su abolición no se extinguen en muchas provincias de la República: en San Juan se hace farsa de semejantes distinciones, y todo está reducido a una verdadera democracia moderada y respetuosa que no admite preferencia para nadie y que sólo excluye la falta de educación y de una posición independiente.[43]

El modelo, una sociedad abierta cuya dinámica debería organizarse en torno a una movilidad social ascendente, con una columna vertebral (tipos sociales principales), la clase media formada por artesanos, comerciantes, arrieros, agricultores e invernadores, esa "palanca poderosa que tiene San Juan para el desarrollo de sus facultades intelectuales":

---

[40] *Ibid.*, pp. 265-266.
[41] *Ibid.*, p. 272.
[42] *Ibid.*, pp. 290-291.
[43] *Ibid.*, p. 301.

en general el hombre aquí no retrocede en su condición y por el contrario es muy común ver en la Provincia que el de la clase pobre llega a ser arriero, y que el arriero llega a ser continuamente de la clase acomodada, y a entrar con su familia en la primera sociedad, sin que nadie haga alto y no se tenga esto por muy natural y justo. Y así mismo en ese progreso notable que se experimenta los hijos de la clase pobre son ya generalmente arrieros, y los de la clase media han sentado plaza lúcidamente entre los hijos de la clase acomodada, para el estudio sobrepasan aun aquellos a estos de una manera notable.[44]

Provincia con visión industrial, atenta al desarrollo de su progreso social, la consolidación de una clase media, ideario racional y secular: "San Juan, la provincia de la República en donde hay menos preocupación religiosa, sin exceptuar a Buenos Aires".[45] Y en el horizonte, siempre Chile. De los tipos sociales, un elegido, el comerciante que compraba en Valparaíso. Su negocio lo hacía viajar a Chile dos veces por año. El primer viaje en octubre para comprar el surtido de verano, y el segundo en abril para la temporada de invierno. El viaje duraba unos treinta días en total, con tropas tanto sanjuaninas como chilenas listas para salvar cualquier dificultad en el tránsito. Un comercio bien aceptado por relaciones mercantiles constantes, que hacían del crédito un mecanismo frecuente y que no requería de fianzas, y de los viajeros, huéspedes distinguidos de sus contrapartes.

Los establecimientos educativos hacia 1869 sumaban 95, de los cuales 47 eran públicos. En ellos se educaban 8632 alumnos de ambos sexos. En este campo, una provincia adelantada, lo que le valió un premio de 10.000 pesos fuertes concedidos por el Gobierno nacional, por haber educado a una tasa de 1 cada 7 habitantes, superando la oferta de 1 por 10. Y con el gratificante dato de una ciudad capital de provincia con una tasa de 1 por cada cuatro habitantes. Del total de establecimientos (96), 51 eran para ambos sexos. Entre los "ramos de enseñanza" se destacaron: "lectura, doctrina cristiana, gramática castellana, aritmética, geografía, historia argentina, cosmografía, historia general, geometría, teneduría de libros, idiomas y labores de mano y música".[46]

Así, con tales antecedentes, San Juan asume el compromiso de la Exposición Nacional. Veamos ahora la puesta en escena de una región singular en un momento clave del país.

Mendoza presentará sus productos en 24 categorías, con un total de 115 ítems, a saber: antigüedades, obras de arte, fósiles, textiles, cueros, minerales, maderas, hierbas medicinales, aguas minerales y termales, abonos, alimentos, especias, vinos y licores ("la gran colección mendocina") y una muestra de ladrillos y tejas.

---

[44] Ibid., pp. 304-305.
[45] Ibid., p. 309.
[46] Ibid., pp. 355-356.

San Luis se haría presente en 14 categorías, con un total de 77 ítems: alhajas, instrumentos quirúrgicos, textiles, antigüedades, piedras preciosas, minerales, maderas de construcción, cueros embalsamados, alimentos, especias, raíces tintóreas y vinos.

Por último San Juan. La provincia se presenta en 23 categorías con un total de 184 ítems: obras de arte (entre las provincias cuyanas, la única que se presenta en la Categoría 1, con 9 cuadros y retratos), cuadros estadísticos del sistema educativo, textiles, alhajas, minerales (gran colección), piedras preciosas, máquinas para estirar alambres, catálogos, maderas, tinturas, medicinas, agua mineral y carbonatos, animales, alimentos, vinos y licores, y una colección de aguardientes y espíritus.

La Exposición fue visitada por más de 30.000 personas. Durante su clausura, el domingo 21 de enero de 1872, se dispuso la entrega de premios y diplomas. Se distribuyeron en total 326 medallas y 147 menciones. Entre los grandes ganadores, Buenos Aires con un total de 92 premios, incluido su Gran Premio de Clase, medalla de oro y 300 pesos fuertes, seguida por Córdoba con 72, sobre un total de 343 premios para las provincias argentinas. En la sección extranjera, se destacaron Inglaterra con 39 premios, seguida por Estados Unidos con 32, sobre un total de 112 distinciones y 12 naciones extranjeras intervinientes: además de las mencionadas, Francia, Alemania, Italia, España, Bélgica en representación de Europa y Brasil, Chile, Paraguay, Uruguay y Bolivia por América.

Antes de que bajara el telón de esa gran feria internacional, se sabía que la *performance* de San Juan había sido superlativa, seguida muy de cerca por la de Mendoza. En el podio, figuraron como cuarta y quinta provincias en la obtención de premios y menciones, luego de Buenos Aires, Córdoba y Entre Ríos. San Juan obtuvo un total de 19 premios (con un segundo premio por la colección de minerales, rocas y productos de fundición de F. S. Klappenbah), Mendoza 18 (con dos primeros premios, uno para los dulces en caldo y secos, pasas, frutas en aguardiente, y el segundo para la colección de vinos y licores espirituosos), y finalmente una lejana San Luis (última entre las provincias argentinas) con 6 premios.[47]

---

[47] Todos los datos fueron elaborados a partir del *Catálogo general de los productos...*

Capítulo IV

Mendoza

IV

Notas de viaje

Los asuntos de la Ilustración: clasificar el mundo, emular arte y civilización y armonizar naturaleza y cultura intentaban definir la práctica de la colección como una actividad intelectual de carácter civilizatorio, y, en algún sentido, al iluminismo como resultado de la tarea de observación. Las exhibiciones, ferias y museos revelaron su costado obsesivo, y consagraron esa manía occidental de no poder tirar las cosas. La tiranía de los objetos, el peso simbólico de su posesión y la omnipresencia de la cultura material podían sentirse, y más aún, verse.[1] En ellos se depositaban las ansias de placer, instrucción e identidad. Nos ocuparemos aquí de dos registros de este discurso de la modernidad: diarios e imágenes de viaje.

Los viajes y relatos de viaje europeos en Latinoamérica, realizados entre fines del siglo XVIII y el siglo XIX, constituyen uno de los episodios centrales en el diseño de las primeras narrativas nacionales. Estos textos fueron justamente una herramienta de fundación de las identidades nacionales, los campos de lectura y la primera globalización. Una auténtica práctica social del nuevo progreso.[2]

---

[1] Kim Sloan, *Enlightenment: Discovering the World in the 18th Century* (Londres, Bristish Museum, 2003). Se trata de un libro editado en ocasión de inaugurarse en el Museo Británico la muestra permanente que lleva su nombre.

[2] Sobre esta temática véanse Ricardo Cicerchia, *Viajeros. Ilustrados y románticos en la imaginación nacional* (Buenos Aires, Troquel, 2005), y mi capítulo "John Bull y el *grand tour* de los mapas nacionales" en mi compilación, *Identidades, género y ciudadanía. Procesos históricos y cambio social en contextos multiculturales en América Latina* (Quito, Abyayala, 2005).

La dilatada discusión sobre los sentidos del Nuevo Mundo reinstalada en Europa a partir de 1780 fue la plataforma de lanzamiento que activó la fascinación que ejerció América para el pensamiento moderno. Un itinerario de furia empirista, excursionismo y pragmatismo.

El viaje y su narrativa se sostuvieron material e históricamente en una subjetividad configurada 'in situ'. El carácter provisional de cada cuadro fue justamente la ganancia de una textualidad que reconstruía miradas siempre itinerantes, clave de la fórmula de la aventura. La organización gradual de este 'discurso expansionista y de frontera' articuló un sistema argumentativo alrededor del escrutinio, el conocimiento y la lectura. Desde Humboldt, a principios del siglo XIX, el montaje del diario, la colección y la divulgación fueron la estrategia de refundación total de un proceso de contacto y hegemonía cultural universales. Un modelo de tratamiento estético de las entidades de la historia natural y humana representados en un despliegue textual y visual en el que el registro pseudocientífico, la efusión poética y la conciencia humanista se solapan, potencian y neutralizan.

Existió un caso testigo. Se trata de los viajeros británicos en el Río de la Plata durante la primera parte del siglo XIX. Actores de un proceso que denominé: *looking for John Bull*. Ésta es una historia ligada estrechamente a los campos de lectura británicos y su lugar en la definición de los rasgos de su carácter nacional apenas perfilado durante los Tudor. Un proceso apoyado en cuatro pilares: el progreso de la industria editorial; la ampliación de la comunidad de lectores; la institucionalización de la crítica, y la consagración de los derechos de autor. Aunque menos épico, es justo decir que esta exploración fue también el resultado de un fracasado *boom* minero tan ligado a la historia de Cuyo.

El *grand tour* argentino realizado por los viajeros británicos, un episodio menor de la exploración europea, consagró las primeras estampas nacionales argentinas perpetuadas en el imaginario colectivo a través de las operaciones de intertextualidad producidas por la literatura nacional poscolonial. El tedio del océano pampeano, la ignorancia católica, la rusticidad campesina, la majestuosidad de los Andes, y hasta cierta lírica de exilio, fueron imágenes que, hechos a la medida del público europeo, formaron luego parte de los textos fundamentales de una literatura nacional que se posiciona en el corazón del proyecto político modernizador.

Las crónicas sobre el Río de la Plata de los viajeros británicos publicadas entre 1800 y 1880, y conocidas en Europa como *Travel Accounts*, ofrecen básicamente abundancia de descripciones y experiencias, mezcla de relato y aventura. Se trató de un corpus narrativo emergente de un espacio intercultural que, en la superficie, parecería sólo intentar un detalle objetivo de las sociedades nativas.[3] Sin embargo, portadores de ansias de exploración y conocimiento propios de la curiosidad científica de la época,

---

[3] Con referencia al discurso colonial, algunos autores plantean una perspectiva, a mi juicio, determinista, que entiende los relatos de viajeros como meras expresiones del expansionismo británico, hasta convertirse en mercancía. Para una lista de viajeros véase Kristine L. Jones,

los textos trascienden el mandato descriptivo. A la nueva información se le adhiere percepción y sensibilidad del narrador viajero. Dicha experiencia conectó el universo cultural de los autores –y sus lectores– con la realidad argentina. Los relatos expresaron el intento de armonización del encuentro. Casi todos los títulos del género y la mayoría de sus autores pueden ser identificados con la formas literarias que adquiere el "exotismo consciente" asociado al nuevo movimiento expansionista. No se trató entonces de historiar las guerras coloniales sino de relatar las aventuras recogidas de la propia experiencia individual, de inventariar raras y exquisitas curiosidades, de hacerlas familiares.

Estos viajeros británicos penetraron el territorio argentino construyendo desde su modesta y personal épica un tipo de paisaje americano, evaluando los escenarios naturales y juzgando sus sociedades. Pintaron la precariedad de las ciudades, la extensión interminable de las planicies, las agotadoras travesías, los panoramas sublimes de los Andes, los hábitos bárbaros de sus pueblos, los perjuicios de la herencia española. Sin duda, las primeras estampas argentinas.

Así, la región de Cuyo, y en particular Mendoza, también tuvieron su *grand tour*. Nos detendremos en tres relatos anticipados por el extraordinario talento de Johan Rugendas. Se trata de *Narraciones del viaje por la cordillera de Los Andes* (1825) de Robert Proctor, *Las pampas y los Andes* (1826) de Francis Bond Head y *Viaje a través de los Andes* (1863) de F. Ignacio Rickard.

Johan Moritz Rugendas pertenece a la séptima generación de una familia de pintores, grabadores y editores. Nació en Augsburgo, Alemania, en 1802 y fue iniciado por su padre, director de la escuela de diseño de su ciudad natal, en la edición gráfica y la pintura académica. Hacia 1817 y de la mano de Albrecht Adam, pintor del virrey Eugène Beauharnais, ya ingresaba en la Academia de Bellas Artes de Munich. Allí abrazó el paisajismo, una estética devaluada por la hegemonía del retrato y la pintura histórica.[4]

En 1821 firmaría su primer contrato profesional con el barón Langsdorff, quien buscaba un ilustrador para una expedición científica patrocinada por el zar. Su empleador poseía una hacienda en el norte de Río de Janeiro, donde practicaba las ciencias naturales, y casi cualquier viajero europeo encontró allí refugio seguro. El arreglo le aseguraba pasaje de ida y vuelta, una estancia libre de gastos y honorarios fijados en 1000 francos franceses, todo a cambio de dibujar los bocetos requeridos por los patrones de la expedición y otorgar su propiedad a Langsdorff con la autorización

---

"Nineteenth Century British Travel Accounts of Argentina", *Ethnohistory* 33 (2), 1986: pp. 195-211. Discuto este sesgo 'determinista' en Ricardo Cicerchia, *Journey, Rediscovery and Narrative. British travel accounts of Argentina* (Londres, Univ. of London Press, 1998): pp. 2-5.

[4] Seguimos parte del relato de los textos del catálogo de Pablo Diener (comp.), *Rugendas. América de punta a cabo*, que acompañó la exposición sobre la obra americana de Rugendas de la Dirección de Bibliotecas, Archivos y Museos, y el Goethe Institut. Santiago de Chile, 1992. Sobre las consideraciones estéticas de la obra de Rugendas viajero véase la exquisita obra de Ana María de Moraes Belluzzo, *O Brasil dos viajantes*, 3 volúmenes (San Pablo/Salvador, Metalivros/Fundação Emilio Odebrecht, 1994).

de quedarse con copias y eventualmente publicarlas. Un acuerdo claro, justo y promisorio. De la producción de su viaje estarían atentos Spix y Martius, los científicos más cercanos a Maximiliano José I de Baviera.

Con plazos estrictos, Rugendas desembarca en Río de Janeiro el 5 de marzo de 1822. Allí, obras y contactos. Trabó amistad con Jean-Baptiste Debret y con los hijos de otro pintor renombrado Nicolas-A. Taunay, a quienes visita en su casona junto a la cascada de Tijuca. Su primera expedición dio comienzo el 8 de mayo de 1824 en dirección a Minas Gerais. Algunas desinteligencias con los anfitriones y su mal humor por las condiciones de vida en Brasil determinan su renuncia. Inesperada decisión, aunque afortunada, si pensamos que Adrien-Aimé Taunay, el sustituto, murió ahogado y el propio Langsdorff tuvo que regresar a Europa con diagnóstico reservado: enajenación mental.

Rugendas comenzó a trabajar por cuenta propia, solventando sus gastos con la venta de algunas de sus ilustraciones. Hizo su propia expedición, aunque más modesta, por Minas Gerais, Espirito Santo, Mato Grosso y Bahía. Y en mayo de 1825 regresa a Europa con tres años de trabajo intenso, problemas de salud, y una gran fascinación por el Nuevo Mundo coronada por su asistencia al desfile del cortejo de asunción de Don Pedro I por las calles cariocas.

Atrincherado en Brasil y luchando por la publicación de sus trabajos, se cruzó, en el encuentro más importante de su carrera profesional, con Alexander von Humboldt, el inventor científico de América latina. Así, las palmeras, los bananos y helechos de Rugendas se acomodaban perfectamente en el capítulo "Fisonomía de las plantas" de la reedición del consagrado *Ensayo de una geografía de las plantas*. La totalidad de cada paisaje por la acción de la naturaleza, las condiciones climáticas y las siluetas de plantas y montañas fue el desafío que sólo Rugendas, en opinión de Humboldt, podía plasmar en dibujo.[5] Humboldt decide encargar el grabado de las láminas (cerca de veinte) a Claude Francois Fortier. Se trataba de calcografías en cobre que reproducían excepcionalmente los ambientes tropicales. Pero por último la obra no se reedita y los trabajos de Rugendas se publicarían en distintos volúmenes constituyendo uno de los testimonios más intensos de la colaboración artístico-científica del pensamiento y la obra ilustrados.

Luego de un tiempo en Haití, Rugendas llega a México en julio de 1831, país que recorre de costa a costa y del que fue expulsado por orden el general Santa Anna en marzo de 1833. Por entonces ya conocía y admiraba a Eduard Harkort, cartógrafo, geómetra y estratega militar, otro enemigo del general. De andadas, los fugitivos logran subir al nevado de Colima en 1834 con un mapa inconcluso del país y un conjunto de ilustraciones de volcanes que serán desde entonces estampas nacionales mexicanas. Mayo 1834: intimado, Rugendas toma un barco desde Manzanillo hasta Acapulco y

---

[5] La correspondencia entre Humboldt y Rugendas se encuentra en la Sección Manuscritos de la Biblioteca del Patrimonio Cultural Prusiano en Berlín.

desde allí otro en dirección a Chile, donde vivió cerca de ocho años, con los intervalos propios de todo nómade.

De este segundo y agitado viaje a América, resultaron cientos de óleos, acuarelas y dibujos. Desde el Pacífico tuvo la ilusión de conocer la Argentina. La visitó dos veces: en 1837 una visita breve pero decisiva a Mendoza, y por segunda vez en 1847, llamado por el desafío artístico de las tediosas pampas rioplatenses. De sus experiencias argentinas tomaremos dos: su viaje a Cuyo y una pequeña emboscada ideológica que le tiende Sarmiento, ambas relacionadas, obviamente.

A fines de 1837, Rugendas parte desde San Felipe de Aconcagua hacia los pasos cordilleranos que lo llevarían a la Argentina. Con él un par de baqueanos chilenos, barómetro, termómetro, manga bonette para calcular la velocidad del viento, una modesta recua de mulas, algunos caballos viejos y la consabida compañía ilustrada, como le correspondía a la jefatura de todo viaje científico, el pintor alemán Robert Krause. El buen tiempo los empujó rápidamente hacia el corazón de la cordillera con los papeles a resguardo de una llovizna persistente.[6]

Entre los sueños alemanes: capturar los ángulos, las líneas abruptas de los senderos, las luminarias de mica, entender las circunstancias climáticas, introducir las siluetas humanas en aquellas cuadrículas que organizaban el paisaje en el papel, y finalmente acertar con el dibujo del Aconcagua. De las dudas sobre las posibilidades de tal empresa, Rugendas improvisa con el boceto al óleo, todo un atrevimiento, pastiche y desorden cromático, primera escuela del impresionismo.

Agotados por el viaje, la resistencia de las mulas y una conversación que se iba apagando, llegan a Mendoza. Se alojan en casa de la familia Godoy de Villanueva, el solar de los primeros dibujos en territorio argentino. Mendoza era ese oasis de gente amable que atendía a este visitante de lujo, también un puerto fronterizo y ciudad moderna en potencia para los ojos de Rugendas. Alucinado por las enormes carretas, se decide a continuar rumbo al este. Otro viaje. Camino a San Luis se sintió en las pampas, nada podía ser más plano, razonaba equivocado. Mientras tanto la seca y las mangas de langostas le devolvían imágenes desérticas y amenazantes. La baquería se desmoronaba por esa plaga bíblica y la indefensión de lo humano en un repertorio civilizatorio aún pobre en recursos. Un regreso a las asechanzas de un mundo telúrico y frágil. Un paisaje que se cerraba completando un cuadro regional contradictorio. Un accidente ecuestre lo llevó hasta el hospital-rancho de la capital provincial a bordo del coche del gobernador. Comprometido el sistema nervioso y la fisonomía definitiva de su rostro, determinó su nuevo destino: Santiago de Chile. Rugendas aseguraría que lo había salvado la morfina. En sus retinas, los paisajes puntanos funcionaban como la mejor rehabilitación.

---

[6] Una descripción ciertamente poética de este viaje en César Aira, *Un episodio en la vida del pintor viajero* (Buenos Aires, Beatriz Viterbo, 2000).

En diez días llegaban nuevamente a Mendoza, ruta conocida. Otra vez los Godoy y un cuarto propio en altos alejado del trajinar doméstico. La luminosidad tan variante de la región fue una invitación permanente a su inteligencia óptica capaz de reproducir tanto la lentitud del crepúsculo como la velocidad del viento. En esos cuadros alternaron zonas encendidas de luz con otras umbrías y oscuras al mejor estilo de los óleos de Turner, a quien siempre admiró. Las ideas iban imponiéndose al trazo hasta entonces fiel a la 'realidad'. Desde entonces comienza a incomodarlo ese encasillamiento de reproductor de una objetividad viviente, y su arte se va haciendo más emocional. Con nuevas ideas y mucho dolor, se animó a programar excursiones, siempre en compañía de su joven amigo Krause, hacia el sur de la ciudad, hacia el valle sanrafaelino. Revólver, caja de carbones, papeles enrollados, tiempo de acuarelas. Cóndores, acequias, atléticos salmones rosados, mirtos, helechos, tambos, y el ¡huinca! de los malones. Este Rugendas ya despojado de su preocupación por plasmar el exotismo, asumió en la región el papel del primer cronista cuyano. Lo esperan Chile (y su apasionado romance con Carmen Arriagada, infeliz esposa del coronel Gutike, y el amor de su vida), Bolivia, Perú, nuevamente la Argentina y Brasil; Rugendas permanecerá diez años más en Sudamérica.

En 1846, año de su despedida, será mencionado por Sarmiento en su última carta americana antes de zarpar también hacia Europa. De él dirá, "ese pintor alemán del paisaje americano y antiguo amigo" a quien compara con Humboldt en la empresa de la representación de América. Y junto a él José Mármol con el festejo de su *Cantos del peregrino*. Un encuentro de viajeros y exiliados. Ese juego de las complicidades que el sanjuanino construye a la perfección.

Mármol, refugiado en Brasil, es el poeta de lo "incantabile", el término aplicado por Sarmiento para designar a la Argentina, patria degradada por el régimen rosista. Como Sarmiento en sus *Viajes*, Mármol busca los orígenes del retraso de su país en el legado colonial español y esa oposición al progreso y a la civilización de una cultura racializada, española y árabe por antonomasia. De Rugendas lo deslumbra su oficio de historiador más que su talento artístico. Sarmiento elogia la fidelidad de su lápiz capaz de elaborar verdaderos "documentos". Elogia con certeza, tuerce, con ingenio, los sentidos.

El exotismo y el orientalismo de la mirada sobre España era bien practicado por las elites románticas americanas. Más difícil resulta afirmarlo en Rugendas, como Sarmiento adelanta. En principio podemos decir que el pintor alemán, como tantos otros sintió una profunda curiosidad por la poesía épica de las pampas. Él mismo realizó una serie de pinturas para ilustrar *La cautiva* de Echeverría. Impresionan los detalles de una saga de contrastes de "razas". Así, la orientalización del conflicto entre civilización y barbarie utiliza a Rugendas para legitimar la noción del carácter *árabe* inscripto en el paisaje geográfico y humano de la Argentina, validado por la mirada de un europeo, en particular tratándose de un europeo de los mismos quilates que Humboldt.

Pero la obra argentina de Rugendas es mucho más rica que este fragmento de su experiencia que Sarmiento aprovecha. Nuevamente, a contrapelo de sus propias convicciones, el sanjuanino impone el escenario rioplatense sobre cualquier otra experiencia nacional. Rugendas viaja, mejora sus procedimientos, madura, sufre y permanece lejos de Buenos Aires por mucho tiempo. Sus valientes decisiones alejan cualquier posibilidad azarosa en sus itinerarios. Combina su arte con esa perspectiva tan ilustrada de sistematizar conocimiento, saberes sobre el continente americano, en la empresa de construcción de una ciencia moderna y planetaria. Dicho en otras palabras, su viaje cuyano es, a mi criterio, mucho más argentino que su auxilio pictórico de las cautivas. En cualquier caso, Sarmiento asocia el romanticismo puro de Rugendas y su inclinación por la mirada costumbrista tan notable en sus dibujos a lápiz "El carretero", "El arriero" y "El lacho", con una identificación por sus ideas sobre la encrucijada entre la civilización y la barbarie.[7] Quedan fuera de ellas toda consideración sobre su biografía de viajero, sus extravíos, sus hambrunas, el cruce de

Portada del *Álbum de trajes chilenos*.

---

[7] Todo este conjunto en Juan Mauricio Rugendas, *Álbum de trajes chilenos* (Santiago de Chile, Editorial Universitaria, 1970).

la cordillera, amores, salud, encuentros y la pesada carga de portar una vocación artística y documentalista por doquier. Es la teoría de Sarmiento, que como en su propio viaje a Argelia (el más orientalista de todos), desconoce la experiencia.[8]

Rugendas fijó en sus pinturas los lugares y personajes que más lo impresionaron.[9] Uno de sus trabajos más expresivos fue "Casucha de Las Cuevas". Se trata de un estudio sobre cartulina en pleno cruce de la Cordillera. Utilizó aquí una amplia gama de tonos distribuidos en capas horizontales que pasan de los rojizos de la tierra, a capas más claras que remarcan la perspectiva del valle y contrastan con los fondos grises azulados de las montañas hasta llegar al celeste del cielo. Profundidad y altura logradas a través de diferentes planos. Hay una impresión general, un conjunto sublime diría Humboldt, que no olvida el movimiento y el vértigo. Poderío y belleza del espectáculo andino, ¡qué más se le puede pedir a un romántico!

Rugendas 1, "Casucha de Las Cuevas", 1838.

---

[8] Sostengo esta tesis en mi trabajo "Journey to the Centre of the Earth: Domingo Faustino Sarmiento, a Man of Letters in Algeria", *Journal of Latin American Studies*, vol. 36, part. 4, noviembre de 2004: pp. 665-716.

[9] Bonifacio del Carril, *Mauricio Rugendas* (Buenos Aires, Academia Nacional de Bellas Artes, 1966).

Rugendas 2, "La topeadura", 1837.

Dentro de sus imágenes costumbristas, su litografía "La topeadura" es de las más logradas. Se trata de la representación del juego entre los huasos chilenos. El dibujo captura la energía en el movimiento de los caballos enfrentados y la rigidez de los jinetes sobre sus monturas para no ser derribados. Ropa de época, sombreros de copa alta, regionalismo.

Sus impresiones cuyanas desbordan paradójicamente en "Desembarco en Buenos Aires'. Se trata de un óleo sobre tela que representa la llegada de un grupo de viajeros a la costa. Notable el primitivismo de la escena dominada por la precaria carreta (medio que tanto llamaba la atención de Rugendas) guiada por un joven, donde se amontonan gauchos con chiripá colorado, camisas abulladas, pantalones exagerados y la ristra a la cintura sujetando el facón. Y entre ellos una mujer.

Por último, "El rapto de la cautiva", su escena romántica de mayor violencia. Es un óleo sobre tela inspirado en el poema de Echeverría, *La cautiva*, y que forma parte de una serie de cuadros y bocetos que Rugendas dedicó al tema. Entre todos, éste se destaca por su dramatismo en la tensión de los cuerpos. El nativo en movimiento, con toda su fuerza y determinación desplegadas, y la figura de la cautiva casi en expresión devota, una imagen propia de los mártires del Renacimiento. Y otra vez el caballo amplificando la furia de la escena. La expresividad romántica de la pintura está enmarcada por una naturaleza inhóspita y los tonos sombríos del crepúsculo. Y por debajo su pasión casi etnográfica por los tipos americanos y sus hábitos.

Rugendas 3, "Desembarco en Buenos Aires", 1845.

Rugendas 4, "La cautiva", 1845.

Desde la perspectiva de las narrativas de viajeros, entre 1815 y 1830 la producción de libros sobre América del Sud llega a su esplendor. Excelentes, regulares, prescindibles, algunos de ellos alcanzan gran popularidad. La crónica de Head sobre la Argentina logra uno de los sucesos más impactantes. Edmond Temple (1833), autor de otro éxito algunos años después, escribirá: "Feliz debería estar si todo el mundo galopase por mis libros con la misma velocidad con que se galopa en las Notas de Head y con la mitad del placer que ellas producen".[10]

Hacia 1800, la travesía entre Europa y América del Sur no había mejorado demasiado. La ruta seguida era la "natural": Madeira, Canarias hasta Cabo Verde y las costas brasileñas de Pernambuco o Cabo Frío. Embarcarse hacia América del Sur era una empresa que requería programa y cálculo. Muchos de los viajeros que desembarcaban en Buenos Aires estaban en ruta hacia Chile o Perú. Entre la posibilidad de la travesía por tierra firme o una por mar a través del Cabo de Hornos, invariablemente se optaba por la primera. Después de un agotador trayecto marítimo la perspectiva de una etapa terrestre, no importa cuán ardua o complicada resultara, era irresistible. Pero dos factores extra intervenían en la decisión. Los trayectos terrestres eran más breves en tiempo y distancia, mientras que los viajes hacia el Pacífico eran irregulares y poco seguros. Desde Buenos Aires se salía en dirección al oeste hasta alcanzar Luján y desde allí hacia el noreste paralelamente al curso del Paraná. Se avanzaba hasta el río Saladillo en su intersección con el Tercero, y finalmente hasta Esquina de Medrano, un viaje de aproximadamente 560 kilómetros. La ruta peruana continuaba hacia el norte pasando por Córdoba, Santiago del Estero, Tucumán, Salta y Jujuy, hasta el cruce con Bolivia por Tarija.

Las *Rough Notes* del capitán Head, director de la Compañía Minera del Río de la Plata y futuro gobernador de Canadá, cuentan la experiencia de esta travesía: su recorrido a caballo por el vastísimo territorio argentino. Publicado en una fina edición, el relato fue material de consulta obligatoria para los viajeros europeos que se dirigían al Río de la Plata. Head es, en parte, responsable de muchos de los juicios y prejuicios europeos sobre la Argentina. Reconocido por sus talentos militares, zarpó hacia el Río de la Plata contratado por una empresa minera interesada en el oro y la plata de la región. Con una comitiva de cinco técnicos, cruzó las grandes planicies de la pampa en busca del oro de San Luis, y desde allí hasta Uspallata, en teoría, rica en plata.

El trayecto por la llanura pampeana se hacía a caballo o en carreta. Pocos europeos o norteamericanos fueron capaces de cruzar tales distancias. Las galeras, también llamadas diligencias, resultaban la forma más conveniente de viaje. Se trataba de un carruaje largo y cerrado con asientos a los lados y una puerta trasera, que, tirado por cuatro caballos, podía transportar hasta ocho personas. Aunque los correos oficiales hacían el viaje entre Buenos Aires y Mendoza en cinco días, las galeras demoraban no

---

[10] Edmond Temple, *Travels in Various Parts of Peru, Including a Year's Residence in Potosi*, 2 vols. (Londres, Colburn and Bentley, 1830): Introducción.

menos de dos semanas. Las postas, salvo contadas excepciones, eran escasas y miserables. Simples ranchos de quinchos, imperfectamente techados de paja, muy sucios, con piso de barro y algunos cueros y cráneos de vaca que hacían de mobiliario. A corta distancia, la ramada abierta que improvisaba una cocina, el corral de palo a pique y junto al corral, otro más pequeño para la majada de ovejas propiedad de los maestros de la posta.[11]

Abundantes relatos topográficos. Prolongadas descripciones de bosques, selvas, montañas. La escasa habilidad literaria de los viajeros se compensaba con la simpatía que despertaba su explícita incapacidad de describir "lo sublime". Uspallata era la primera posta después de Villavicencio. Un día de viaje cruzando el difícil Parabillo. La posta, humilde ranchería de un puñado de casas de adobe con algo de fondo anunciaba, no muy lejos de allí, algunas empresas mineras y plateras que probaban fortuna sin suerte. Con la Cumbre a la vista, "¡Qué cosa puede ser más sublime!", repetía Head a los mineros ingleses, expresión reservada para escenas extraordinarias, salvajes o terroríficas.[12] Impacto del primer reconocimiento. Y estos textos fueron por antonomasia, la celebración del hallazgo. Pero tampoco faltó a esta mirada una cuota de humanismo. Head, denunciaba, casi agresivamente, "la negligencia y el abuso que se hace de los indios de las pampas... y la explotación mortal que padecen los mineros andinos, lo que le inspira su más profundo horror: ningún sentimiento, sólo la avaricia puede aprobar el establecer a un número de criaturas en medio de tanta desolación".[13]

Frente a los Andes, la última frontera, elaborados detalles de cada circunstancia. Minimalismo, descripciones obsesivas, conjeturas de todo calibre, una narrativa de pluma directa y simple, amenazada por esa permanente tentación a la exageración... tempranas vanidades de autor.

Entre las representaciones más invocadas, las distancias, medidas en millas inglesas, figuran en primerísimo lugar. El clima extremadamente hostil y los malos caminos son obstáculos insalvables que hacen que las minas tanto del Río de la Plata como de Chile no puedan funcionar con éxito a largo plazo. Pero una vez más, las penurias no debían ensombrecer la calidad literaria del relato. Era posible cierto nivel de tragedia hasta el límite que establecía cierto sentido épico del viaje. Es más, la utilidad de la información, aun de la negativa (se trataba de alertar sobre los innumerables problemas que estas tierras planteaban a los inmigrantes), exigía alguna destreza para poder resaltar la bravura y el coraje de los protagonistas.

Las crónicas completaron la geografía argentina. Las descripciones de regiones remotas otorgan sentido a las partes como elementos de un conjunto que el viaje

---

[11] Concolorcorvo, *El lazarillo de ciegos caminantes desde Buenos Aires hasta Lima* (París, Desclée De Brouwer) en Biblioteca de Cultura Peruana, First Series nº. 6: p. 85 y ss.

[12] Albert Furtwangler, *Acts fo Discovery. Visions of America in the Lewis and Clark Journals* (Urbana y Chicago, University of Illinois Press, 1993): pp. 29-33.

[13] Francis B. Head, *Rough Notes Taken During Some Rapid Journeys Across the Pampas and Among the Andes* (Londres, John Murray, 1826): p. 224.

construye. Robert Proctor, un financista que llega a conocer a San Martín, O'Higgins y Bolívar. Había llegado a Buenos Aires acompañado por su familia el 9 de febrero de 1823. Y al mes siguiente partía rumbo al Perú para terminar las negociaciones sobre un empréstito. En su itinerario, la bella Mendoza. Y de su diario un nuevo relato cuyano.

El viaje, el andar, el trajín cargan el diario, un acontecer que seduce la mirada y organiza las impresiones. Su narrativa fue primordialmente un tributo a la fórmula humboldtiana del tratamiento estético de los sujetos de la historia natural. Del registro de la eterna influencia de la geografía sobre la condición moral y sobre el destino de las sociedades. Un tramado textual en el que el recorte riguroso y científico, la efusión poética y cierta preocupación humanística se acoplaban, se desmontaban y se alternaban. Esta Argentina redescubierta es, para la literatura de viajes en esta etapa del expansionismo europeo, un objeto de autoconocimiento, un paisaje, una fuente de riquezas.[14]

Pero, la "autenticidad" del relato fue exigida y bien vista por la crítica. Son famosas, por ejemplo, sus descripciones de la cordillera ofrecidas como "enormes montañas negras apiladas sin orden". Y elogiadas también las disculpas por haberlas retratado casi en "términos bursátiles".[15] El desembarco en el miserable puerto de Buenos Aires, el cruce de las interminables pampas, la vista de la majestuosa cordillera, el retorno sin gloria a Inglaterra. Casi un camino incaico, una peregrinación, las imágenes se reproducen como fotografías. Pero su estrategia narrativa no descuidó la sorpresa y cierto grado de dramatización:

El 7 de abril, tuvimos el regalo de nuestra primera visión de la Cordillera de los Andes. Nadie se imagina el efecto producido en el viajero por esta estupenda barrera de montañas. La descubrí enteramente por accidente, pues, mientras los peones iban por caballos, empleamos el tiempo vagando en la vecindad; por fin mis ojos fueros atraídos por algo que parecía, a la mirada pasajera, grandes pilares de nubes inmóviles. Sin embargo, un poco práctico en el mar para divisar tierra, pensé que había alguna semejanza en esto y, al disiparse la niebla interpuesta, apareció un espectáculo que jamás olvidaré.[16]

Proctor goza, como nadie, de las bondadosas tierras mendocinas: "Placentero lugar de alivio para un viajero que ha atravesado mil millas de la región menos interesante que pueda encontrarse en el mundo; tan pocos objetos de curiosidad se ofrecen para quebrar el tedio de las perpetuas planicies y deshabitados páramos".[17] Luego de pasar por una fonda, se instala en casa de un compatriota inglés residente mientras se

---

[14] Ricardo Cicerchia, *Historia de la vida privada en la Argentina. Desde la invención del virreinato hasta la caída de Rosas* (Buenos Aires, Troquel, 1998): cap. I.
[15] Robert Proctor, *Narrative of a Journey across the Cordillera of the Andes, and of a Residence in Lima, and others Parts of Peru, in the Years 1823 and 1824* (Edimburgo, Hurst and Robinson, 1825): p. 79.
[16] *Ibid.*, p. 46.
[17] *Ibid.*, p. 48.

preparaba para el "sublime pasaje de la cordillera". Observa la ciudad, la recorre, la disfruta y, claro, la describe al mejor estilo de *costum and manners,* con la dosis justa de exotismo tan apetecida por los lectores europeos:

> Mendoza está junto al pie de los Andes, en un llano bien cultivado, fertilizado por innumerables acequias. Está trazada como todas las grandes ciudades españolas de Sudamérica, con plaza cuadrada de la que arrancan calles paralelas, cruzadas por otras en ángulos rectos cada 150 yardas, formando lo que se denomina cuadra. Con tal sistema, se ocupa mucho terreno, pues los fondos de una propiedad tocan con los de otra, de modo que cada una de las casas ocupa 75 yardas de fondo. Muchas de ellas, entonces, tienen buenos jardines, con abundancia de ricas uvas moscatel que se producen aquí con mucha abundancia y perfección. Se calcula que la ciudad tiene cerca de 10.000 habitantes, y todas las casas son de adobe blanqueadas [...]. Una alameda lindísima está contigua a Mendoza: se compone de cuatro hileras de álamos plantados en líneas rectas paralelas a la cordillera que tiene una magnífica vista. Tiene media milla de largo y es frecuentada por los habitantes en las tardes frescas, y se regalan con helados, frutas, etc. Que se venden allí mismo.
> Las mendocinas son despejadas y donosas, pero muy desfiguradas por el bocio, producido, según creo, por beber el agua de nieve que desciende de la cordillera: casi no se ve una mujer completamente libre de esta dolencia. Bajo otros aspectos, Mendoza puede considerarse uno de los lugares más salubres del mundo, pues el aire es notablemente puro y, por su cercanía a la cordillera, no tan caluroso [...]. Es especialmente benéfico para asmáticos y tísicos que van allí en busca de salud.[18]

Este encantamiento inicial de los viajeros decae al promediar la centuria. Las guerras civiles en Chile y la Argentina, las disputas por Uruguay y la inminente revolución contra Pedro II en Brasil provocan desilusión. Comerciantes e inversionistas comienzan a mirar a los Estados Unidos y el Oriente como plazas más estables y seguras. Sudamérica, a pesar de las simpatías que despierta el nacimiento de sus nuevas naciones, se convierte en una región sospechada de atributos caóticos.

Nuestro último relato es el del ingeniero inglés F. Ignacio Rickard, radicado en Chile, quien en 1862 fue convocado por Sarmiento, gobernador de San Juan, para hacerse cargo de la Oficina de Administración de Minas. Testigo de la Mendoza en ruinas, reconocería en San Juan las minas de plata de la Sierra del Tontal. Luego viaja a Buenos Aires donde se entrevista con Mitre, quien lo designa Inspector Nacional de Minas, justo antes de partir hacia Europa para lograr financiación para el equipamiento de empresas mineras. Fue éste el itinerario de su narrativa, *Viaje a través de los Andes,* dedicada al brigadier general Don Bartolomé Mitre y al teniente coronel don Domingo Faustino Sarmiento.[19]

---

[18] *Ibid.,* cap. VIII.
[19] F. Ignacio Rickard, *Viaje a través de los Andes* (Buenos Aires, Emecé, 1999). En su versión original,

> A
>
> # MINING JOURNEY
>
> ACROSS
>
> ## THE GREAT ANDES;
>
> WITH EXPLORATIONS IN THE SILVER MINING DISTRICTS OF THE
> PROVINCES OF SAN JUAN AND MENDOZA, AND A JOURNEY
> ACROSS THE PAMPAS TO BUENOS AYRES.
>
> BY
>
> MAJOR F. IGNACIO RICKARD,
> F.G.S., F.R.G.S., CORR. MEM. ANTHROP. SOC., ETC.,
> GOVERNMENT INSPECTOR-GENERAL OF MINES ARGENTINE REPUBLIC.
>
> " Where Andes, giant of the western star,
> With meteor-standard to the winds unfurled,
> Looks from his throne of clouds o'er half the world!"
> CAMPBELL.
>
> WITH TWO MAPS.
>
> LONDON:
> SMITH, ELDER & CO., 65, CORNHILL.
>
> M.DCCC.LXIII.
>
> [*The Right of Translation is reserved.*]

Portada del libro de Rickard, primera edición. Gentileza British Library.

Viñetas de la vida en tránsito, observación científica y costumbrismo armaron la estructura de este relato. El pulso, la experiencia inmediata según el canon de las crónicas de viajes: el diario. La mentalidad sistémica y la contundencia de la circunstancia que Humboldt desplegó en su *Personal Narrative* marcaron una impronta definitiva. Historia extraordinaria y ordinaria a la vez, historias de ambiciones, aventuras nómades e intertextualidad.[20]

Major F. Ignacio Rickard, *A Mining Journey across The Great Andes; whit Explorations in the Silver Mining Districts of the Provinces of San Juan and Mendoza, and a Journey across the Pampas to Buenos Aires* (Londres, Smith, Elder & Co, 1863).

[20] Véase Ricardo Cicerchia, *Viajeros...*, cap. III.

> Lunes 28 de abril. A las cuatro estábamos en pie, y los arrieros empezaban a preparar todo para la jornada, operación que por lo general insume una hora y media. Hicimos té y tostadas, que se me ocurre que es lo mejor antes de partir por la mañana, y a las seis y media nos pusimos en marcha, con rumbo este, ya entrando en la Cordillera [...].
> A las 8.30 llegamos al Resguardo, el puesto aduanero del gobierno de Chie, situado en un sitio pintoresco sobre las riberas del río Aconcagua [...]. La guardia consiste en cuatro hombres, dos oficiales y dos soldados; la esposa de uno de los primeros estaba acuclillada en el piso al lado del brasero, que es un recipiente circular de poca profundidad, de hierro o bronce, en el que se mantienen carbones encendidos y se usa para calentar ambientes en todas las casas de Chile. En este caso su utilidad era hervir agua para el mate, la bebida favorita de los sudamericanos [...]. Durante las cinco horas siguientes el paisaje no mostró mayor variedad, hasta que descendimos a un pequeño valle y encontramos algunas chozas y un establecimiento para fundir mineral de cobre.[21]

Rickard ofrecía abundancia de descripciones y experiencias propias de la observación, su temperamento empresario y mucha curiosidad. Se trató de un registro que, en la superficie, parecería sólo intentar un detalle objetivo de los paisajes y sociedades nativas.[22] Y los relatos expresan el intento de desplegar el encuentro.

> Lunes 5 de mayo. Me levanté a primera hora y salí a contemplar las ruinas de la ciudad condenada. El hotel está situado a la izquierda de la Alameda, frente a donde se alzaba el viejo centro de la ciudad; junto con unos pocos ranchos más, constituye todo lo que queda de Mendoza. Caminé por esa hermosa avenida de álamos a lo largo de cien metros, después doblé a la derecha; a unos pocos pasos estaba la calle más cercana, y quedé absolutamente atónito ante la horrible escena que tenía ante los ojos. Había oído detalladas descripciones del efecto del terremoto, y había visto dibujos de las ruinas, pero esos testimonios no habían logrado darme una idea siquiera remotamente adecuada de lo que ahora veía. A lo largo de la calle no había una sola casa en pie; todo era una masa confusa de adobes, vigas y ladrillos. Las paredes derrumbadas de ambos lados cubrían la calle, y se explicaba la cantidad de víctimas (arriba de doce mil) que habían quedado sepultadas aquel fatídico 20 de marzo de 1861.
> Una vez que hube recuperado el movimiento, fui en dirección a la plaza...[23]

Sobre el escenario descripto, sobre los patrones culturales, sobre el paisaje de un territorio 'por descubrir', el discurso racional y utilitario y el arsenal retórico de un rudimentario romanticismo insistieron en demostrar –al público europeo– el terror

---

[21] F. Ignacio Rickard, *Viaje a través...*, cap. III.
[22] Con referencia a los viajeros británicos véanse Adolfo Prieto, *Los viajeros ingleses y la emergencia de la literatura argentina* (Buenos Aires, Sudamericana, 1996); Ricardo Cicerchia, *Journey, Rediscovery and Narrative...*, pp. 16-20.
[23] F. Ignacio Rickard, *Viaje a través...*, cap. VIII.

primitivo de una sociedad global que había comenzado a 'armonizar' su relación con la naturaleza.

Cinco años después de la publicación de su libro, Sarmiento, a través de su ministro del Interior Vélez Sársfield, le asignaba la tarea de realizar una inspección general de los distritos mineros de la Argentina. Ya antes el ahora presidente había demostrado la confianza en sus juicios sobre la minería:

> Me dices que Rickard no aconseja deshacerme de las acciones a la Compañía de Minas, ¿por estar ésta o las minas ricas? Cuánto lo celebro; y más celebraré que eso importara la indicación de Rickard [...] ¡Cuánto deseara que las minas se desarrollasen en grande! ¡Cuánto bien hecho a San Juan! ¡Islas, escuelas, minas! Tendría de qué consolarme. El político, al parecer más teórico de la República Argentina, sería el único que haya sabido crear directamente riqueza (para otros, se entiende).[24]

Durante siete meses Rickard recorrió 8000 kilómetros visitando las minas de La Carolina en San Luis, las de Uspallata y Paramillo en Mendoza, las de Tontal, Castaño, Huachi Gualilán y la Huerta en San Juan, Famatina en La Rioja, y algunos yacimientos en Catamarca y Córdoba. El resultado fue su 'otro' relato nacional, pero básicamente cuyano, el *Informe sobre distintos minerales, minas y establecimientos de la República Argentina en 1868-69*. En homenaje a su trabajo, Sarmiento fundó en el Tontal el pueblo minero de Villa Rickard, hoy olvidado y abandonado.

En Inglaterra, los editores londinenses hicieron buenos negocios. Entre 1815 y 1870, con altibajos, la edición de libros de viajeros sobre América del Sur era un éxito. Casi todos los títulos del género y la mayoría de sus autores pueden ser identificados con las formas literarias que adquiere el "exotismo consciente" asociado al nuevo movimiento expansionista. No se trataba de contar guerras coloniales sino de reproducir las aventuras recogidas de la propia experiencia, de inventariar raras y exquisitas curiosidades, de hacerlas familiares.

La exploración y registro de los territorios interiores reemplazaba el paradigma marítimo de los primeros tres siglos de expansión europea. La penetración interior se convirtió en el mayor desafío de la imaginación expansionista. La consecuencia directa sobre los relatos de viaje es evidente. Se trata de nuevos objetos y nuevas formas de conocimiento (posesión). Desde ese momento, toda expedición debe completarse con su relato. Comunión definitiva del viaje y su narración en la construcción de los territorios nacionales. Y entre ellos, las primeras estampas regionales, desaprovechadas por la debilidad de las fibras federalistas del proyecto modernizador.

Como todo discurso colonial, estos *travels* también se elaboran sobre la base de la dicotomía entre cultura y naturaleza. La empresa civilizatoria implicó un dispositivo

---

[24] Carta de Sarmiento a su hermana Bienvenida. Nueva York, 20 de diciembre de 1865 en *Epistolario de Domingo Faustino Sarmiento. Cartas Familiares* (Buenos Aires, Asociación Amigos del Museo Histórico Sarmiento, 2001): pp. 41-42.

cultural que subsumía la cultura y la historia "exótica" al universo natural. La nueva historia natural ofrecía una matriz que operaba sustrayendo especímenes no solamente de sus relaciones orgánicas o ecológicas sino de su contexto cultural.

Mientras la narrativa de viajes, se va "naturalizando" y estandarizando, la atmósfera ilustrada inyecta el tono humanista. En este espíritu, Humboldt y su travesía de treinta volúmenes fueron el paradigma de la narración del viajero como el proceso de redefinición de las Américas. *Views of Nature* y su secuencia *Views of the Cordilleras* son el primer repertorio moderno de imágenes americanas. En particular tres de ellas canonizan la representación del nuevo continente: la voluptuosidad de las selvas tropicales (Amazonas y Orinoco), cordilleras majestuosas (los Andes y los volcanes mexicanos), y las eternas planicies interiores (los llanos de Venezuela y las pampas argentinas). Desde entonces la naturaleza enmarca parte del imaginario europeo sobre el "nuevo continente". Durante el siglo XIX los europeos reinventan América como geografía. Y aquí entraba, en esta antesala, todo el talento y la valentía de Rugendas y de los otros tres viajeros de nuestro propio trayecto cuyano.

Nuestros autores se dirigen siempre a un público medio y a una crítica que va adquiriendo a partir de la segunda mitad del siglo XVIII no sólo presencia sino poder. El circuito es fluido y permanente. Un proceso articulado con otros sistemas: económicos, sociales, políticos y culturales del proyecto expansionista y de consolidación de las identidades nacionales. Se trató de las formas históricas específicas que adquiere la denominada "revolución de la lectura", que festejaba la racionalidad de inflexiones románticas, esa subjetividad dominada por el espíritu positivista que hizo reconocible al público lector una alteridad que podía ser dominada. Formas narrativas y estéticas que utilizaban un sistema de representaciones similar al realismo.

Se impone la observación y en el acto de reconocimiento los *Travel Accounts* reflejan tal disposición.[25] También estos relatos inauguraron un extenso inventario de "costumbres nacionales". Parte importante del imaginario regional argentino tiene su fuente en ellos... Numerosas estampas argentinas compartidas por la primera literatura nacional. Los clásicos latinoamericanos del período independiente citan a Humboldt y sus seguidores con una frecuencia casi obsesiva. La invocación parece reconocer en los viajeros extranjeros un gesto inaugural (que otorga legitimidad a la imaginación y las aspiraciones intelectuales de los criollos). Y las comunidades nacionales fueron también el producto de esa red textual. Crónicas apropiadas, traducidas, antologizadas, plagiadas, decisivas en Echeverría, Alberdi y Sarmiento, los fundadores de la primera literatura nacional.

---

[25] Georges van Den Abbeele, *Travel as Metaphor. From Montaigne to Rousseau* (Minneapolis, University of Minnesota Press, 1992): p. 85.

Una formación rumbo al Centenario

El liberalismo político consolidaba su triunfo entre Caseros y Pavón. Bajo la gobernación de Pedro Pascual Segura, aparecería en la provincia *El Constitucional de los Andes*, órgano oficial del gobierno mendocino y vocero de la tribuna antirrosista. También durante su mandato se sanciona y promulga la Constitución mendocina de 1854, carta provincial pionera en hacer cumplir el artículo 5 de la Constitución Nacional ("Cada Provincia dictará para sí una Constitución..."). Siguiendo los postulados de Alberdi, la Constitución fue reformada varias veces, luego de lo cual quedó vigente la versión de 1916.

Con la frase de Mitre después de Pavón: "De ahora en más el país será de un solo color", quedaría materializada la "Pacificación Nacional' con la hegemonía de Buenos Aires. Esta política pacificadora rápidamente ejercitada por el ímpetu de Sarmiento se dio en Mendoza en circunstancias excepcionales: el drama del terremoto.

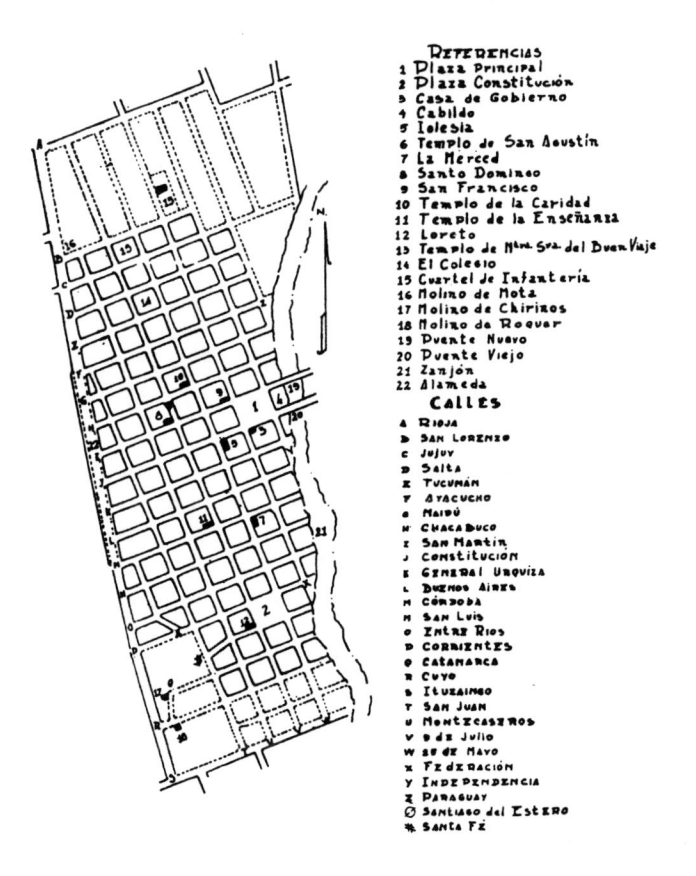

Plano de Mendoza de 1854.

Según el censo de 1855, ordenado por Segura en cumplimiento de la ley nacional número 20, la población total de la ciudad para entonces era de 7161 habitantes.[26] Se trataba de una población joven, con una fuerte natalidad y alta tasa de mortalidad, y un disminuido índice de masculinidad. Dos son los planos que nos acercan el perfil de la ciudad y en particular el de su casco histórico antes del terremoto. El primero data de 1854, el otro está fechado en enero de 1856 y firmado por Eusebio Galigniana.

En el primer documento puede observarse el trazado de veintiocho calles, trece de las cuales llevan el nombre de las provincias argentinas; dos plazas: Independencia (Pedro del Castillo) y Constitución (Sarmiento). Al costado de la plaza principal se hallaba el Cabildo con su amplio frente hacia la calle Cañada (Ituzaingó), en compañía de las viviendas de los principales vecinos. Era éste el lugar de encuentro social y destino de viajeros, expedicionarios, militares y empresarios que llegaban hasta el centro por el carril San Luis. Y del resto de la arquitectura se destacaron los molinos bajo la nomenclatura "elementos referidos a la producción".

El plano de 1856 plantea las comunicaciones de la ciudad con las zonas agrícolas y aparecen los diecinueve cuarteles que conformaban el casco urbano, distribuidos de acuerdo con las tomas de agua en el Canal Tajamar, en el oeste de la ciudad. Estas acequias con pendiente de oeste a este abastecían de agua potable y de riego. Así cada fila de manzanas oeste-este constituía un cuartel.[27]

20 de marzo de 1861. La intensidad del movimiento sísmico pudo estimarse en 7,2 grados de la escala de Richter, y la destrucción del sector urbano fue casi total dado que el epicentro del temblor se ubicó muy cerca de la ciudad misma:

> Como a las nueve (el sismo ocurrió exactamente a las 20.36 horas) me encontraba con un amigo en el Hotel Tessier, situado a espaldas del templo de San Agustín, y en momentos de recibir las tazas de café que habíamos pedido, sentimos desvanecimientos, como si el suelo se moviese sobre agua, e inmediatamente se oyó un ruido terrorífico, como si miles de carros cargados de piedras fuesen arrastrados por toda la Ciudad.
> En aquellos momentos terribles escuché a mis pies la voz del dueño del Hotel, que me pedía socorro entre los escombros. Lo descubro en parte, pero me es imposible liberarlo completamente: tenía una pierna totalmente destrozada y apretada con las ruinas del muro. Me pidió que entrase en el Hotel para que buscara a su señora y hijita; pero sólo encontré muertos y una pobre viejecita casi ciega que se había salvado por milagro.[28]
> [...] comunicaré los datos que el señor Zuloaga tuvo la bondad de darme, extractado del registro que está formando en San Nicolás [...] hasta hoy 1100 familias damnificadas

---

[26] Aníbal M. Romano et al., *Consideraciones sobre la demografía de Mendoza en 1855* (Buenos Aires, Academia Nacional de la Historia, 1973).

[27] Aníbal M. Romano, "Mendoza antes y después del terremoto (1854-1900)" en Adolfo Omar Cueto et al., *La ciudad de Mendoza...*

[28] José A. Verdaguer, *Historia eclesiástica...*, t. II, p. 446.

de diversos modos, 2050 muertos, 755 heridos, y una cifra imposible de sumar, en pérdida de capitales.[29]

Los datos del primer censo nacional de 1869 arrojan para la Ciudad un total de 8124 habitantes. Es decir que el impacto del cataclismo fue decisivo en el proceso demográfico. En números absolutos, la Ciudad tuvo un porcentaje de 37,39% de mortalidad, ya que de un total de 11.539 habitantes habían muerto 4247, junto a un contingente de heridos en torno a 750 personas. La Ciudad destruida tuvo que soportar luego del temblor varios incendios de proporciones y el desborde de numerosos cauces de agua.

Testigo privilegiado, David Forbes, un geólogo inglés de mucha reputación explicaba así el cataclismo. Según sus estudios, el origen del fenómeno debe atribuirse a la actividad volcánica subterránea. Ya mostraba, previo al temblor, preocupación por la capacidad geológica y volcánica de estas regiones y proponía un nuevo emplazamiento de la nueva ciudad alrededor de La Alameda. La primera área de desarrollo hasta fines del siglo XIX, luego de 1861, fue justamente La Alameda, siendo la nueva ciudad emplazada en el sitio de San Nicolás.

Ruinas de la antigua ciudad de Mendoza. Por Christiano Júnior.

---

[29] Fragmentos tomados de Aníbal Romano, "El terremoto de 1861" en *Repercusiones de Pavón en Mendoza a través del periodismo* (1861-63) (Mendoza, 1974): p. 40.

El país se conmovió por la tragedia. En Córdoba, *El Imparcial* titulaba el 2 de abril: "La ciudad de Mendoza no existe más". De los países vecinos, fue inmediata la ayuda recibida desde Chile. Desde Buenos Aires, las entidades benéficas se dispusieron a auxiliar a las víctimas de Mendoza. Entre ellas, San Vicente de Paul, el Club del Plata, cuyo presidente era Bernardo de Irigoyen, y la Comisión Filantrópica fueron las encargadas de recibir las donaciones y suscripciones. El ministro Guillermo Rawson le comunicaba al gobernador Luis Molina:

> Se han recaudado considerables sumas, las cuales servirán para la fundación de instituciones de pública utilidad, tales como hospitales, escuelas, etc. Pero antes de todo esto es necesario que el Gobierno provincial fije definitivamente el sitio que ha de ser capital de esa provincia, ya que el Gobierno Nacional no quiere comprometerse en peligrosos ensayos de localización.[30]

Se interpelaba así a las autoridades provinciales sobre un tema central y urgente, la reconstrucción de la ciudad y el lugar de su nuevo emplazamiento. El Gobierno nacional no desconocía los vericuetos institucionales para la implementación del programa de refundación ni los antagonismos locales, y por eso la premura. En enero de 1862 se renovaron los poderes de la Legislatura y el Gobierno eligió la recomendación de San Nicolás como la más adecuada. Así pasaron seis meses, hasta que el 21 de julio la Legislatura aprobó otra ley, declarando capital de la provincia al lugar denominado Las Tortugas. A pesar de esto, San Nicolás seguiría siendo el mayor centro de población. La disputa entre tortugueros y sannicolinos era también por la recaudación de los fondos de ayuda. Un problema más que vigente hasta bien avanzado el año 1863.

El Gobierno nacional decretó una ayuda por la cual se otorgaba una subvención mensual de 1000 pesos a cada provincia, exceptuada la de Buenos Aires. Por otro lado, un sinnúmero de suscripciones y colectas aumentaron la ayuda de cada una de las provincias, entre ellas, la suscripción decretada por el gobernador de Entre Ríos, Justo José de Urquiza por la suma de 12.000 pesos, los más que honorables 10.000 pesos que llegaron desde San Juan, otros 6000 aportados por Córdoba y los 5000 recaudados en San Luis. Finalmente, el 7 de abril de 1863, se creaba una Comisión Nacional encargada de administrar y destinar los fondos y limosnas reunidos a favor de Mendoza.

La reedificación de la nueva ciudad planteaba el problema del estudio del terreno, las condiciones geológicas del suelo y la eventualidad de mover el casco urbano, imponiéndose el criterio de 'una nueva ciudad, una nueva sociedad'. Las alternativas más promisorias indicaban los siguientes lugares: San Nicolás (sector comprendido por las calles Belgrano, Sarmiento, Gutiérrez, San Martín, Montevideo y San Lorenzo), San Vicente (Godoy Cruz), Luján, Cruz de Piedra (Maipú), Las Tortugas (Godoy Cruz) y San Franciso del Monte (Guaymallén).[31]

---

[30] Aníbal Romano, "El terremoto...": p. 47.

Por entonces, uno de los científicos más autorizados en la materia era el geólogo polaco-chileno Ignacio Domeyko. Con la mala experiencia de la ciudad de Peuco en Chile, sostenía cambiar el sitio de la nueva ciudad de Mendoza, a distancia de las áreas afectadas, e indicaba estudios del suelo a mayor profundidad que los habituales. Al calor de la polémica, los vecinos desconfiados de los expertos, que por otro lado no habían podido prevenir la catástrofe, comenzaban a edificar en medio de escombros. Una nueva ciudad se iba imponiendo, y la ciudad vieja comenzó a llamarse 'Barrio de las Ruinas'.

El debate sobre la nueva ciudad también tuvo un escenario legislativo. La Cámara Legislativa sancionaba el 18 de junio de 1861 una ley por la cual se ordenaba "la reconstrucción de la ciudad de Mendoza, arruinada por el terremoto del 20 de marzo "último, en el mismo local que antes lo estaba". Además legislaba en torno a la construcción de las calles: se les otorgaba un ancho de 20 varas, se prohibía edificar muros de mayor altura de 8 varas y antetechos hacia el exterior. La ley establecía cuatro plazas: Nueve de Julio (del Orden), Independencia (la principal), Progreso y Libertad. La manzana sur de la Plaza Independencia se destinaba exclusivamente para la ubicación de la Iglesia Matriz, casa departamental de Gobierno, Legislatura, Tribunales de Justicia, Cárcel, Policía y una escuela. La Municipalidad se ubicaría en la manzana sur de la Plaza del Progreso y los particulares que resultaran expropiados serían indemnizados eligiendo una propiedad que fuese del Estado.[32]

Esta ley denominada Nazar, por haber sido promulgada durante la gestión de ese gobernador de la provincia, no muy bien recordado por su actuación durante el sismo y su retirada precipitada de la ciudad, nunca se llevó a la práctica. Apenas se trató de gimnasia política como respuesta a las urgencias de la sociedad mendocina. Subrepticiamente se organizaba un levantamiento contra la autoridad ejecutiva que finalizó con el alejamiento de Nazar en marzo de 1862 y la consagración de Luis Molina como nuevo gobernador. Molina, como sabemos, estaba abierto a la influencia de los geólogos chilenos, al tiempo que nombraría en su gabinete a dos personalidades estrechamente vinculadas a la reconstrucción: Flanklin Villanueva y Eusebio Blanco.

Molina materializa la idea de una villa en Las Tortugas. Así lo anuncian los diarios de la época como El Tupungato, firme opositor del proyecto. La decisión de crear una comisión especial también levantó suspicacias entre los vecinos que veían en ella la consagración de intereses facciosos en torno a la reconstrucción. La nueva ley del 21 de julio de 1862 determinaba la ubicación y el ejido de la ciudad capital. La ciudad arruinada tomaba el nombre de Villa Palmira, en honor a la localidad italiana también destruida por un terremoto. La nueva ciudad constaría·de 121 manzanas, además de cinco plazas. Las calles tendrían 25 metros de ancho en la ciudad, 45 metros en la circunvalación y 35 metros en las arterias convergentes. Se extendería hacia el norte hasta tocar con el

---

[31] Juan Isidro Maza, *Toponimia, tradiciones y leyendas mendocinas* (Buenos Aires, Fundación Banco de Boston, 1990).
[32] Archivo Histórico de Mendoza, Época Independiente, Documentos oficiales.

camino de San Juan, hacia el este hasta la vuelta de la ciénaga, hacia el sur hasta el río y hacia el oeste hasta la arteria de San Vicente. La disposición concluía que la ciudad comenzaría a construirse en el terreno comprendido entre la Hijuela de San Francisco del Monte, limitando por el poniente con el Zanjón, y por el naciente, con la calle de Mallea, en un radio que se conocía con el nombre de Las Tortugas. Los vecinos algo furiosos se niegan, en el marco de un rechazo generalizado, a rebautizar la vieja ciudad como Villa. Las decisiones fueron ejecutivas y desde los aparatos de gobierno. El 30 de noviembre de 1862 quedaba inaugurada la ciudad capital creada por la ley del 21 de julio, abriendo también una enconada rivalidad entre tortugueros y mendocinos. Nada mejor que un editorial de agosto de *El Tupungato* para ilustrar la disputas:

> Pero esto está mal, ya que necesitan venir a la ciudad diariamente para todas sus necesidades, y al no saludar a los mendocinos, quedan muy mal parados. Los tortugueros no pueden prescindir de la población, prueba tal que vienen todos los días, y en cambio los mendocinos no necesitan de su desierto para nada, prueba tal que nunca van a la ciudad de Las Tortugas.

A causa de las demoras en la planificación se llegó a la determinación de presentar un nuevo proyecto de ley para la reconstrucción de la Villa de Palmira. Proyecto de ley que coexistiría con el tratamiento de la ley del 21 de julio. Por entonces, se perfilaba la decisión del grupo gobernante de erigir la nueva ciudad en San Nicolás. Ahora se agrupaban la ciudad vieja y la finca de San Nicolás, con una plaza central y cinco de contorno: Independencia, Orden, Libertad, Progreso y Constitución.

El 17 de febrero de 1863 el Poder Ejecutivo provincial remitió a la nueva Legislatura un proyecto de ley donde especificaba los inconvenientes del emplazamiento en Las Tortugas, y proponía a la Hacienda de San Nicolás como centro de la nueva ciudad capital. El 12 de marzo se sancionaría la ley definitiva. Con regocijo, a fines de marzo de 1863, *El Tupungato* decía:

> San Nicolás es el lugar más indicado para la delineación de la nueva capital: es un lugar elevado, resume las condiciones de higiene necesarias, llega ahí la mejor agua de la provincia, y está libre de los aluviones que bajan de la sierra. El solo anuncio del proyecto que el Gobierno iba a presentar a la Cámara Legislativa, pidiendo el sitio de San Nicolás como lugar para la nueva capital, ha producido una actividad asombrosa en las construcciones. Lo mejor es adoptar y determinar un sistema de construcción adecuado y resistente a los sacudimientos de la tierra, para el caso que el fenómeno se reproduzca.

El Gobierno nombró al agrimensor Julio Ballofet, quien juntamente con el perito Jacinto Olguín debería levantar el plano de la superficie de los terrenos ocupados por la calle de este a oeste, de la hacienda de San Nicolás, demarcando la parte expropiada. Se trataba, según el plano, del "Pueblo Nuevo de Mendoza, realizado en el terreno del Estado denominado Hacienda de San Nicolás según el proyecto del Sr. Ministro de

Gobierno Eusebio Blanco (Mendoza, 30 de marzo de 1863). Firmado: Julio Jerónimo Ballofet". La nueva ciudad y el departamento de la ciudad destruida tomaban el nombre de Ciudad de Mendoza, según lo establecía el artículo 3 de la ley del 12 de marzo. Cada sitio costaría 50 pesos, y los fondos que de ellos se recaudaran se destinarían para la construcción de una Iglesia Matriz. La concepción urbanística de la Ciudad, al igual que el trazado de las calles, estaba en concordancia con los recaudos que debían tenerse en cuenta en zonas con posibilidad de terremotos.

La ley y los decretos reglamentarios posteriores del 16 de marzo, 4 de abril y 2 de marzo de 1864 cimientan la nueva ciudad posterremoto. Al fallecer el gobernador Molina el 25 de septiembre de 1863, se designó a Domingo Bombal provisoriamente, hasta que en comicios realizados el 25 de octubre fue electo Carlos González, menor de edad, cívicamente hablando, ya que con 33 años debió solicitar autorización a la Legislatura, por lo cual se hizo una excepción a la regla constitucional que establecía una edad mínima de 35 años para desempeñarse como gobernador. En su mensaje del 1º de agosto de 1864, González expresaba, al mejor estilo de los fundadores de la patria:

> De la dura escuela de la adversidad, los mendocinos podemos lisonjearnos de habernos levantado casi transformados de nuestro anterior modo de ser. A las pasadas enconosas divisiones ha sucedido la unión más fraternal. En todos los espíritus reina la actividad, como en todos los corazones la conformidad y confianza más laudable. Así, lejos de haber perdido la menor partícula de nuestra energía y vitalidad, puede decirse que hemos surgido de nuestras ruinas: más laboriosos, más morales y más dignos que antes. La nueva ciudad, como está a la vista de todos, se encuentra ya delineada; sus calles y manzanas, trazadas a cordel, y por todas partes se ven incesantemente levantarse tanto edificios públicos como privados.[33]

El punto culminante de esta resurrección fue la sanción de la Ley de Municipalidad para la ciudad de Mendoza del 10 de agosto de 1868. Y el 20 de diciembre se instaló el municipio de la nueva ciudad capital, cuerpo constituido por el "Acta de instalación de la primera municipalidad de la ciudad de Mendoza".

La ciudad programada tendría dos modificaciones importantes. La instalación de tuberías de agua potable, concretada en 1882, y el señalamiento del terreno previsto para la futura Estación del Ferrocarril Andino, que ocuparía todo el sector oeste de la ampliación prevista. La llegada del ferrocarril en 1884 transformaría definitivamente la renovada vida urbana de los vecinos y la inserción de la ciudad en los itinerarios nacionales: el orden y el progreso encarnados en la región en la figura de Emilio Civit.

La oligarquía mendocina condujo este proceso. El 'civitismo' fue la expresión política de un modelo político y económico que consagraría una clase dirigente, una elite, de hombres ricos, familias notables, ambiciones modernistas y valores tradicionales. Higienización de la Ciudad (amenazada por el cólera), embellecimiento del Parque (en

---

[33] En José Massini Calderón, *Mendoza hace cien años* (Buenos Aires, Theoría, 1967): p. 187 y ss.

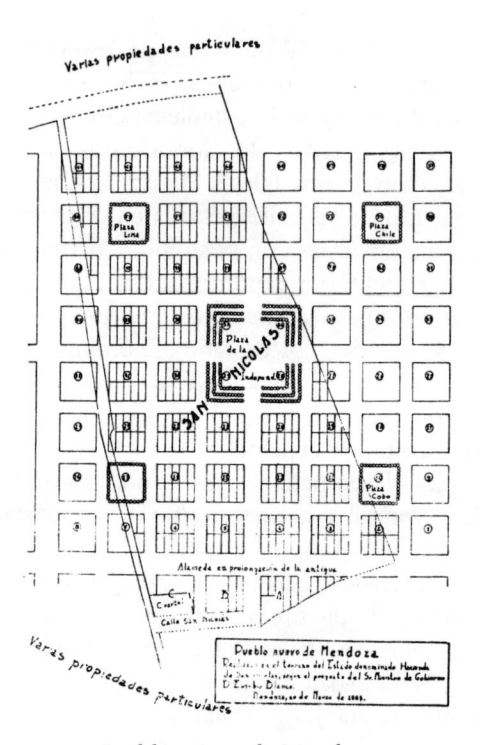

Pueblo nuevo de Mendoza.

Mendoza moderna. Vista general de la Plaza Independencia.
Fotografía de Christiano Júnior, 1877.

Imágenes de la estación de ferrocarril de la ciudad de Mendoza.

la línea del paisajismo europeo), disciplina ciudadana (con evocación prusiana) y saberes expertos (a favor de todo discurso científico). Pasean por Mendoza, Carlos Thays, Emilio Coni, el ingeniero Wanters y el estadígrafo Francisco Latzina. También por entonces, el escultor uruguayo Ferrari comenzaba a imaginar del Cerro de la Gloria.

La obstinación de Luis Lagomaggiore, quien ocupó el gobierno de la Municipalidad entre 1884 y 1888, permitió la contratación de un empréstito nacional para la remoción y limpieza de la ciudad vieja. Veintitrés años después del terremoto, el Barrio de las Ruinas se liberaba de los escombros que ensombrecían sus calles, lotes y baldíos, incorporándolo al municipio de la capital. Un verdadero acto de fundación.

Desde tiempos de la presidencia de Urquiza, se contemplaba la realización de un trazado ferroviario trasandino. Con una Buenos Aires adelantada gracias a La Porteña, la provincias de Cuyo seguían haciendo circular hacia el este sus tropas de carros arrastrados por bueyes y mulas, y sus diligencias hasta los fortines de Río Cuarto, Villa María y una última travesía hasta la ciudad de Córdoba y el puerto de Rosario.[34]

Los planos de la ciudad de 1885 dan testimonio del lugar de preeminencia otorgado al ferrocarril. No era para menos. El viaje oficial para inaugurar el trayecto Buenos Aires-Mendoza fue presidido por Roca, presidente de la Nación por entonces.[35] Magno acontecimiento, y nuevamente la cuesta hacia el lado chileno:

---

[34] Sobre las penurias del viaje en las líneas de mensajerías véase Estanislao Zeballos, *Painé y la dinastía de los zorros* (Buenos Aires, Peuser, 1889). Rosario aspiraba a convertirse en capital nacional. Mitre y Sarmiento vetarán los respectivos proyectos imaginados por Hilario Lagos desde la fundación de su diario *La Capital*, en 1867, decano de la prensa escrita argentina.

Imágenes de la Casa de Gobierno y la Jefatura de Policía en 1888.

Las máquinas Maipú y Paraguay ingresan a la estación Mendoza el 7 de abril transportando el tren presidencial para ofrecer más relieve a los actos. Julio A. Roca es acompañado por más de trescientas personalidades de la época, entre ellas el ministro del Interior, Bernardo

---

[35] Algunos días después de la inauguración, Roca continuó viaje a San Juan. El 12 de abril de 1885, el departamento de Lavalle veía pasar por primera vez una formación que llegaba a la estación Jocolí en una hora. Garcés Delgado, "El ferrocarril en el desierto" en *Lavalle, La Paz y Santa Rosa. Historia y perspectivas* (Mendoza, Editorial Uno, 1999): p. 114.

Campamento de ingenieros durante el tendido de la línea del ferrocarril a Mendoza.

de Irigoyen; el de Relaciones Exteriores, doctor Ortiz; el ministro plenipotenciario de Chile, Ambrosio Mott; el general Osborne, de los Estados Unidos; los doctores Luis y Roque Sáenz Peña, y Juárez Celman, con lo que llega a cuatro el número de personalidades que en algún momento ocupan u ocuparán la presidencia de la Nación.

Mendoza festeja alborozada el fin del profundo aislamiento, que la vinculaba más fácilmente a Chile que al Litoral argentino, en arrias de mula o a través de la llanura con tropas de caros, carretas y mensajerías.[36]

La estación arremetió contra el pulcro trazado de la ciudad nueva. Impuso la apertura de las avenidas Godoy Cruz y General Paz, y parte de la Avenida Las Heras. Además, más terrenos para la ciudad, valorización inmobiliaria y construcciones. El tranvía tirado por caballos que hacía el recorrido desde la estación hasta Colón y la nueva iluminación eléctrica completaron un escenario digno del progresismo oligárquico.

En el comienzo, un decreto del mismísimo presidente Mitre que disponía el tendido de una línea ferroviaria desde Villa María, pasando por Río Cuarto y Villa Mercedes hasta las provincias cuyanas.[37] A cargo del director de la Oficina de Ingenieros de la Nación, Pompeyo Monetta, se creó una comisión para realizar los análisis técnicos del

---

[36] Diario *Los Andes, Cien Años de la vida mendocina* (Mendoza, Diario Los Andes Hermanos, 1982): pp. 14-16.

proyecto. Éste se convirtió en la ley nacional 280, promulgada el 14 de octubre de 1868. Iniciadas las obras bajo la presidencia de Avellaneda, Sarmiento ya amasaba otro gran proyecto: el Trasandino, desde Buenos Aires hasta Valparaíso (ley nacional 583 del 5 de noviembre de 1872). Al comando de esta concesión quedaría el millonario chileno Juan E. Clark. Los ingleses tardarían más de una década en aportar los capitales para la empresa del F. C. de Buenos Aires al Pacífico. En 1882 confluían entonces en Villa Mercedes dos líneas ferroviarias: el Andino, que construía la Nación, y el Pacífico, ambos de trocha ancha y cada uno con estaciones propias conectadas por un empalme.[38] Desde allí las obras siguieron hasta San Juan. El 10 de abril de 1883 la locomotora El Zonda cruzaría por primera vez el río Desaguadero, habilitándose La Paz, y luego Maipú, y culminando el trazado con el arribo del tren especial a Mendoza el 7 de abril de 1885, que llevaba un pasajero de lujo: Julio Roca.[39]

Pero no todo es algarabía periodística u oficial. El trayecto entre Buenos Aires y Villa María es relatado por Enrique Larrain Alcalde, viajero que hizo su travesía el 3 de abril de 1884, desde Buenos Aires hasta Santiago:

> Salimos del Ferrocarril para el puertecito de Campana (F. C. del Norte), a tomar el vapor 'Minerva' que nos debía dejar el día siguiente en el Rosario. Esta misma tarde salíamos vía Mendoza. Este tren no es directo; llega solamente a Villa María, y en este pueblo se entronca con el que va hasta Villa La Paz, adonde llegamos el día 5, después de habernos convencido durante todo el trayecto de que también en Ferrocarril, se puede andar muchas leguas a paso de carreta.
>
> Es imposible que usted se pueda figurar el pésimo servicio de este tren y la mala condición de sus materiales. No fueron pocas las veces que quedamos detenidos en medio de las pampas, componiendo los tubos de la caldera de la locomotora, que a cada rato se reventaban [...]. La línea que hoy está próxima a Mendoza, estaba en construcción desde Villa La Paz, felizmente logramos conseguir un vagón hasta la punta de rieles, quedando así tan solo a unas 10 leguas de aquella. Este trayecto lo recorrimos en coche [...]. El 6 en la noche llegamos a la ciudad de Mendoza. El día 8 comenzamos la travesía de la Cordillera andina por el camino de Uspallata, y el 1 caminábamos ya, por los valles de Chile, en dirección al pueblo de Los Andes.[40]

Como consecuencia de la crisis de 1890, Juárez Celman resolvió por decreto vender la sección del Andino entre Villa Mercedes y San Juan a Clark. Éste con inversión inglesa constituyó la empresa del F. C. Gran Oeste Argentino, con base en la ciudad de Mendoza, para lo cual construyó el glamoroso edificio de Perú y Las Heras.

---

[37] Decreto del 15 de noviembre de 1867. Junta de Estudios Históricos de Mendoza. Registro Nacional, 1867, p. 122.
[38] Garcés Delgado, "El ferrocaril en la ciudad de Mendoza" en *Mendoza, Historia y perspectiva* (Mendoza, Editorial Uno, 1997): p. 226.
[39] Garcés Delgado, "Mendoza y el ferrocarril" en Arturo Roig *et al.*, *Mendoza...*, pp.186-190.
[40] Tomado de Garcés Delgado, *Lavalle...*, pp. 121-122.

El público cuyano no estaba muy feliz con el servicio. Atrasos, tarifas monopólicas, deficiente equipamiento. Finalmente en 1901 se construyó el primer ramal de 16 km, entre General Gutiérrez y Luján de Cuyo, y en 1903 el que unía Fray Luis Beltrán, en Las Heras, con Las Catitas (luego estación José Néstor Lencinas) en San Rafael. Por entonces la ciudad disfrutaba del primer automóvil, propiedad de Nicolás de la Reta, sin resignarse a exigir mejor calidad en el servicio ferroviario. Demasiados beneficios para un servicio con demoras e insuficiente. Las quejas se multiplicaron y llegó a organizarse una asamblea en el Teatro Municipal, reclamando por los derechos de los usuarios del ferrocarril. Las presiones de la sociedad mendocina darían sus frutos algunos años después.

Mientras tanto, el F. C. Pacífico con terminal en Villa Mercedes, disponía de tarifas más económicas. Su presidente, Emilio Lamarca, solicitó al Congreso nacional permiso para construir una vía de 264 km entre Justo Daract y La Paz, pasando por Beazley, al sur de San Luis. Ante la expansión del Pacífico hacia la región, en 1907 se anunció oficialmente la absorción del Gran Oeste Argentino por el Ferrocarril de Buenos Aires al Pacífico, que pasó a disponer de líneas exclusivas con el Litoral, comprometiéndose en un plazo de tres años y medio a terminar las tareas del empalme con Chile.[41] Entonces sí, mejora de los servicios, más trenes de carga, mayor tonelaje y frecuencias, concretado en el establecimiento de una gran playa de maniobras, centro distribuidor de cargas de San Juan y Mendoza en Palmira.

En el sur de la provincia, la línea Las Catitas a San Rafael se prolongaba en 1908 desde Guadales hasta Monte Comán, empalmándose para 1911 con el ramal que ya comunicaba Buena Esperanza en San Luis con Huinca Renancó en el sur cordobés, conexión a su vez entre Justo Daract y el puerto de Bahía Blanca.

Una línea había llegado en 1902 hasta Las Cuevas. El F. C. Andino, que desde 1907 administraba el F. C. Trasandino, contrató con la empresa Walkers de Londres la ejecución de la obra que debería abrir la cordillera. Espectacular desarrollo ferroviario, origen de pueblos, colonizaciones, producciones, comercio, completado con la apertura internacional de Las Cuevas en el aniversario de la batalla de Maipú, el 5 de abril de 1910.[42] Una patriótica ceremonia se realizó en la estación chilena de Caracoles con la presencia de los ministros de Obras Públicas de ambos países, Ezequiel Ramos Mejía y Manuel Guerrero. Sublime celebración cuyana del Centenario, leamos sobre esa gesta faraónica:

Trasandino. El 29 de septiembre finaliza la perforación del túnel principal en plena cordillera, permitiendo unir las secciones argentina y chilena del Ferrocarril Trasandino, dando término a un proyecto de considerable magnitud.

---

[41] Diaro *Los Andes, Cien años...*, p. 49.
[42] Como dato curioso que ilustra la expansión de la empresa, el F. C. Andino, bajo la administración de James A. Goudge, adquirió en 1908 el edificio *Bon Marché* (Galerías Pacífico) de la ciudad de Buenos Aires. En el subsuelo se ofrecieron productos cuyanos y se instaló una cámara frigorífica para conservar frutas y verduras de la región.

Las obras totales se habían iniciado veinticinco años antes; en enero de 1886 se trazaban los primeros puntos de referencia a partir de la ciudad de Mendoza. En ese momento la empresa concesionaria estaba encabezada por los hermanos Juan y Mateo Clark.

En abril de 1887 se iniciaba la construcción de los terraplenes de los kilómetros 15 y 20, en La Compuerta, a la vez que se concretaba el empalme provisorio con la líneas del Gran Oeste Argentino, frente a la Quinta Agronómica, en lo que más tarde será la estación central del Trasandino.

El primer ensayo del puente construido sobre el río Mendoza se realiza el 4 de agosto de 1889, a la vez que se inician los terraplenes del empalme con Punta de Vacas.

En junio de 1890 se inician las tareas para la perforación mecánica de la roca. En las tareas llegan a trabajar 1575 obreros, de los cuales 800 son chilenos, 530 italianos, 120 austríacos, 110 franceses, 100 españoles, 10 ingleses y 5 noruegos.

La energía eléctrica para los motores de la perforación se obtiene de turbinas, con las que también se alcanza la iluminación para las perforaciones en los interiores. Se alcanza un tendido total de 20 kilómetros de cables. La totalidad de los materiales se traslada en carretones tirados por bueyes y mulas.

La inauguración del tramo a Uspallata se alcanza el 22 de febrero de 1891, el 1 de mayo del año siguiente la punta de rieles quedaba habilitada hasta Río Blanco y en 1893 llega a Punta de Vacas.

Las locomotoras especiales para el sector de cremallera en alta montaña y tracción en túneles pesan 43 toneladas cada una y son capaces de transportar un peso bruto de hasta 70 toneladas. El largo total de los túneles en el sector argentino alcanza a 217 metros.[43]

El país se dedica a los festejos del Centenario de Mayo. Desde España llega la infanta Isabel de Borbón, de Chile el presidente Pedro Montt, de Francia Georges Clemenceau, de Italia Guillermo Marconi, desde el infinito el cometa Halley. Se multiplican los actos conmemorativos, se inauguran monumentos, Fader alcanza estatura nacional en la Exposición Internacional del Centenario y se funda la Federación Obrera Argentina.

En Mendoza, el diario *Los Andes*, anuncia el año con una edición especial el 1º de enero, entregando un suplemento ilustrado sobre la Revolución de Mayo, biografías de los héroes nacionales, estadísticas y una nómina completa de los gobernadores constitucionales. Pero nada iguala a *La Nación, 1810 -25 de mayo- 1910*. Con prólogo de Joaquín V. González, y las colaboraciones de Ricardo Rojas ("Blasón del Plata") y Leopoldo Lugones ("De las odas seculares"), el número especial para el Centenario hace honor a ese derroche de entusiasmo que exhibían las elites dominantes por entonces. En la sección correspondiente a Mendoza, Julio Aguirre plantearía con cierto tono de letanía, la actualidad de la región cuyana, versión doméstica de vencedores y vencidos:

Pero, sobre todos los matices, las luces y sombras que constituyen una sociabilidad en nerviosísima gestación y pasmosa actividad que en conjunto sorprende al viajero, no puede

---

[43] *Ibid.*, p. 53.

menos que inducirse una esperada reacción, cuya necesidad ya palpan muchos espíritus anhelosos de más propicias circunstancias que vendrán con la fatal renovación de ciertos factores retrógrados que hoy imperan, poderosa como negativamente. La ley es la ascensión hacia la felicidad, el bien y el perfeccionamiento en todos los órdenes de la actividad humana y en sus elementos materiales de progreso correlativos.
Cabe preguntar: ¿Hemos aprovechado, a favor de esa ascensión, un siglo de vida independiente?
Dentro de la relatividad y comparación, frente a los demás pueblos argentinos, corresponde un canto triunfal a este suelo que ha desenvuelto los actuales progresos en el más desfavorable alejamiento de los centros de cultura, víctima muchos años de gobiernos tiránicos y salvajes, como los de Quiroga y los Aldao, no menos víctima de otras administraciones presididas por analfabetos y en las que, prendiendo otros con barniz de ilustración, se ha dificultado sistemáticamente el progreso de las ideas para perpetuar oligarquías incorregibles.
No se olvide tampoco que soportamos en un día nefasto, 1861, un terremoto totalmente destructor y que, con todo y por sobre todo, asombrarnos en la riqueza y el progreso material, mientras prometemos el complemento de nuestra regeneración por el cultivo del espíritu.
Podemos saludar sin rubor la nueva era en el día del 'Centenario', pidiendo a Dios que dé a los hombres nuevos más fecundas fuerzas para proseguir en la milicia de la vida y para el engrandecimiento individual y colectivo.[44]

Más optimista sobre el ferrocarril y las travesías, *La Nación* se entusiasma:

En estos 25 años se ha llevado a cabo el total del proyecto primitivo, y ahora una red de acero cubre la distancia que separa Valparaíso de Buenos Aires, justificándose en la denominación... que es efectivamente 'de Buenos Aires al Pacífico'. Para llegar a su grandeza actual, el F. C. Pacífico ha tenido que hacerse cargo de cuatro otros ferrocarriles a saber: el Bahía Blanca y Noroeste, Villa María a Rufino, Gran Oeste Argentino y Transandino Argentino, sin contar con el F. C. Andino que adquirió en propiedad juntamente con la empresa Central Argentino.
El F. C. Pacífico explota en el año del centenario 4832 kilómetros de vía, incluyendo 346 kilómetros que adquirió el Gobierno de la nación y que formaba parte del ex ferrocarril Andino. Es ahora el ferrocarril más largo de toda la república, y con los 990 kilómetros que tiene en construcción y proyectados, tendrá un total de 5822 kilómetros de líneas. [...] tiene en circulación 654 locomotoras, 343 coches y 10.169 vagones [...]. Atraviesa seis provincias y el territorio nacional de La Pampa. Sus locomotoras suben hasta 4000 metros sobre el nivel del mar.
[...] la inauguración del túnel del transandino dará, sin duda, vigoroso impulso al turismo que en nuestro país no se ha manifestado hasta ahora en proporción muy considerable. La

---

[44] *La Nación, 1810 -25 de mayo- 1910*, pp. 334-337.

inauguración de la magna obra ha reducido a 30 horas la distancia que separa a Buenos Aires de Valparaíso. En la travesía, el convoy atraviesa un mundo, y es de advertir que ese viaje puede realizarse actualmente en insuperables condiciones [...]. Esa región (Puente del Inca) es muy frecuentada por las personas que sufren de reumatismo, lumbago, dispepsia, etc. [...] para aprovechar las maravillosas propiedades curativas de las fuentes termales de la región. [...] Puede asegurarse, sin temor a ser desmentido, que en ninguna otra parte del mundo hay a igual altitud, 2700 metros sobre el nivel del mar, un hotel que reúna tanto confort.[45]

El Centenario fue el momento de poner en evidencia los logros de la modernización de la Argentina y uno de sus alcances notables fueron sus jóvenes capitales. Las elites dirigentes buscaron mostrar al mundo el grado de adelanto realizado en las últimas décadas de expansión económica. Fue un balance optimista pero a la vez pleno de contradicciones y conflictos.[46] Ahora veamos la estrella del aniversario.

Si tuviésemos que buscar una fórmula que encerrase la diversidad de visiones propias y ajenas sobre el país de entonces, esto es, lo que habitualmente se ubica en torno al metafórico 'clima de ideas', el Centenario fue 'optimismo oficial y progreso económico', desigualdad y movilidad social, crítica moral, renacimiento nacional y espiritualismo.

Frente al imperio de las cifras que marcaban un territorio de gloria, las críticas se ordenaban en torno a los mismos signos del progreso económico y social: la ciudad dominada por la presencia de la inmigración masiva fue la señal de alerta sobre la extranjerización. Al espanto sobre la babel cultural producto de esa misma modernización, se asociaban la especulación y el lucro desmedido. El pánico a los extranjeros se reconvertía en crítica moral.

Durante muchos años, los festejos del Centenario estuvieron asociados en la memoria colectiva con los 'escándalos del Centenario'. En la ciudad de Buenos Aires, las celebraciones legitimaron y dinamizaron el área más prestigiosa, saturándolo de contenido simbólico. Uno de los dispositivos elegidos para la conmemoración tuvo la marca explícita de la modernidad decimonónica: la organización de Exposiciones en espacios urbanos en vías de jerarquización. Todas las exposiciones se instalaron entre Retiro y Palermo, en la zona norte de la ciudad: la Exposición Internacional de Arte, en la plaza San Martín, donde ya funcionaba el pabellón argentino de la Exposición Universal de París de 1889 (rearmado) como museo de Bellas Artes; la Exposición Internacional de Higiene, en la Avenida Alvear (la actual Avenida del Libertador) y

---

[45] *Ibid.*, pp. 290-293. Algunos ven en estos emprendimientos, el nacimiento del turismo de alta montaña, al construirse durante la década de 1920, el primitivo hotel de Puente del Inca que fue administrado por la Compañía de Hoteles Sudamericanos, corporación que además administraba los de Uspallata y El Sosneado, como también los servicios de comedores y bufetes de las formaciones y estaciones.

[46] Natalio R. Botana. *El orden conservador. La política argentina entre 1880 y 1916* (Buenos Aires, Sudamericana, 1979): p. 232.

Tagle; la Exposición de Productos Españoles, en la Avenida Alvear y Castex; la Exposición Internacional de Agricultura y Ganadería, en el predio de la Sociedad Rural; la Exposición Industrial local, sobre la Avenida Alvear en Palermo, y la Exposición Internacional de Ferrocarriles y Transportes Terrestres, a la vera del arroyo Maldonado.[47]

Otras principales atracciones se organizaron en esta misma área, donde la reconstrucción escenográfica de la vieja Plaza de Mayo que realizó la Sociedad de Beneficencia en el Pabellón de las rosas, en Palermo, contó con representaciones estudiantiles de escenas históricas. Y también se encontraban allí los principales monumentos inaugurados por el gobierno nacional y todas las donaciones de las colectividades extranjeras: el monumento de los españoles y el de los alemanes, en diferentes puntos de la Avenida Alvear; el de los franceses en la Recoleta; la Torre de los Ingleses, en la Plaza Británica de Retiro. Mientras que la visitante de honor, la infanta Isabel, era alojada en una nueva residencia vecina a la Recoleta, la de De Bary, lo que generó en la zona una movilización de público permanente. Por supuesto que el eje Avenida de Mayo-Congreso Nacional y su plaza, recientemente inaugurados, fue el atractivo principal para los actos públicos y las marchas cívicas y militares.

Paradas militares en honor de los huéspedes extranjeros, concentraciones de los batallones escolares, ofrendas florales de las 'juventudes del Centenario', manifestaciones cívicas de las colectividades extranjeras y marchas patrióticas nutrieron los festejos en el centro porteño. El Centenario provocó un sutil desplazamiento al reunir dos circuitos diferentes en uno: el ceremonial y cívico (Avenida De Mayo y Florida) y el lúdico y festivo (de Plaza San Martín a Recoleta y Palermo) ambos quedaron consagrados como el circuito monumental y a la vez elegante de la ciudad. Frente a la evidente preferencia por el norte de la ciudad para concretar las celebraciones oficiales organizadas por la Comisión Nacional del Centenario, la Municipalidad decidió distribuir un circuito alternativo de homenajes.

El Concejo Deliberante, por sugerencia de Adolfo Carranza, director del Museo Histórico (por entonces Municipal), aprueba en 1907 una ordenanza para la erección de estatuas a los miembros de la Primera Junta, mayoritariamente localizados al sur de la Plaza de Mayo. La proliferación monumental produce una extraordinaria difusión 'patriótica' en la sociedad. El Centenario favorecerá una serie de iniciativas vinculadas a la historia, operando junto con otros dispositivos urbanos, como la señalización de los solares históricos con plaquetas conmemorativas y el diseño de la enseñanza patriótica promovida por el Consejo Nacional de Educación.

El Centenario constituye la culminación de un proceso de construcción de una identidad, que en el laboratorio de la inmigración masiva probó su primera estrategia en la capacidad de la economía para fraguar un modelo identitario, pero que en el Centenario encuentra que es el Estado el que debe operar su construcción, en clave 'culturalista', y

---

[47] Adrián Gorelik. *La Grilla y el Parque. Espacio público y cultura urbana en Buenos Aires, 1887-1938* (Buenos Aires, Universidad Nacional de Quilmes, 1998).

diseñar un sujeto nacional.[48] La ciudad (las ciudades) fue la materialización más emblemática de ese progreso que se caracterizaba para celebrarlo o estigmatizarlo como material. ¿Esto mismo ocurrió en Mendoza? Comencemos con los actores.

Hubo un crecimiento acelerado del poder de la burguesía bodeguera desde 1873, cuando las hectáreas cultivadas de viña ya alcanzaban más del 10% de la superficie total provincial. Para el Centenario la superficie cultivada se acercaba al 35%, y existían más de un millar de bodegas. Por entonces Mendoza ocupaba el décimo lugar mundial en la producción de vino de calidad. La transformación de la estructura económica fue también notable en el aumento de las propiedades rurales medianas en manos de sus propios dueños y con un alto componente extranjero.[49]

En términos de tipos sociales, los cambios económicos en torno al sector agroindustrial producen una serie de profesiones y actividades características de la provincia. Jornaleros, carreros, toneleros, contratistas, viñateros y bodegueros tejieron amplias redes sociales no exentas de conflictos y violencia, controladas por el grupo de los grandes bodegueros (aquellos que superaban los 50.000 hectolitros anuales de producción), quienes recibían con frecuencia los favores del sistema político.

Las clases populares mal sobrellevaron el terremoto y luego el cólera. Fue justamente el Barrio de las Ruinas el más afectado por la epidemia, y los conventillos los primeros focos que en 1886 denunciaban el abandono y las deficiencias sanitarias de las barriadas pobres. Con muy poca agua potable, apenas un 5% de las viviendas tenían conexión domiciliaria, las acequias fueron nidos de enfermedad. En el campo los jornaleros y gañanes se acomodaban en la periferia de las explotaciones vitivinícolas o cerca de los potreros de alfalfa. La crisis de 1890 impulsó el asociacionismo. Del lado de los grandes bodegueros, promoviendo verdaderas organizaciones gremiales, como la presidida por Domingo Tomba, un potentado que según los *Anales del Centro Vitivinícola Nacional*, llegó a adquirir la totalidad de la cosecha en 1910, y a conducir la misma corporación que crearía el gobierno conservador (Partido Popular): la Compañía Vitivinícola. Del lado obrero, en 1891, recogiendo la experiencia del Club de los Artesanos, nacía la Federación Obrera. Una sucesión de huelgas preparó el camino para la aparición del Partido Socialista mendocino en 1900, y con él las luchas históricas contra los ricos bodegueros, el clientelismo y la papeleta de conchabo.

En vísperas de las pompas centenarias, asume la gobernación de Mendoza Emilio Civit. Candidato de los Partidos Unidos, Civit (*pater* de otro gobierno de familia, tan comunes en toda la historia nacional), será fiel representante del orden conservador y de la consolidación económica de la nueva burguesía vitivinícola. Decidido por el proyecto de consolidación del modelo agrícola industrial, consagrado en la Constitución provincial de 1910, tuvo el apoyo explícito de los grandes bodegueros y

---

[48] Oscar Terán, "Acerca de la idea nacional" en Carlos Altamirano (comp.), *La Argentina en el siglo XX* (Buenos Aires, Ariel, 1999): p. 281.
[49] Ana María Mateu, "Entre el orden y el progreso (1880-1920)" en Arturo Roig *et al.*, *Mendoza...*, pp. 259-269.

La Infanta y parte de la aristocracia argentina en la Sociedad Rural.

Acto celebratorio en la Plaza San Martín.

la enemistad manifiesta de *Los Andes*. Tiempos de omnipotencia y gatopardismo de las oligarquías nativas.

La producción, la instrucción pública, los paseos fantásticos, la arquitectura de vanguardia. La elite tenía un sentido definido de progreso y el Centenario le ofrecía una vidriera espectacular. En 1910 la población capitalina alcanzaba la cifra de 36.372 habitantes. De ellos, los extranjeros representaban el 39%. Motivo suficiente para que el Comité de Protección de los Inmigrantes, conducido por Federico Vagni, comprase terrenos adyacentes a la Plaza de San José, en el departamento de Guaymallén, y una pequeña vivienda destinada a ser Hotel de los Inmigrantes. Según el censo de 1903, como hemos visto, el casco urbano consta de 198 manzanas, siendo el sector de mayor edificación el delimitado por las calles Tiburcio Benegas y Juan B. Justo por el noroeste; Corrientes y Montecaseros al nordeste; Garibaldi y Montecaseros al sudeste, y San Lorenzo y Belgrano hacia el sudoeste. En vísperas del Centenario se popularizaría el cambio de nomenclaturas a favor de los prohombres de la Nación: Mitre, Alberdi, etc., etc., etc. Hacia el oeste, a fines de siglo, asomaba el Parque del Oeste, luego San Martín. Entre el predio y las vías del ferrocarril se define el desarrollo futuro de la ciudad.

La ampliación del Parque produjo una rápida valorización de los terrenos vecinos, cubiertos en su mayoría por viñas. La edificación se multiplicó anunciando el barrio de los chalés.[50] Los planos muestran calles anchas de hasta 30 metros y cubiertas de cantos

---

[50] Ricardo Ponte, *Mendoza, Aquella ciudad de barro: Historia de una ciudad andina desde el siglo XVI hasta nuestros días* (Mendoza, Municipalidad de la ciudad de Mendoza, 1987).

Marcha cívica encabezada por la Sociedad "Pro Patria".

rodados. Desde 1901, la Municipalidad realizaría una serie de ensayos utilizando una aplanadora cilíndrica para afirmar el empedrado. Inadecuado, el tratamiento es abandonado y en 1905 se ensaya con adoquinado construido por la empresa Fader y Urízar: adoquines de piedra de arenisca roja asentados sobre una base de hormigón de 12 centímetros de espesor. En 1910, cerca de la cuarta parte de la ciudad ya poseía este sistema.[51] Mejor vista, mejor circulación, mejor limpieza.

Para las veredas, desde 1908 queda prohibido el uso de ladrillos, indicándose la obligatoriedad del uso de baldosas de cemento comprimido. El cuadro urbanístico se completó con la disposición que determinó que los frentes de las casas de la calle

---

[51] Viviana Ceverino de Rodríguez, "Mendoza en el Centenario (1900-1930)" en Adolfo Omar Cueto et al., *La ciudad de Mendoza...*, pp. 187-189.

Carros cargando en una bodega de Coquimbito.

Sarmiento debían fijar no menos de cuatro metros para jardines y huertas protegidos por cercas: la ciudad jardín.

Entre todas las arterias, se distinguía la calle San Martín, con las sedes del Banco Hipotecario Nacional, del Banco de la Nación Argentina y del Banco Provincia, centro comercial y paseo nocturno preferido con las vidrieras iluminadas de Gath y Chaves, El Guipur y Al Buen Tono.

La ciudad contaba con dos barrios característicos. Loreto, situado alrededor de la Plaza Sarmiento, vecindario de las familias más tradicionales, los Bombal, los Correas, los Arenas, entre los de mayor prosapia. Y La Alameda, residencia de los Villanueva, los Coria y los Funes. Para 1907 aparecen las ostentosas residencias de la calle Emilio Civit, obra de los constructores Gobbi y Forti.

También según el censo de 1903, la ciudad tenía siete plazas: dos en la Ciudad Vieja, y cinco en la Nueva. Entre ellas, la más importante era la Plaza Independencia que ocupaba cuatro manzanas y estaba cruzada por dos grandes avenidas diagonales; escenario de los pintorescos corsos de flores. En el centro se erigía una fuente de bronce rodeada por jardines. Allí se montaba un anfiteatro en una pista circular, donde tenían lugar las retretas durante las calurosas noches de verano. En orden de importancia le sigue la Plaza del Reloj, luego de San Martín donde se emplazaría una estatua ecuestre del Libertador por iniciativa del franciscano José Pacífico Otero, desconsolado al no encontrar ningún reconocimiento al Gran Capitán en los alrededores.

Veamos el proceso. Primero se quitó el reloj donado para la torre mayor de San Francisco, y un pedestal de granito, transportado por el F. C. Trasandino, serviría de soporte al monumento, bien acompañado por jardines con iluminación propia. El molde es el de las estatuas de Buenos Aires, Santiago y Santa Fe; el escultor José García funde la nueva copia mejorada. La inauguración se programó para el domingo 5 de junio de 1904, decretándose feriados el lunes y martes siguientes. Los granaderos llegaron un día antes, justo en el instante en que se instalaba la reja y se probaban los faroles.

El Programa. Día 5. 6 de la mañana: salvas de artillería; 10 de la mañana: almuerzo popular en la Alameda; 12.30, se traslada la bandera del ejército de los Andes a la Plaza, desfile militar y de carruajes; 7 de la noche: fuegos artificiales en la Plaza San Martín, cine en la Plaza Independencia y baile de gala en el Club Social. Día 6. Carreras en el Hipódromo Andino, desfile de carruajes en el Parque. Día 7. Picnic en el campamento histórico de Los Tamarindos (El Plumerillo), simulacro de combate y clausura.

Desde 1903 Mendoza era la única ciudad de la Argentina alumbrada con gas de leña. Ya funcionaba por entonces una usina de 35 kilómetros de tubería principal y con cinco faroles por cuadra. Se crean dos circuitos para ser iluminados: el circuito oeste, entre las calles San Marín y Belgrano, y Colón y Godoy Cruz; y el este, entre San Martín y Montecaseros, y Amigorena y Beltrán. Para el resto de la ciudad, el kerosén. Las obras se inauguraron el 1º de julio de 1905. Por entonces ya funcionaban algunas líneas telefónicas. Los afortunados eran: Policía, Municipalidad, Empresa Luz y Fuerza, Jockey Club. Pero los tranvías eléctricos tendrán que esperar hasta 1911 cuando se inicien con el tendido de vías sobre la Avenida San Marín, y hasta 1912 cuando comiencen sus servicios con cuatro recorridos, distinguidos por colores.

Entre los paseos populares, los puentes. Reuniones familiares, ruido de acequias, conversaciones nocturnas. Y en el otro extremo, el Jockey Club, fundado en 1902 por Carlos Galigniana Segura, y el Unión Club de Tenis creado en 1910. Y por allí irrumpía el primer café de la Ciudad (visitado por Ramón del Valle Inclán en 1910) y la confitería La Mascota junto con la gran novedad: el "biógrafo". Función en el Teatro Municipal, del Cinemato Phon parlante; 1908, primer ensayo general. Luego, el Centenario será acompañado por el Olimpo (antes Coliseo Hispano Argentino); el Orfeón Español, el Colón; el Cinematógrafo Imperial y el Edén Mendoza. Una verdadera competencia de gigantes. Distintos públicos, distintas calidades, distintas lealtades a Buenos Aires.

Y un capítulo aparte para el Parque General San Martín. Emilio Civit, ministro de Hacienda del gobierno de Francisco Moyano, imaginó su creación, pensando en las condiciones de salubridad y el progreso de la industria. El Parque había tenido su origen en la ley provincial 39 del 25 de enero de 1897 sobre el fomento de bosques. Es una idea simple, árboles de maderas aptas para la fabricación de envases y también frutales. Su genio, no otro que Carlos Thays, quien dio vida a este primer parque del Oeste. Una forma, según entiende el Ministerio de Obras Públicas e Industria, segura y económica de defender a la Ciudad de la amenaza constante de aluviones y crecientes, de modificar favorablemente el clima y las condiciones higiénicas y dar un ejemplo de replantación de bosques, creando una importante fuente de ingresos.[52]

Además en uno de sus predios, con una extensión de seis hectáreas, se ubica el Jardín Zoológico. En él, lagos, paseos, quioscos y alrededor de 350 animales. La construcción de la Penitenciaría es menos simpática pero en cualquier caso da una idea cabal de las bondades de un espacio que podía integrar estructuras finalmente de naturaleza similar. Y luego el Gran Lago, construcción que demandaría una excavación de 300.000 m^3. Enorme ojo de agua alimentado por dos canales derivados del Canal del Oeste y con tren de carga propio, origen del 'ferrocarril liliputiense', con un recorrido de 5200 metros dentro del Parque. Y la última compañía, el Club Mendoza de Regatas y el Club Gimnasia y Esgrima que se irán expandiendo con los años, al extender sus dependencias sobre los terrenos del Parque.

Ésta es la Mendoza progresista, opulenta y elegante, vivaz, popular y cívica, plaza con carácter propio, Cerro de la Gloria para los festejos de 1910: la Perla Andina.[53]

---

[52] *Memoria del Ministerio de Industria y Obras Públicas (1907-9)*. Provincia de Mendoza, 1910: p. 25.
[53] Apenas un juego de imágenes. El monumento conmemorativo de la campaña de los Andes, contó con dinero, legislación y personalidades como Francisco P. Moreno para realizarse. Sin embargo el lugar de emplazamiento retrasó las obras. Finalmente "El Cerro de la Gloria" se inauguró en el centro de la Plaza de la Independencia el 12 de febrero de 1914.

Capítulo V

San Juan

V

Las mujeres votan

La crisis de entreguerra de la sociedad cuyana

Un doble proceso impacta en la sociedad cuyana de entreguerras: el desarrollo del primer esquema intervencionista del Estado y la ruptura del orden conservador que invade desde la estructura política nacional los espacios políticos provinciales, desatando una dinámica que adquiere ribetes específicos en cada 'situación' local.

La protección arancelaria para la producción vitivinícola local permitió a las bodegas cuyanas conquistar el mercado interno. En 1914 la producción anual de vino se acercaba ya a los 4 millones de litros, superando a las industrias chilena y californiana.

La vitivinicultura cuyana requirió además otra forma notable de intervención durante la era del liberalismo, la del agua. Para asegurar el reparto a los productores, el Estado creó juntas locales, a las que se les concedió autonomía financiera. De esta manera, el acceso al agua de los productores estuvo directamente asociado a las lógicas del poder local, sensible a las influencias de los terratenientes y de las necesidades políticas de los caudillos locales.

La caída de los precios del vino durante la crisis económica –producto del shock externo de la Primera Guerra Mundial– fue catastrófica. Los precios cayeron desde un techo de 20 centavos en 1912 a un piso de 6 centavos en 1915.[1]

---

[1] Provincia de Mendoza. *Sumario estadístico 1936* (Mendoza, 1937): p. 177.

Para frenar la crisis, el Estado intervino absorbiendo la producción de vino y destruyendo un gran número de hectáreas de viñedos. En 1914 se derramaron 274.000 hectolitros de vino, por un valor de más de dos millones de pesos, superando los 7 millones de pesos para el período 1917-1918.[2]

Subsiguientemente, la demanda de trabajo y los jornales cayeron de manera estrepitosa. El malestar social tuvo aquí una clave política. Las luchas políticas estuvieron en el trasfondo del proceso modernizador, a partir de las disputas por el control de las tierras, pero también por los derechos sobre el agua, el acceso a los créditos con nexo en Buenos Aires y en las tensiones entre viñateros y bodegueros por el precio de la uva.

Las crisis económica y política confluyen en la región gestando un radicalismo de bases sociales amplias: campesinado, viñateros, trabajadores urbanos, del Estado y de servicios. El escenario estaba dispuesto para las experiencias *lencinistas* y *bloquistas*, tan difíciles de encasillar en el molde de 1916: además de la ausencia en estas geografías de las huelgas rurales que caracterizaron a la primera posguerra, podemos observar la emergencia de movimientos políticos que se consolidan combinando reformismo social e inclusión política.[3]

1919, la búsqueda de una nueva fórmula política

El ascenso del primer radicalismo en San Juan estuvo signado por una creciente crispación política entre diferentes actores políticos, fundamentalmente por el radicalismo bloquista, los yrigoyenistas y los conservadores en las disputas para la gobernación.

Mientras los bloquistas, dirigidos por los hermanos Federico, Aldo y Elio Cantoni, lograron en dos oportunidades el favor popular para alcanzar la gobernación (Federico en 1923 y Aldo en 1926), la Concentración Cívica, el Partido Conservador sanjuanino, mantuvo un sorprendente caudal de votos (8 mil sobre un total de 18.000 para la primera mitad de la década) sin destacar a un dirigente prominente, pero relegando su tradicional control gubernamental. Los radicales yrigoyenistas, ante la imposibilidad de un triunfo en las urnas, se pronunciaron por la abstención electoral e impulsaron tres intervenciones federales de las cuatro que sufrió esta provincia durante la década cantonista: en 1919, que desalojó al conservador Izasa; en 1921 luego del asesinato del gobernador Jones (yrigoyenista); en 1925 contra el gobernador Federico Cantoni y en 1928 contra Aldo Cantoni.

La intervención federal de 1919, 'la reparadora', se inscribe clásicamente en el marco de la misión política que Yrigoyen se había impuesto: 'dar a las provincias sus gobiernos verdaderos'. Una vez que éstos se hubieran constituido legítimamente

---

[2] Leopoldo Suárez, *La industria vitivinícola* (Mendoza, 1922): p. 28.
[3] Marta Bonaudo y Susana Bandieri, "La cuestión social agraria en los espacios regionales", en *Nueva Historia Argentina*, vol. VI (Buenos Aires, Sudamericana, 2000): pp. 234-235.

comenzaría una nueva etapa de plena vigencia del orden constitucional. De esta manera, las intervenciones iban a las provincias a restaurar las autonomías provinciales, es decir, a colocar a los pueblos en condiciones de darse sus propios gobernantes, a establecer el pleno ejercicio de la vida institucional, a restaurar su soberanía mutilada, a superar el vicio, el desorden y la corrupción de las costumbres públicas y privadas y a restablecer la justicia.[4]

Sin embargo, como ya sucedía en otras realidades provinciales, las expectativas despertadas por el posible acceso al poder agudizaron las tensiones entre los grupos rivales del radicalismo sanjuanino, a tal punto que en las primeras elecciones realizadas con el marco de la intervención, el radicalismo presentó dos listas y permitió un nuevo triunfo conservador.[5]

Las facciones parecían irreconciliables. El radicalismo intransigente de los Cantoni representaba a la "chusma de alpargata" y la división partidaria se debía, según el informe del Comité Nacional, al "fermento cantonista maximalista, negador de la patria, de las instituciones democráticas, de los principios orgánicos y de la paz social".[6]

El acuerdo se alcanzó a partir de la intervención del Presidente, con la designación de un radical distante de las facciones en pugna pero ligado directamente con don Hipólito. La modalidad adoptada para intentar resolver la crisis sanjuanina se alejaba así de una definición sobre el 'auténtico' radicalismo, preanunciado en el informe del Comité Nacional, para dar paso a la unidad. Dos datos son suficientes para comprender el camino seguido: la relativa fuerza electoral de los conservadores, pero también la consolidación electoral del Radicalismo Intransigente.

Amado Jones llegó ungido como candidato de los radicales sanjuaninos sólo nueve días antes de los comicios, después de haber estado alejado de su provincia durante muchos años.[7] Las bases de su triunfo estaban en la precaria unidad lograda y desde el Gobierno debía enfrentar la reorganización de sus bases de apoyo.

Los resultados electorales mostraban que la intervención reparadora no era suficiente garantía del proceso de democratización, de tal manera que la consolidación del gobierno radical y la democratización de la vida política fueron los elementos centrales de la política en la coyuntura.

Jones optó por reforzar el control gubernamental, recurriendo a dos medios tradicionales de la práctica política: la policía para hostigar a sus contrincantes y la

---

[4] Ana Virginia Persello, "Los gobiernos radicales: debate institucional y práctica política", *Nueva Historia...*, vol. VI, p. 82.

[5] Para las elecciones a diputados nacionales del 7 de marzo de 1920, la Concentración Cívica obtuvo 7712 votos, contra los radicales intransigentes (cantonistas) 4929 votos, los radicales nacionales (yrigoyenistas) 4275 votos y los socialistas 1471 votos. *La Prensa*, 15 de marzo de 1920.

[6] *La Prensa*, 19 de febrero de 1920. Informe del Comité Nacional de la UCR.

[7] Celso Rodríguez. *Lencinas y Cantoni. El populismo cuyano en tiempos de Yrigoyen* (Buenos Aires, Editorial Belgrano, 1979): p. 207. El resultado electoral fue UCR 8997; Concentración Cívica 8272, Socialista 1084. *La Prensa*, 1º de abril de 1922.

justicia, a la que intentó controlar con funcionarios de su directa confianza. Además estaba dispuesto a gobernar "con el partido, sin el partido y contra el partido".[8]

El desenlace fue un conflicto institucional entre el Legislativo, donde se atrincheraba el 'bloque' opositor, y el Ejecutivo. Mientras la Legislatura avanzaba en la destitución del gobernador, éste la clausuraba con la fuerza pública. La crisis institucional fue un escenario habitual del primer radicalismo.[9]

La violencia comenzó a apoderarse de los discursos y de las calles: el gobierno era tildado de "tirano" y el gobernador arrestaba a los legisladores opositores, acusados de "conspiración y rebeldía". Poco más de un año y el Ejecutivo nacional debió recurrir a una nueva intervención que restituyese la gobernabilidad. Sin embargo, el desenlace fatal estaba anunciado: Jones fue asesinado en La Rinconada y Federico y Elio Cantoni fueron arrestados acusados de autores "morales" del crimen.

Reconstrucción del asesinato de Jones en 1921.

[8] Ministerio del Interior. *Intervención Nacional en la provincia de San Juan* (Buenos Aires, 1921): p. 118.
[9] Ana Virginia Persello, *El Partido Radical. Gobierno y oposición* (Buenos Aires, Siglo XXI editores Argentina, 2004): p. 41.

Paradójicamente, el crimen de La Rinconada convirtió a los Cantoni en mártires de la crisis política y la popularidad de la Unión Cívica Radical Bloquista fue en aumento. Desde la cárcel Federico Cantoni define las acciones políticas que su hermano Aldo, recién llegado de Buenos Aires con un grupo de políticos amigos, pone en acción.

El recambio presidencial favorece sus planes. Con el fin del mandato de Yrigoyen, el interventor abandona la provincia y Alvear nombra a Manuel Carlés, que se da a la tarea de organizar las elecciones para gobernador. El hombre de la Liga Patriótica, el dirigente de la reacción paranoica de la Semana Trágica de 1919, no encuentra aquí los mismos motivos de preocupación, y la UCR de Cantoni recibe todas las garantías del interventor. En estas condiciones políticas el bloquismo apuesta a una nueva fórmula política, sustentada en la democratización de las prácticas políticas y de la sociedad.

Una revolución en las urnas

El triunfo de Federico Cantoni sobre la fórmula conservadora encabezada por Duilio Graffigna se inscribe en los inicios de un proceso de movilización y democratización social. Mientras el bloquismo aumentaba en más de un 40% el caudal de votos obtenidos hasta aquí por las dos facciones de la UCR sumadas, los candidatos conservadores mantenían su volumen de votos: 12.000 a 8100.

La campaña de los Cantoni asumió frontalmente las condiciones emergentes de la crisis social de posguerra y de la crisis política que afrontaba el poder político provincial después del ascenso del radicalismo al poder.

Los bloquistas inundaron San Juan con propaganda elogiando a su candidato. Unos grandes carteles rojos tenían la inscripción: "En el corazón del pueblo hay un solo hombre: Cantoni". Otro mostraba una mirada inquisidora y decía: "Los ojos del mártir de la democracia te miran desde la cárcel". En otro afiche preparado por Ramón Columba, aparecía Cantoni entre rejas con este epígrafe: "El pueblo que quiere a Federico Cantoni, defensor de las libertades de San Juan, no permitirá que permanezca en la cárcel y lo va a colocar en la casa de gobierno".[10]

El enviado del diario *Crítica* a San Juan, José Barreiro, percibió el impacto del cantonismo –además asumió una posición abiertamente pro bloquista–, mostrando al público porteño la devoción popular de las mujeres de la campaña, donde el 'retrato de Federico Cantoni acompañaba al de San Antonio'.[11]

José Palermo Riviello recopiló en la década de 1930 una canción popular que también es reveladora de los temas y motivos de la intensa movilización política:

---

[10] Celso Rodríguez, *Lencinas y Cantoni...*, p. 226-227.
[11] *Crítica*, 6 de enero de 1923.

¡Chino, escucháme!
Más bloquista radical
Que potrillo en estos pagos.
El chino que no tuvo halagos
Porque fue pagado mal
Sirviéndole al capital
Que le arruinó la salud
El que perdió la juventud
Laburando en mil destinos
Les pide a todos los chinos
Un poco de gratitud.
Gratitud por Federico

El buen 'gringo' nuestro padre
Que no permite que ladre
A los pobres, ningún rico
El que no busca acomodo
Con los 'Maurines' ni 'Atienzas'
Y a todos los sinvergüenzas
Los ata codo a codo.
El chinaje agradecido
No se debe achicar
Tampoco debe olvidar
Lo mucho que ha padecido.[12]

La campaña de actos públicos, frecuentemente acompañados de la proyección de películas, y la campaña gráfica reforzaron los mensajes radicalmente reformistas que los Cantoni anunciaban para su gobierno. El proyecto social incluía una inédita regulación del Estado de las relaciones laborales, proponiendo un salario mínimo y un horario máximo de trabajo.

El Estado iniciaría su era "social", con un seguro social de enfermedad, invalidez, ancianidad y muerte y la ampliación del sistema educativo y de salud pública.

La transformación del sistema impositivo "para liberar el trabajo y la producción" y gravar la renta, que implicaba un aumento de la carga sobre los impuestos directos al patrimonio, era el dispositivo necesario para la ampliación de las obras públicas, en especial, los canales de riego.

La amnistía a los presos políticos, la representación proporcional legislativa y municipal, la elección directa de los senadores y *el sufragio femenino* eran las piezas clave para desmontar el control electoral conservador y avanzar en el proceso de democratización.

Las reformas sociales y económicas dominaron la vida política de la primera etapa bloquista, mientras que la reforma constitucional de 1927 fue la pieza central del segundo gobierno de los Cantoni, que introdujo a San Juan en la genealogía del voto femenino en la Argentina.

El primer ciclo de reformas

El pilar fundamental de la política bloquista fue la transformación del Estado, reorientando sus prácticas de intervención. El mayor grado de dirigismo político y económico se desarrolló en este caso con ciertas debilidades para la conformación de una 'matriz estadocéntrica', develado por la vulnerabilidad de las estructuras estatales

Unión Cívica Radical Bloquista. Afiche de campaña.

Campaña electoral de los Cantoni.

---

[12] José Palermo Riviello, *Filipinas Argentinas (Las cadenas de la vida nacional)* (Buenos Aires, Imprenta Riera y Cía., 1939): p. 522.

Campaña electoral de los Cantoni.

provinciales y la debilidad de las organizaciones sociales, mediadoras entre la sociedad y el actual papel del Estado.

La nueva legislación laboral es un ejemplo de las condiciones en las que se desarrolló la reorientación del Estado. Las leyes laborales establecieron la jornada máxima de 8 horas y el sueldo mínimo y fueron difundidas ampliamente a través de un folleto del Gobierno provincial. Ahí se informaba a los trabajadores que no necesitaban recurrir a ninguna clase de asesoramiento particular para ponerse en contacto con el Departamento de Trabajo. Simplemente debían notificar las violaciones a estas normas a las autoridades policiales o políticas.[13]

Los trabajadores se encontraron así incluidos en una política estatal en tanto 'individuos' que acceden a sus derechos si particularmente se ven afectados. La confrontación con los sectores empresariales reveló, por otro lado, una práctica corporativa más arraigada. Éstos se constituyeron en diciembre de 1923 en la Liga de Defensa de la Propiedad, la Industria y el Comercio de San Juan y amenazaron cerrar sus empresas en protesta contra la legislación 'comunista' de Cantoni.

Para reforzar el apoyo de los trabajadores al bloquismo, el Gobierno patrocinó la creación del Centro de Acción Obrera, escenario que eligió Cantoni para responder a la oposición. Les pidió a los trabajadores que boicotearan a las empresas que despidieran a sus empleados como represalia por la legislación obrera y prometió que el Estado los proveería de un empleo.

La intervención en las relaciones laborales encontró a los trabajadores débilmente organizados y en esta posición el bloquismo impulsó un tipo de movilización política que tomó parte de las tradiciones políticas del movimiento obrero. El 1º de mayo, por ejemplo, fue decretado feriado provincial en reivindicación de las luchas del movimiento obrero internacional y el 25 de mayo el Gobierno no participó del tradicional Tedeum.

Otro frente de confrontación durante el crítico año de 1924 se originó a partir de la política impositiva, que afectó a los intereses más concentrados de San Juan: las bodegas. El nuevo impuesto a la uva generó un impresionante lock-out, con el 80% de las bodegas cerradas. Mientras el gobierno anunciaba que tomaría a su cargo la administración de las bodegas que cerraran y vendería el vino al costo, los empresarios garantizaron la mitad del jornal mientras durara la protesta.

El nuevo impuesto a la uva, junto con el aumento de la carga impositiva sobre el vino y la propiedad, implicó una expansión del 200% de los recursos del Estado, entre 1923 y 1924, permitiéndole aumentar los sueldos de los empleados públicos y docentes, e incrementar los presupuestos de Salud y Obras Públicas, además de liquidar la cuasi moneda provincial, las letras.

Finalmente el *lobby* de la Liga de Defensa de San Juan tuvo más eco en el Congreso Nacional que en la acción directa contra el gobierno provincial, donde conservadores e yrigoyenistas aprobaron la ley de intervención federal, poniendo fin así a la primera experiencia cantonista.

---

[13] Celso Rodríguez, *Lencinas y Cantoni...*, p. 240, nota 6.

Dada esta característica del conflicto político que colocó al bloquismo entre las fuerzas políticas antipersonalistas, las cuestiones locales, entre ellas el modelo peculiar de desarrollo del estado social, han sido escasamente atendidas por la historia de las políticas sociales. Ésta debería incluirse en una de las variantes que asumió el primer radicalismo, variante distante del ideal de armonía social que supuso la práctica del yrigoyenismo, pero también distante del modelo corporativo desarrollado en la década de 1930, por ejemplo por el gobernador conservador Fresco, en la provincia de Buenos Aires.[14]

El segundo ciclo: el sufragio femenino

En San Juan confluye una dirigencia política que se había desarrollado en los entornos del activismo del sufragio femenino junto a una coyuntura local que, como venimos señalando, marca un tránsito específico hacia un régimen político de masas.

Frecuentemente se ha indicado la militancia política en el Socialismo Internacional de Aldo Cantoni durante su residencia en Buenos Aires y la incorporación de un grupo de dirigentes porteños en la política sanjuanina llegados en el momento más intenso de la lucha electoral, luego del crimen de La Rinconada.

Pero más interesante resulta señalar que esta experiencia en la política porteña de los Cantoni confluyó con una etapa de efervescencia en torno a los derechos civiles y políticos de las mujeres, operando sobre nuevos marcos en un proceso de multiplicación de organizaciones femeninas.[15] Al finalizar la década de 1910 varios proyectos fueron presentados en el Congreso y en el Concejo Deliberante porteño. Y durante los años veinte aumentaron las voces que reclamaron cambios en el ordenamiento jurídico, como el número de mujeres y la diversidad de sectores que demandaban mayor equidad entre hombres y mujeres.

Se desarrolló entonces en esta década un generalizado sentimiento expresado por varios grupos políticos, intelectuales, profesionales acerca de la necesidad de renovar los parámetros relacionales entre varones y mujeres. Si bien no desaparecieron las fórmulas estereotipadas y estigmatizantes que operaban como referencia central en la cuestión del género, la sociedad argentina avanzó algunos pasos mostrando cierta alteración de los comportamientos exclusivos.

---

[14] Para un balance sobre la producción historiográfica de las políticas sociales anteriores al peronismo se puede consultar el artículo de Juan Suriano "Los historiadores y el proceso de construcción del Estado Social" en Julián Bertranou, Juan Manuel Palacio y Gerardo M. Serrano (comps.), *En el país del no me acuerdo. (Des)memoria institucional e historia de la política social en la Argentina* (Buenos Aires, Prometeo Libros, 2004): en especial pp. 48 y 49.

[15] Dora Barrancos, *Inclusión/exclusión. Historia con mujeres* (Buenos Aires, Fondo de Cultura Económica, 2001): p. 53. Sin embargo, es poco el material que pudimos rescatar de la historiografía social y política de las mujeres en relación con el tema regional. Obviamente un campo en los márgenes de perspectivas concentradas en las polémicas ideológicas de los avatares porteños.

Mural en homenaje del centenaio del primer voto femenino en Occidente. Cruzaba este mural cada día en mi camino hacia la Universidad de Auckland en Nueva Zelanda (nota del autor).

El activismo a favor del sufragio femenino de los años veinte muestra también las diferentes posturas y motivaciones que atravesaban a la militancia feminista. Esta puesta en debate de la cuestión femenina estuvo dominada también por no pocas contradicciones como la del Partido Socialista, que sostenía la lucha por los derechos de las mujeres apelando a su vulnerabilidad física y a su rol maternal.[16]

La candidatura de Julieta Lanteri a diputada nacional por la Capital Federal el 23 de marzo de 1919, como el 'ensayo' de sufragio femenino realizado un año después, el 7 de marzo de 1920, también en la Capital, fueron dos acontecimientos en los que las organizaciones políticas y feministas dieron un impulso notable al debate público.

Además de la agitación política en pro del sufragio femenino que envolvía a la sociedad porteña en los años iniciales de la Ley Sáenz Peña, es posible remarcar la relación entre feminismo y medicina a partir de la participación de universitarias y particularmente de las médicas, en los orígenes del feminismo. Esto es, en la medida en que la ideología creada alrededor de la medicina y la figura del médico como salvador de la humanidad, los profesionales tendieron a cumplir un papel político intelectual en la sociedad y el Estado. Las concepciones biologistas sobre la subordinación femenina y el acercamiento a las situaciones de opresión, parecidas a (o diferentes de) las experimentadas por las propias médicas, favorecieron la concientización del lugar ocupado por las mujeres en la sociedad. De ahí la sobrerrepresentación de las médicas entre las dirigentes feministas. De ahí también el recorrido de los Cantoni, todos egresados de la facultad de Medicina de la Universidad de Buenos Aires y militantes políticos de la etapa fundacional de la primera democracia argentina.

Pero en la genealogía del sufragio femenino argentino, la experiencia sanjuanina brota en la coyuntura de principios de la década de 1920, más cercano a lo más alto del activismo por la igualdad de derechos de las mujeres. Las condiciones conflictivas por las que atravesó el primer gobierno bloquista dejaron pendiente la cuestión de la reforma política, que incluía la eliminación del voto calificado para las elecciones municipales y el sufragio femenino.

La reforma de la Constitución sanjuanina tuvo como referencia la legislación 'moderna' de Uruguay y de México por la incorporación de los derechos laborales y sociales y la separación de la Iglesia del Estado. Pocos meses más tarde 30 mil mujeres sanjuaninas votaron en las últimas elecciones antes de una nueva intervención federal promovida desde el yrigoyenismo. El bloquismo organizó de una manera original a la militancia femenina, conformando subcomités de mujeres y forzando así una separación de la práctica política masculina. La fuerza electoral del bloquismo alcanzó los 46 mil votos sobre una población total de 161 mil habitantes. Ante las amenazas reaccionarias que pregonaban la degradación de la condición femenina, la crónica periodística cuyana ofreció una escena de trivialidad, reveladora en todo caso, de una experiencia juzgada exótica o extemporánea para esa sociedad: "Muy original y curioso resultó ver a largas

---

[16] Asunción Lavrin, *Women, Feminism, and Social Change in Argentina, Chile, and Uruguay, 1890-1940* (Nebraska, University of Nebraska Press, 1995).

caravanas de señoras y señoritas que desfilaban por la calle llevando su libreta de enrolamiento, quienes iban a cumplir con un derecho cívico que por primera vez se les ha conferido, derecho que entre ellas mismas era comentado de diferentes maneras, unas lo tomaban muy en serio y otras en forma pícara y risueña...".[17]

Menos pintoresco fue el comentario de los yrigoyenistas, para quienes los comités femeninos estaban constituidos por empleadas públicas obligadas a asistir, donde "se organizaban verdaderas orgías para regalo de los secuaces del gobernador [...]. Así a la llegada de la intervención fue necesario aislar a las mujeres jóvenes, pues encaminadas por el sendero del vicio, su libertad se convirtió en un permanente atentado contra la moral y la salud pública".[18]

La opinión conservadora no encontró motivos de alarma por el comportamiento electoral femenino, muy a pesar de la adhesión al bloquismo: "No corresponde por ahora asignarle una importancia realmente seria y formal porque la mujer argentina y sudamericana no se halla preparada para actuar activamente. La psicología de la raza, esa especial manera de ser del espíritu latino, no permite la existencia ardorosa del feminismo, siendo antes propicio a los fenómenos de la feminidad".[19]

El bloquismo prefirió señalar que las mujeres participaban de la política aun antes de la obtención del derecho al voto, "en la agitación electoral de los partidos, e interviniendo activamente en todos los sucesos que derivaron de esa misma agitación del espíritu público y conmovieron las bases de aquella sociedad".[20] Por supuesto que esta preparación se debió a la 'educación cívica' divulgada por el bloquismo. Más allá de las bases sociales de la reforma política, el comité femenino o los clubes fueron centros de cultura, solaz y recreo, bajo la mirada atenta de una elite que les imponía la prohibición de bailes modernos –sobre todo los de marcada índole sensual– y el entusiasmo interesado e hipócrita por las danzas tradicionales.

Trivialidad y desenfreno sexual no parecen reunir los atributos cívicos de las mujeres, pero su puesta en cuestión es reveladora de los obstáculos que aún estaban vigentes para la conquista de la ciudadanía plena. En todo caso deberíamos contar con un balance desde los propios protagonistas.

La Asociación de los jóvenes de la Acción Católica hizo una encuesta entre las mismas mujeres sobre la conveniencia o no de mantener el voto femenino. En primer lugar las organizadoras notaron una gran indiferencia, pues de 2500 encuestas, sólo contestaron 406, o sea el 16%, lo que para la opinión católica indicó la apatía de la mujer por los problemas políticos. De las 406 respuestas, el 12,3% se manifestó partidario del voto femenino y el 87,7% lo consideró inconveniente, sobre todo por los efectos de desorden social que provoca.[21]

---

[17] *Los Andes*, 9 de abril de 1928.
[18] Modestito A. Pizarro, *La verdad sobre la intervención en San Juan. 23 de diciembre de 1928-6 de septiembre de 1930* (Buenos Aires, Talleres Gráficos Argentinos, 1930): pp. 13 y 14.
[19] *Los Andes*, 11 de abril de 1928.
[20] P. José Gallardo, *Definición doctrinaria del bloquismo sanjuanino* (Rosario, Editorial Americana, 1932): p. 237.
[21] Nélida Delgado, *¿Voto femenino?* (Anuario Católico Argentino, 1939): p. 258.

En 1938, la Asamblea de Mujeres de la Acción Católica de San Juan expresó su anhelo de que se aboliera el voto femenino. Luego de las elecciones de 1928, el Congreso Nacional contó con mayoría personalista y sancionó la intervención federal a "montonera sin ley y sin Dios" que simboliza la demagogia y la incultura política.

El primer dictamen propuso la caducidad de los tres poderes y la realización de elecciones aplicando la ley y el padrón nacionales, lo cual implicaba el desconocimiento del voto femenino. Algunos conservadores se opusieron en defensa de las autonomías provinciales; los socialistas rescataron la legislación social; los personalistas se opusieron: la consideraron sectaria, producto de un "impropio y anacrónico concepto de lucha de clases". Diputados aprobó el dictamen con la cláusula de vigencia de la legislación electoral nacional, pero la cámara de Senadores la modificó y estableció la vigencia de la reforma de 1927.

La nueva intervención que depuso a Aldo Cantoni persiguió y encarceló a los dirigentes bloquistas y resolvió eliminar del padrón provincial a las mujeres. Para estos reformadores sociales, el 6 de septiembre de 1930 significó el final de un largo conflicto, pero las transformaciones políticas y sociales trabajosamente impuestas iban a ser motivo de conflictos y debates en la década de 1930.

1944

La memoria

El terremoto de 1944 de San Juan es una referencia básica en las biografías de las personalidades políticas más populares de la Argentina. La colecta por San Juan y el Festival del Luna Park pusieron en contacto a Juan Perón y a Eva Duarte y sus vidas míticas comenzaron justamente comprometidas febrilmente con el drama social de una ciudad destruida y miles de desamparados que esperaban ayuda solidaria.[22]

Aunque las escenas que perduraron en la memoria colectiva hayan recortado estos perfiles románticos, la larga semana de epifanía solidaria estuvo dominada por los conmovedores relatos e imágenes de la tragedia sanjuanina.[23] Los primeros informes publicados estimaron en 3500 las víctimas mortales; el Gobierno ordenó la suspensión de todos los espectáculos y transmisiones convencionales, y el coronel Perón habló por radio solicitando la ayuda del pueblo. El drama aún no tenía rostro ni cronistas.

Las primeras imágenes de la prensa fueron las de una ciudad bombardeada y la crónica operó sobre un paralelo imaginario con la administración del horror y la tragedia,

---

[22] Joseph Page, *Perón, a Biography* (Nueva York, Random House, 1983); Marysa Navarro, *Evita* (Buenos Aires, Corregidor, 1981).

[23] *Crítica*, domingo 16 al martes 25 de enero de 1944. Todas estas ediciones con nota de tapa a toda página y numerosas notas cubriendo varias páginas en el interior, menos para el martes 25, cuando las noticias sobre San Juan se ubican en el interior de la edición.

propias de la Segunda Guerra Mundial, que quedará postergada por las imágenes más cercanas, brutales y telúricas del cataclismo cuyano. "En San Juan creman a miles de cadáveres y operan sin anestesia."[24]

El Gobierno decreta para el martes 18 de enero 'Día de duelo nacional' y la Secretaría de Trabajo centraliza la percepción y el envío de las donaciones. El martes, *Crítica* ya tiene su enviado en San Juan. Roberto Caminos informa "desde la ruinas de San Juan". Ya serían no menos de 5000 los muertos y centenares de niños huérfanos vagan por la ciudad arrasada buscando a sus padres. San Juan es declarada zona militar y se evalúa quemarla.

La evacuación se hace difícil. No por falta de medios, no por la destrucción, sino porque las mujeres se niegan a abandonar la "tumba de sus hijos". Luego, los refugiados comienzan a ocupar el lugar central del relato. "¡Llegaron mal vestidos y descalzos! ¡Pobrecita!... Usted lo ha dicho. Ese rostro compungido de la niña, con sus moñitos, su pucherito en los labios, su mirada húmeda. ¡Pobrecita!".[25]

La solidaridad también tuvo sus mártires. Un avión cae en Mendoza y mueren sus 12 ocupantes, entre ellos dos enfermeras y un médico de la Cruz Roja Argentina. En trenes, automóviles, camiones y sulkys se alejan los sobrevivientes. Sólo en Mendoza hay 7000 refugiados de los cuales 2300 son niños. Sólo en tren se evacuan 12.700 personas. En total 25.000 buscan asilo en otras provincias. En el Hotel de Inmigrantes de Buenos Aires son alojados los niños y llegan a 10.000 los pedidos para los huérfanos de San Juan. Los soldados patrullan las calles de San Juan, donde sólo quedan cadáveres y escombros. Fue necesario fusilar a un audaz asaltante que había intentado la fuga.

La colecta llega a 10 millones en efectivo y 20 millones en mercaderías y medicamentos.[26] Perón, Mercante, los cadetes del Colegio Militar y renombrados actores y actrices caminan por la calle Florida con sus alcancías.

El sábado 22, de 16 a 2 de la mañana, se realizó el maratónico festival en el Luna Park. Se recaudaron 21 mil pesos. La actriz y el coronel están ahí, pero esto ahora no tiene relevancia. Otros son los protagonistas y los temas. El 25 de enero una impresionante multitud reunida en la Plaza del Congreso participó con gran solemnidad del funeral por las víctimas.

El clima social del terremoto puso en acción al Ejército y a la Iglesia, haciendo visibles los valores corporativos de la revolución de junio. El general Ramírez, hablando a la nación desde la ciudad destruida, recordó el Apocalipsis: "Dios ha querido castigar al pueblo argentino por los errores del pasado". La orden evocaba cierta sumisión a la creencia de que el terremoto debía afrontarse como un mensaje celestial a través del cual la Providencia había dispuesto que pasara la Nueva Argentina,

---

[24] *Crítica*, lunes 17 de enero de 1944.
[25] *Crítica*, jueves 20 de enero de 1944.
[26] El total de lo recaudado fue de 38.242.913,96 pesos. En Felipe Pacheco y Víctor H. García (comps.) *Terremoto en San Juan a través del objetivo* (San Juan, Talleres Gráficos Cuyo, 1944).

surgida de la revolución de junio, para enmendarse de la prolongada y pecaminosa época en la que se había volcado a la "herejía liberal".[27]

En su homilía desde la Plaza del Congreso, monseñor Calcagno, vicario general del Ejército, recurrió a la metáfora de "la patria destinada a resurgir de sus ruinas redimida de sus propios pecados y a retomar su camino bajo la guía de la cruz". Dolor y muerte, desde esta perspectiva, servían, por lo tanto, para reunir al pueblo con su religión tradicional, reforzando al cristianismo como fundamento de la unidad nacional.[28]

El 26 de enero la Argentina rompió relaciones con el Eje y la atención puesta sobre el terremoto pasó a segundo plano. El incidente Helmuth y la decisión de Ramírez produjeron una nueva crisis en las filas del Gobierno, que terminará con la renuncia del Presidente y salida del gabinete de gran parte de los nacionalistas.[29]

Finalmente, serían las revistas de la farándula y el espectáculo, *Sintonía* y *Radiolandia*, las que insistirán en el encuentro entre Perón, militar de la solidaridad sanjuanina, y Eva, la actriz. Por entonces, las estimaciones oficiales ubicaban ya en 10 mil los muertos por el terremoto.[30]

El desastre vivido

La catástrofe también tuvo sus memorias propias. Algunas de ellas fueron una urgente respuesta a la movilización de la sociedad. No como impugnación de la crónica periodística, pero sí revelando un espacio abandonado, guiones en segundo plano.

Al menos dos se destacan por sus estilos contrastantes: el que introduce el sinfín de historias producidas en las horas más dramáticas y refuerza todos los tonos más conmovedores: "para dejar constancia de cuanto traduzca humanamente los fríos números de la estadística";[31] y aquel que no encuentra en las palabras la manera de traducir la tragedia sanjuanina, y define una narrativa gráfica: "cada fotografía es el

---

[27] Loris Zanatta, *Perón y el mito de la nación católica. Iglesia y Ejército en los orígenes del peronismo. 1943-1946* (Buenos Aires, Sudamericana, 1999): pp. 131 y 132.

[28] *Ibid.*, p. 132.

[29] El 26 de enero, en un decreto firmado únicamente por el general Ramírez, presidente de la Nación, y el general Gilbert, ministro de Relaciones Exteriores, el gobierno argentino rompió relaciones diplomáticas con Alemania y Japón, con el argumento de que había descubierto una extensa red de espionaje que actuaba en suelo argentino. Según Potash, la captura por fuerzas británicas del agente alemán y cónsul argentino Helmuth con documentos del Gobierno argentino para adquirir armas en Alemania pudo haber sido utilizado por los Aliados para presionar al Gobierno argentino. Robert A. Potash, *El ejército y la política en la Argentina. 1928-1945. De Irigoyen a Perón* (Buenos Aires, Sudamericana, 1971): pp. 330-333.

[30] *Sintonía*, 1º de febrero de 1944, edición con varias fotos del festival, incluso una en la que aparecen Perón y Eva Duarte sentados uno al lado del otro, hablando. *Radiolandia*, 5 de febrero de 1944. Perón asiste a Radio Belgrano para presenciar la actuación de Evita.

[31] Manuel Gilberto Varas, *Terremoto en San Juan* (Buenos Aires, Luis Lasserre, 1945): 2ª edición.

resultado de un bien examinado enfoque, sugiere la historia completa de una familia, o la historia de una calle, o la de un paisaje urbano o la de los edificios modernos".[32]

La ciudad de las ruinas fue recorrida por el sobreviviente Manuel Gilberto Varas, "de extremo a extremo [...] en busca de los nuestros":

> Un mundo de tragedia, de ruina, de desolación, se abrió ante nuestros ojos a través de las últimas y débiles luces del crepúsculo. Hacia los cuatro extremos de esa esquina, sólo se veían casas tambaleantes o cortadas por la mitad o a ras del suelo, hombres, mujeres y niños corriendo por entre los escombros en busca de los suyos. La vieja San Agustín tapaba casi una cuadra [...]. Debajo de esos escombros quizá había algo [...]. A media cuadra hacia el sur, ardía el bar de Uliarte: al frente de la plaza, los techos de El Águila y de La Giralda sepultaron a muchos. La torre del teatro Estornell oscilaba. La Merced, como llamábamos a nuestra parroquia, había dejado caer su paredón de media cuadra de largo y dos metros de espesor y del ancho de la calle, sobre un ómnibus que transitaba en ese instante. La vieja catedral dejó al descubierto su flanco izquierdo mostrando una honda herida rojiza. Sus torres quedaron erguidas con mil grietas peligrosas. La casa de Gobierno hacía equilibrio. Del suntuoso palacio municipal quedó sólo el recuerdo de su fugaz esplendor. Las viviendas fueron arrasadas en un no mentido 98 por ciento. En Concepción, sin lugar a dudas, el 100 por ciento. Ignorábamos si los muertos pasaron de veinte mil.[33]

Las imágenes de la catástrofe son mucho más lejanas, planos generales de ladrillos, bloques, vigas, hierros retorcidos. Los primeros planos son escasos y en todo caso el retrato es la misma ciudad y su dañada edificación.

Invariablemente hay un mismo registro que acumula los hitos urbanos, los edificios significativos, las calles céntricas, comerciales o residenciales. Los rostros del dolor son escasos y apenas pueden percibirse en los registros de la ayuda: médicos, enfermeras, soldados y civiles removiendo escombros, extrayendo cadáveres. La organización de la subsistencia comienza a mostrar pequeñas multitudes que contemplan los trabajos, que esperan sus raciones, que son vacunados o evacuados.

---

[32] Felipe Pacheco y Víctor H. García, *Terremoto en San Juan...*, p. V.
[33] Manuel Gilberto Varas, *Terremoto en...*, pp. 6-7.

En medio de las escenas de dolor y todavía sintiendo las sacudidas sísmicas que continuaron durante muchos días, se iniciaron las tareas de salvamento de los heridos y los que quedaron bajo los escombros.

La calle Tucumán en donde puede apreciarse los efectos del sismo.

CAPÍTULO V • 155

Vista de calle Mitre y Mendoza, uno de los lugares más céntricos de la ciudad, mostrando también los daños causados por el sismo.

La sanidad militar actuando en medio del horror de la tragedia.

156 • CUYO. ENTRE EL ATLÁNTICO Y EL PACÍFICO

En los andenes de la estación del F. C. Pacífico, una madre rodeada de sus hijos, en cuyos rostros aún perdura la impresión que la tragedia les produjo, espera el tren que ha de conducirla fuera de la tierra amada, donde tuvo su hogar en mejores días.

Un contingente de niños sanjuaninos parte a Buenos Aires, desde donde serán enviados a distintos institutos oficiales para ser atendidos.

Los relatos de la muerte son anónimas tragedias humanas, resaltadas por pequeñas hazañas o desencuentros. Como en las fotografías o en el inexistente listado de las víctimas, no hay nombres propios, de personalidades o habitantes circunstanciales del desamparo:

El padre enfermo
Todos en el patio. No, todos, no: Adela había echado de menos a su padre.
—Carlos, ¡papá está adentro y no puede moverse!
Los dos corrieron hacia la casa, entraron en el dormitorio del padre y lo sacaron entre ambos por el zaguán angosto.
Al llegar a la puerta de calle, dos paredes enormes cayeron sobre ellos.
Cuando se disipó la nube de polvo, pudo verse, aún de pie, la pálida y huesosa figura del viejecito. A su lado, dos cadáveres: sus hijos Adela y Carlos.[34]

Matrimonio joven
Un matrimonio joven. Tenían una nena de seis meses. Él y ella charlaban, mientras la niña dormía.
Cuando la tierra se conmovió, ella corrió al dormitorio antes de que él pudiera acercarse. Tomó a la nena y salió hacia la puerta. Al llegar, un grueso travesaño la arrojó contra el piso, brutal, despiadadamente.
Cuando él, que todo lo presenció impotente, pudo llegar al lugar, su hijita lloraba semiasfixiada bajo el cuerpo inerte de la madre.[35]

Cirios encendidos en la noche, cuerpos velados entre los escombros, las brigadas que recogían los cadáveres y los cremaban.[36]

Simbólicamente las cenizas de las víctimas del terremoto fueron depositadas en custodia en la Iglesia de Santo Domingo: un acta labrada por escribano atestigua el acontecimiento.

La reconstrucción

El día después del terremoto lo más representativo de la elite social sanjuanina planteó sus puntos de vista ante el Gobierno nacional en pleno centro del desastre, en la Plaza 25 de Mayo. Solicitaban la reparación sin costo de las bodegas, una movilización masiva de soldados a fin de comenzar las tareas de construcción de casas, fábricas, y reabrir caminos. Por debajo de los discursos de solidaridad y unión nacional,

---

[34] Manuel Gilberto Varas, *Terremoto en...*, p. 14.
[35] *Ibid.*, p. 21.
[36] *Ibid.*, p. 80.

La Comunidad Dominica guarda las cenizas de las víctimas.

comienza una puja política que tiene como eje la propia reconstrucción urbana, económica y social.[37]

La lucha estuvo planteada en términos de ciudad nueva o ciudad vieja, refundación o reconstrucción. Aunque la ciudad nueva estaba pensada en las proximidades de la vieja, pero con mejores condiciones de seguridad, el traslado representaba un fuerte impacto sobre el orden social que la distribución de la ciudad tradicional fundaba y reproducía.

La campaña de los bodegueros a favor de la reconstrucción logró más amplios consensos y aisló a la opinión técnica de los funcionarios del gobierno militar. La elite tenía a su favor los dos únicos diarios que volvieron a salir en los meses siguientes al terremoto, el apoyo tácito de algunos sectores del gobierno militar, como el interventor federal general Sosa Molina, y las dificultades propias para expresarse de las fuerzas políticas y sociales alternativas, como el bloquismo. La desarticulación de los sectores populares y el imperio de la Ley Marcial paradójicamente fortalecieron la voz de la elite sanjuanina y permitieron a los bodegueros detener y estancar el traslado.

Al mismo tiempo, el gobierno nacional comenzó la tarea de emergencia, tarea desempeñada por el Ministerio de Obras Públicas que, además de las responsabilidades sobre el desarrollo de la infraestructura, asumía funciones típicamente 'sociales', que compensaban la ausencia de un organismo centralizado especializado. La población fue

---

[37] Mark Alan Healey, "La trama política de un desastre natural: el terremoto y la reconstrucción de San Juan". Tesis de doctorado, "The Ruins of the New Argentina: Peronism, Architecture, and the Remaking of San Juan alter the 1944 Eathquake" (Las ruinas de la nueva Argentina: Peronismo, arquitectura y la reconstrucción de San Juan luego del terremoto de 1944) (Duke University, 2000).

sometida a medidas drásticas, que incluyeron un estricto control militar, la prohibición de venta de comidas y todo tipo de insumos básicos, y la confiscación de los acopios y depósitos.

Las tareas eran urgentes y el gobierno asumió el control de todo. Para abastecer a la población se instalaron comedores públicos gratuitos, surtidores de agua, baños y duchas. Los primeros siete días después del terremoto, se inauguraron dos barrios de emergencia, construidos con casillas del tipo de las que utilizaba Vialidad Nacional. Mientras tanto la población afectada tuvo refugio en carpas.[38]

En 56 días de trabajo, los 5000 obreros contratados por el Ministerio de Obras Públicas construyeron cerca de 8000 viviendas de emergencia para 35.000 personas, 2000 casas prefabricadas, rehabilitaron 38 edificios públicos y colaboraron en la reconstrucción de numerosos edificios privados. Nacía la ciudad provisoria, a la espera de la ciudad refundada o reconstruida.

Plano de la ciudad de San Juan.

---

[38] Ministerio de Obras Públicas de la Nación. *Obra de emergencia en San Juan* (Buenos Aires, 1944): s/n.

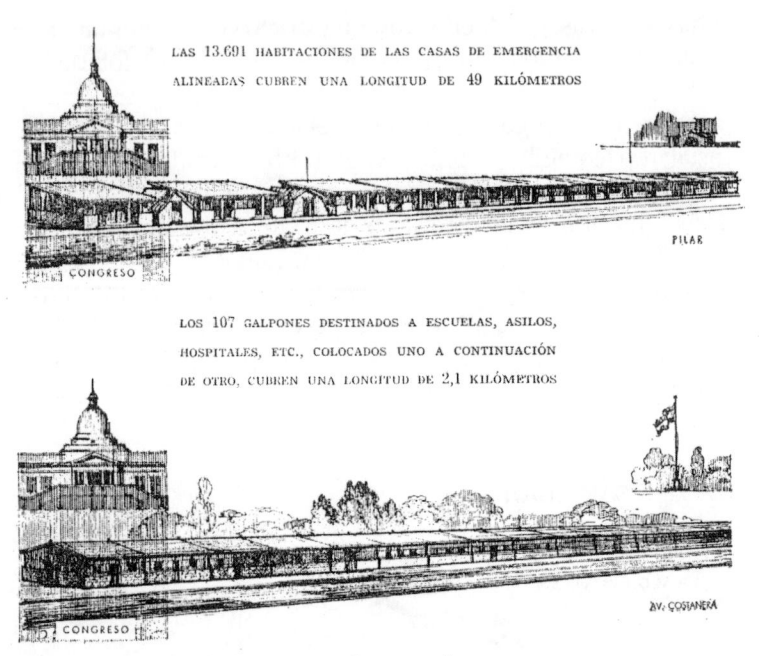

LAS 13.691 HABITACIONES DE LAS CASAS DE EMERGENCIA ALINEADAS CUBREN UNA LONGITUD DE 49 KILÓMETROS

LOS 107 GALPONES DESTINADOS A ESCUELAS, ASILOS, HOSPITALES, ETC., COLOCADOS UNO A CONTINUACIÓN DE OTRO, CUBREN UNA LONGITUD DE 2,1 KILÓMETROS

Habitaciones de casas de emergencia.

La paulatina vuelta a la normalidad reveló algunos inconvenientes sobre las decisiones tomadas: los materiales de construcción no eran los más adecuados para las condiciones climáticas de San Juan; dos grandes barrios se ubicaban en la periferia de la ciudad, muy alejados de la infraestructura de servicios, mientras que poco más de una veintena de pequeños nuevos barrios de emergencia se construían en la trama urbana, muy cerca del centro.

La distribución de las casas y los barrios reveló una clara orientación social: las mejores casas, con mayores comodidades y en barrios más pequeños y céntricos eran otorgadas a familias de clase media o alta. Las casas más simples ubicadas en barrios masivos, a la clase obrera.[39]

El proyecto final, el 'Plan Regulador y de Extensión' fue elaborado cuatro años más tarde, en 1948, por el arquitecto José María Pastor, asesor urbanístico del Consejo de Reconstrucción, una agencia estatal creada en julio de 1944, fuertemente centralizada para operar como un supragobierno provincial. Cuatro equipos de arquitectos fueron sustituidos y sus proyectos retomados o modificados por el equipo siguiente.[40] Los trabajos dirigidos por Muscio, Bereterbide, Vautier (1944); Vivanco, Ferrari Hardoy, Ungar, Oliver (1944); Villalobos (1945); Mendioroz, Campos Urquiza, Ruiz Guiñazú, Olezza (1945/1946) fueron víctimas de la coyuntura política que tuvo su expresión

---

[39] Mark Alan Healey, "The Ruins...", p. 7.
[40] Ramón Washington Tejada, *La reconstrucción de San Juan* (Buenos Aires, 1946): pp. 5-6.

CAPÍTULO V • 161

más notoria en la movilización del 8 de agosto de 1945. El Consejo de la Reconstrucción y las subsistentes condiciones de precariedad fueron el eje de la crítica opositora que reclamó "¡Casas sí, planos no!". Por cierto aún les esperaban varios años más para que se concretasen sus reclamos. Los sectores medios se movilizaron reclamando por las condiciones de vida en los barrios de emergencia, "higiene y decencia". "La denuncia de enfermedades y corrupción moral se deslizaba con demasiada facilidad hacia la denuncia de los residentes de aquellos barrios, y las fogosas denuncias de los barrios como 'campos de concentración' también incluyeron llamadas a restaurar los privilegios y las distancias sociales debidas."[41]

Información sobre el terremoto de San Juan. *La Nación Argentina*, 1950.

---

[41] Mark Alan Healey, "The Ruins ...", p. 8.

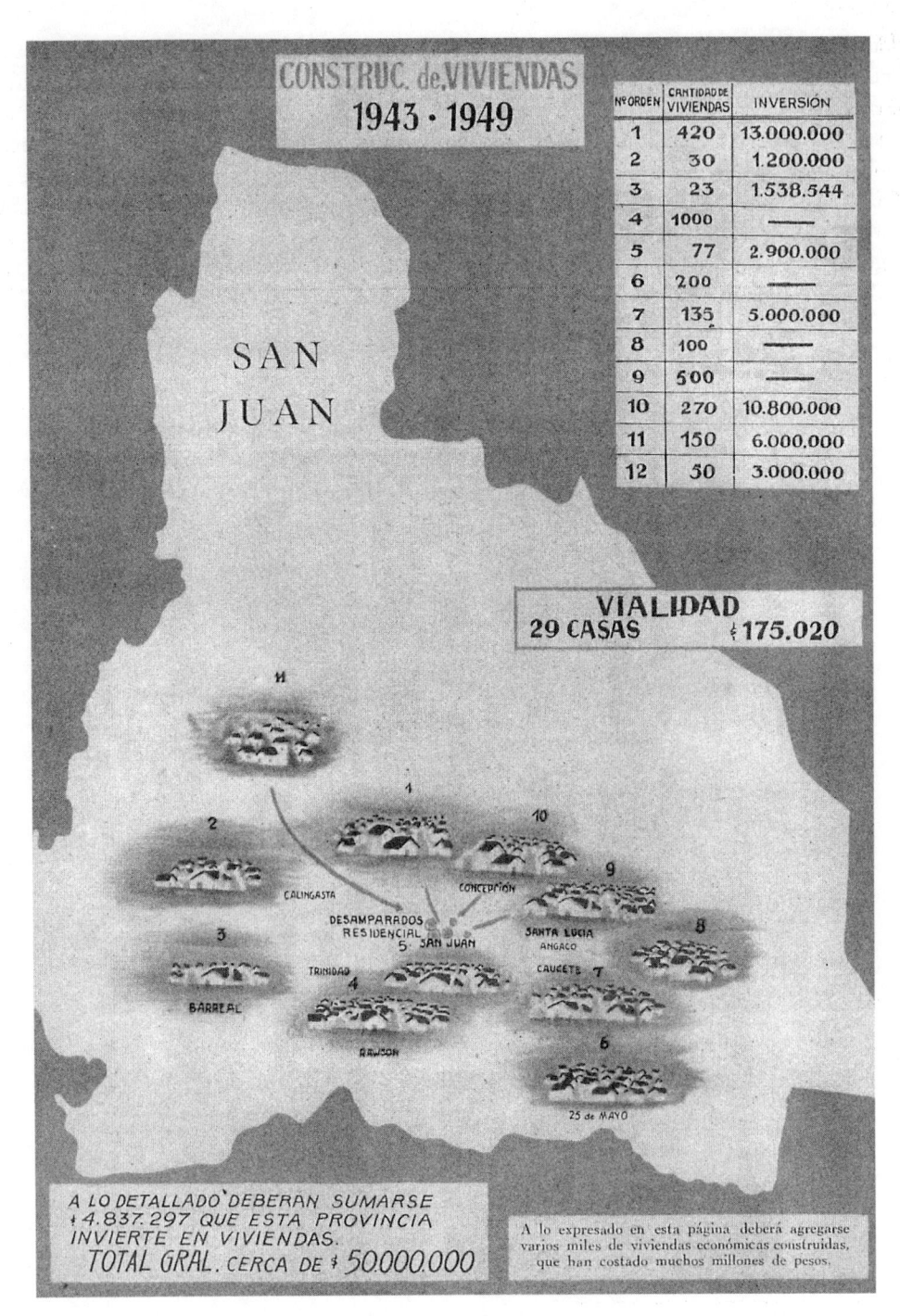

Soluciones inmediatas para San Juan. *La Nación Argentina*, 1950.

Construcción de viviendas. *La Nación Argentina*, 1950.

El triunfo del peronismo en 1946 no supuso el fin de los conflictos en torno al modelo de reconstrucción. En todo caso, el tema se volvió parte de las pujas internas dentro del movimiento, espacio sobre el que conservadores y bloquistas tuvieron capacidad de influir.

Para llevarlo a cabo se firmó un convenio entre el Gobierno de la provincia y el Consejo de Reconstrucción por el cual este organismo adquiriría poderes de control de las edificaciones en todo el territorio del valle. Las municipalidades, incluida la de Capital, cedieron esas funciones al Consejo, "mientras dure su funcionamiento". Vale decir que esa agencia nacional tuvo las atribuciones necesarias para "ejecutar el Plan Regulador y las Obras que él comprende en toda la zona afectada por el sismo". Se le confirieron, además, poderes para atender "servicios públicos municipales y provinciales" así como "todas las demás materias que competen a la Legislatura Provincial y Municipal". Para ello el Consejo otorgó subsidios y realizó inversiones de cualquier naturaleza, siempre que "tiendan al mejor cumplimiento de los fines en vista de los cuales fue creado por Ley N° 12.855".[42]

Sólo en 1949 el Consejo de la Reconstrucción llevó a cabo un programa de obras que incluyeron edificios públicos, viviendas fuera del área céntrica y subsidios para la construcción privada. Estos proyectos fueron acompañados por un aumento del presupuesto provincial, que entre 1943 y 1948 se multiplicó por cuatro. El crédito barato para la recuperación de la industria vitivinícola sanjuanina y la expansión de los servicios públicos y los salarios fueron el eje de la política económica provincial peronista.

Hacia fines del gobierno, las casas de emergencia habilitadas por el Ministerio de Obras Públicas aún estaban habitadas por los damnificados de la catástrofe. El peronismo había trazado las líneas maestras de la futura provincia que sería reconstruida según sus planes por la alianza bloquista conservadora que se ensayó durante el peronismo (y dentro de él) y se consolidó después de su caída.

---

[42] Ramón Washington Tejada, *La reconstrucción...*, pp. 15 y 16.

Capítulo VI

San Luis

Capítulo VI

VI

Pueblo y lugar

San Luis de Loyola, calles angostas, catedral, plaza, serranía. Epicentro de un proceso de poblamiento, complejo, como todos, y sinuoso.[1] La cuestión poblacional fue uno de los debates y acciones centrales del período de consolidación del Estado Nacional. Era una política de Estado, según Alberdi: "el arte de poblar". La llegada masiva de inmigrantes y la conformación de las principales urbes del país depararon para San Luis un destino con características especiales, derivadas de sus encantos topográficos, su posición geográfica y los eventuales horizontes de bonanzas. Aquí analizaremos dos de los factores más destacados de su identidad. En primer lugar, la relación ciudad-campo, y luego, y en vinculación con el anterior, las dinámicas de los movimientos de población (emigración-inmigración) que se produjeron entre 1880 y 1930.

En la introducción al Segundo Censo Nacional de 1895, se dice:

después de cincuenta años y a pesar de haber llevado telégrafos, ferrocarriles, bancos, colegios, escuelas y cuantos agentes y auxiliares han sido posible, determinadas provincias presentan un desenvolvimiento muy lento, que desdice con los grandes adelantos de la

---

[1] Tomaremos como base de nuestras argumentaciones los tres primeros censos nacionales, el *Informe sobre el estado de las clases obreras argentinas a comienzos del siglo (1904)* de Juan Bialet Massé y la obra del puntano Víctor Saá.

República. San Luis, Santiago, San Juan, La Rioja y Catamarca aparecen como provincias de emigración. Es mayor el número de hijos que extrañan, que el de extranjeros que atraen.[2]

Así se desplegaba retóricamente la oposición entre un litoral pujante y un interior cada vez más depresivo y expulsor de su población. El avance de la urbanización, como gesto civilizatorio, y el atraso de una campaña desprestigiada y atávica. Esta situación generó un movimiento de población interna, que se sumaba a la inmigración masiva del exterior en la distribución poblacional de las primeras etapas nacionales.

Sin duda, este "fenómeno de transmigración" como lo denominó Alberto Martínez en otra introducción, la del Tercer Censo Nacional (1914), ponía de relieve la existencia de provincias que, de forma recurrente, aparecen en los censos perdiendo habitantes en beneficio de otras:

> Las provincias que se pueden clasificar de emigración, es decir, aquellas que ven alejarse de su territorio un número de hijos mayor que el de otras provincias que van a radicarse en la misma [...] son: Entre Ríos, Corrientes, San Luis, Santiago del Estero, San Juan, La Rioja, Catamarca y Salta [...] y compruébese así que en la República son provincias de emigración de sus hijos aquellas en que las condiciones económicas son precarias, en las que, por falta de industria y de fuentes de producción, no existe trabajo, y no existiendo éste, no hay tampoco bienestar, viéndose obligados los nativos a buscarlo en el territorio de otras provincias que, mejor dotadas por la naturaleza, o preparadas por los gobiernos, les ofrecen perspectivas que las suyas no les brindan.[3]

Se trataba de la consolidación del litoral pampeano, con el predominio del modelo agroexportador, en detrimento de un Interior poco integrado al proyecto modernizador, según las elites. Entre las provincias expulsoras e improductivas se ubicaba San Luis. Según los datos del censo de 1914, después de Catamarca (29,8%), la segunda provincia con mayor población nativa emigrada (26,1)%.[4] Ya el Censo General de la Provincia de Buenos Aires (1881) contabiliza 1652 puntanos viviendo en ella, distribuidos "por todos los partidos".[5] Una tendencia consolidada también en el censo de 1914, que da cuenta de 32.769 puntanos que no viven en su San Luis natal

---

[2] Diego G. De la Fuente, "Introducción". *Segundo Censo de la República Argentina (1898)*. Vol. 1 Población-Buenos Aires, 1898, en Natalio Botana y Ezequiel Gallo, *De la República posible a la República verdadera (1880-1910)*, vol. III, Biblioteca del Pensamiento Argentino (Buenos Aires, Ariel, 1997): pp. 391-392.

[3] Alberto Martínez, "Antecedentes y comentarios". *Tercer Censo Nacional, 1914*. Tomo I Población-Población argentina por provincias y territorios. El fenómeno de la transmigración interna: pp. 237-241.

[4] *Tercer Censo Nacional*, 1914 (1916). Tomo I Población: p. 241.

[5] *Censo General de la Provincia de Buenos Aires (1881)* (Buenos Aires, 1883).

frente a sólo 13.457 originarios de otras provincias que acusaron su residencia en San Luis. Datos que, en cifras absolutas, implican un exceso de emigración de 19.312 habitantes.[6]

San Luis estuvo dominada por la vida rural. Sus centros urbanos fueron escasos y de poca densidad. Es posible distinguir dos momentos y un hito divisorio neurálgico, la Campaña al Desierto. Por entonces se modificaría el eje del predominio regional, del norte al sur, reconociendo la fuerte influencia de Río Cuarto. Este viraje significó la decadencia de algunos centros urbanos del norte, como fueron San José del Morro, Saladillo y Renca, a la vez que la consolidación de Villa Mercedes, orientada hacia la economía del litoral.

En 1869 la población urbana era de 12.203 habitantes (21%) sobre un total de 58.667. En 1895 San Luis sumaba una población de 81.450 habitantes; de ellos 22.783 (28%) eran urbanos. Por entonces, el predominio rural era relativo. Y así también lo sugieren los crecimientos absolutos entre los censos: 10.580 pobladores urbanos y 17.576 pobladores rurales.[7] La densidad de población en 1869 era de 0,42 habitantes por km^2,[8] mientras que en 1895 se elevaba a 1,1 por km^2.[9]

La población extrajera tampoco se muestra significativa en cifras. El censo de 1914 reconoce que por cada 1000 habitantes, San Luis cuenta con 26 extranjeros, siendo el total de éstos 2123 pobladores.[10] Sin embargo, puede observarse un incremento significativo entre 1869 (primer censo) y 1895, que se nota especialmente en el incremento de comunidades de españoles e italianos. La colonia chilena fue, sin duda, la más robusta durante todo el período, lo que da cuenta de la estrecha relación que toda la zona de Cuyo tenía con el país limítrofe.[11]

En cuanto a pobladores originarios de otras provincias, los censos indican la presencia de importantes legiones de cordobeses, mendocinos y sanjuaninos. Con este cuadro es posible conjeturar que el grueso de la movilización a la provincia de San Luis se dio desde mediados del siglo XIX, y que a partir de entonces se produjo un movimiento de emigración de puntanos más fuerte que el de recepción.[12] "El puntano buscó trabajo preferentemente en La Pampa y Río Negro, obrero sin rival para aquellos lugares".[13]

El Primer Censo Nacional sostiene, a pesar de la poca información que se tenía sobre los orígenes de la población de San Luis, que ésta "proviene de la mezcla de españoles e individuos de las tribus de michilingües y comechingones, que vivían en

---

[6] *Tercer Censo Nacional, 1914* (1916). Tomo I Población, p. 240.
[7] *Segundo Censo Nacional, 1895* (1898). Tomo I Población, pp. 303-305.
[8] *Primer Censo Nacional 1869* (1872). Tomo I Población, p. 288.
[9] *Segundo Censo Nacional...*, p. 325.
[10] Ibid., p. 306.
[11] *Primer Censo Nacional...*, p. 276; *Segundo Censo Nacional...*, p. 311.
[12] *Primer Censo Nacional...*, p. 278-279; *Segundo Censo Nacional...*, p.314.
[13] Juan Bialet Massé, *Informe sobre el estado de las clases obreras argentinas a comienzos del siglo* (1904) (Córdoba, Edición de la Universidad Nacional de Córdoba, 1968).

la Sierra, y también con individuos provenientes de los huarpes y taluhet".[14] Bialet Massé, por su parte, la describe como una "raza espléndida, de corpulencia y fuerza, sobria y persistente, hace trabajadores excelentes, así para la agricultura como para talleres y ferrocarriles", reconociéndola como una mezcla de quechua y ranquel con español, casi sin presencia de rasgos negros, muy semejante a los habitantes del sur de Córdoba y Río Cuarto, y que se conserva "casi pura criolla fuera de las líneas del ferrocarril".[15] Y Sarmiento, por supuesto, también teorizaba sobre ese mestizaje: "El pueblo que habita estas extensas comarcas se compone de dos razas diversas, que, mezclándose, forman mediotintes imperceptibles, españoles e indígenas. En las campañas de Córdoba y San Luis predomina la raza española pura, es común encontrar en los campos, pastoreando ovejas, muchachas tan blancas, tan rosadas, tan hermosas, como querrían serlo las elegantes de una capital".[16]

En la década de 1930, una visión revisionista e hispanista pone en tela de juicio a quienes pretenden un origen autóctono para San Luis, coincidiendo paradójicamente con la versión sarmientina, sobre el origen castellano puro del puntano. Según este relato los comechingones fueron un pueblo que había resistido enérgicamente a los españoles y apenas poseían una cultura rudimentaria, similar a la de los otros pueblos que habitaron la zona (araucanos, taluhet, michilingües, chosmes). Uno de los máximos referentes de esta perspectiva diría:

> Creo sinceramente, con los antecedentes de población que preceden, que en el puntano de nuestros días no podemos encontrar rasgos físicos y morales de esa inteligente raza michilingüe, fuerte y dócil a la vez, perspicaz y sobria, tan adaptable y resistente a los esfuerzos del trabajo, como a los rigores de la guerra. Debemos pues desechar este tipo de indio Adonis y buscar en mejores fuentes y con mayor y tesonero estudio, las verdaderas raíces del carácter y de la complexión del puntano [...]. Diré claramente que en esta parte de Cuyo, los orígenes de todas las formas de nuestra cultura son netamente españoles. La cultura indígena en nuestro medio es una tabla rasa.[17]

---

[14] *Primer Censo Nacional...*, p. 269.
[15] Juan Bialet Massé, *Informe sobre el estado...*, pp. 551-552.
[16] Domingo F. Sarmiento, *Facundo. Civilización y barbarie* (Buenos Aires, Hispamérica, 1982): pp. 33-34.
[17] Víctor Saá, *La psicología del puntano* (San Luis, 1982). Versión digital de la Biblioteca Digital del Gobierno de San Luis: pp. 32-36. Este libro aparece como "apuntes" para participar de una convocatoria del diario *La Nación* en 1936 sobre los tipos provinciales. Nótese que Saá constantemente retoma y discute la *Historia de San Luis* de Juan Gez, objetando sus conclusiones hispanofóbicas e indigenistas, y recogiendo –y celebrando– aquellas tesis de su comprovinciano que avalan las suyas, como las del origen castellano, o su descripción de la familia indiana como reflejo de la familia castellana.

El puntano, expresaría Bialet Massé, es "alegre y vicioso, no es de los más borrachos, pero sí de los más jugadores. La taba es un artículo necesario [...]", y agrega, "que esto no quiere decir que no sean cumplidores con su trabajo [...] no son tan faltadores los lunes a los talleres como en otras provincias; al contrario, los que llegan al jornal, a un jornal regular de 250 pesos arriba, son bastante serios y morales".[18] Es esta idiosincrasia la que Saá define como esencialmente castellana, producto de un conquistador que se asienta encontrando semejanza con su lugar de origen y por esto mismo trasplantando sus costumbres y estilos de vida.

La población originaria, después de la conquista, se ubicó, principalmente, en la zona norte, zona serrana, o de montaña, mientras que hacia el sur los poblados fueron más bien campamentos abrigados por fortines que se defendían de los ranqueles. Esta genealogía es la que permite a San Luis compartir con Mendoza y San Juan, el Cuyo, y desligarla de la idea de "campaña bárbara" de Sarmiento.[19] Saá nos dibuja un puntano montañés de valles serranos formando "un tipo mixto de estancia granja, que subvenía mediante el ingenio y el trabajo de sus moradores a todas las necesidades del hogar montañés [...]. Excelentes ganaderos y al ubicarse en los valles bajos y en las pampas altas que tengo descriptas, aprovecharon en buena forma la excelente agua que encontraron, utilizándola para regar cultivos diversos. Luego industrializaron todo: plantas, animales y minerales".[20]

El censo de 1869 caracteriza a San Luis como un estado pastoril con una gran riqueza ganadera amenazada por las invasiones de los nativos.[21] Los malones serán fundamentales a la hora del poblamiento y de la ideología de las clases dominantes puntanas. Los valles serranos no sólo ofrecían posibilidades excelentes por sus condiciones climáticas o ventajas naturales sino que se erigían como un lugar seguro, distantes de 'las acechanzas del indio'. Mientras que los pueblos del sur eran poblados de avanzada, en constante peligro de ataque:

> A la vera del camino de las carretas, San Luis fue, desde el principio, el centinela de Cuyo. Levantándose frente a las pampas donde se guarecía la indiada feroz, el puntano hizo de la lanza su cruz y su laurel. Del Morro al Desaguadero, desvelada y heroica, la frontera opuso el bronce de su pecho a la furia de los malones. Sediento, el polvo bebió ávidamente la sangre de los milicianos de San Luis. Ahora, purpúrea, de ese polvo nace esta flor de evocación.[22]

---

[18] Juan Bialet Massé, *Informe sobre el estado...*, p. 552.

[19] "Allí, en un rincón agreste de la provincia de San Luis en San Francisco del Monte, y en los inhospitalarios caminos que conducen a San Juan, tuvo [Sarmiento] en 1826 lo que él llama su visión del camino de Damasco de la libertad y de la civilización [...]. Todo el mal de mi país se reveló de improviso entonces: ¡LA BARBARIE!". Cita tomada de Juan Gez, *Tradición puntana* (San Luis, 1916). Edición digital de la Biblioteca Digital del Gobierno de San Luis.

[20] Víctor Saá, *La psicología...*, p. 36-40.

[21] *Primer Censo Nacional*, p. 263.

[22] Urbano Nuñez, *Tiempos y figuras de San Luis* (San Luis, 1989) Edición digital de la Biblioteca Digital del Gobierno de San Luis: p. 10.

La distribución de la población respondió en primera instancia, al aprovechamiento de la tierra, primando en la elección del lugar la seguridad que brindaban las sierras. La actividad agrícola-ganadera, con dominio de la última, constituyó el pilar económico de la provincia. La tierra parece haber entrado en un proceso gradual de subdivisión. Según las cifras del censo de 1895, había en la provincia 3570 propietarios, 581 arrendatarios y 547 medieros, lo que hacía un total de 4698 productores agropecuarios.[23] Teniendo en cuenta la superficie cultivada, se pueden inferir las actividades que se desarrollaban:[24]

Cultivos	Hectáreas cultivadas
Árboles (frutales, forestales, de jardín)	3763 ha.
Cereales (trigo, maíz, lino, cebada)	17.454 ha. (Maíz: 15.029)
Plantas industriales (viñas, tabaco)	505 ha. (Sólo 1 ha. tabaco)
Legumbres (papas, porotos, habas, lentejas)	461 ha.
Plantas forrajeras (alfalfa, otras)	13.652 ha. (Sólo 52 ha. de otras)

Además, el censo contabilizaba 5100 arados, 97 segadoras y 390 rastrillos. En cuanto a máquinas de vapor, se encontró una trilladora y dos máquinas no especificadas.[25] En el rubro ganadería se censaron 479.964 cabezas de ganado vacuno, 175.922 de ganado caballar, 552.977 ovejas, 6534 porcinos y 409.360 cabezas de ganado caprino. San Luis ocupó por entonces el cuarto lugar como productor ganadero, después de Buenos Aires, Santa Fe y Córdoba.

En cuanto a las actividades agrícolas, la provincia presentaba un desarrollo de estancia mixta, con un predominio de las empresas tradicionales, heredadas de la Colonia que combinaban la cría de ganado vacuno y caprino con el cultivo del maíz. Y por otro lado, comienza a expandirse el cultivo de la vid bajo el impulso de las provincias vecinas. De esto nos hablaba Bialet Massé: "su porvenir está en entrar en la industria vini-vitícola, como sus hermanas de Cuyo, a las que llevará la gran ventaja de 356 y 513 kilómetros respectivamente, para los mercados del Litoral y está inmediata a los del sur de Córdoba".[26]

San Luis ofrecía entonces un paisaje serrano humanizado al estilo castellano, cuyo patrón de asentamiento respondió no sólo al aprovechamiento económico y de las fronteras naturales de los valles. Como ya señalamos, la conquista del Desierto intentará abrir la provincia al Litoral, incorporando el sur provincial a la avasalladora dinámica económica agroexportadora:

---

[23] *Segundo Censo Nacional...* Tomo III Censos complementarios. Buenos Aires, 1898: p. 102.
[24] *Segundo Censo Nacional...* Tomo III... , pp. 114, 126, 138, 150, 158.
[25] Ibid., p. 161.
[26] Juan Bialet Massé, *Informe sobre el estado...*, p. 551.

Muchos lustros debieron transcurrir para que la capital fuera realmente un centro administrativo, social, económico y político, de atracción. De ahí lo extraordinario de esta gesta cumplida día tras día por los moradores de San Luis de Loyola. Entretanto la campaña es la rica, y es la fuerte; el ruralismo casi invisible por cuanto se encastilló, disimulándose perfectamente en las quebradas y valles de nuestras sierras en sus dos cordones principales, es el dominante.[27]

La provincia continuará enarbolando su carácter netamente rural, a pesar de la reestructuración que se opera a partir de 1880. El proceso de despoblación de la zona rural no provoca necesariamente un crecimiento de sus centros urbanos. Villa Mercedes puede recibir parte de este grupo, pero en general los puntanos buscarán horizontes bonaerenses o pampeanos, hacia el sur, o hacia las otras provincias cuyanas, al oeste. En el imaginario, una campaña autosuficiente:

¿Qué hogar de aquéllos necesitó comprar: la grasa, el pan, los dulces, la carne, las frutas, el charqui, el queso, la leche, la miel, la manteca, las hortalizas, los cereales, el vino, el almidón, las telas para vestir y para ropa de cama, las velas, la suela, los cueros y las pieles, los remedios que les proporcionaba la abundantísima y hoy ignorada farmacopea vegetal; los recipientes indispensables de arcilla, de madera o de cuero crudo dobado, como tinajas, cacharros, pucheros, ollas, potes, cajas, fuentes, platos, petacas, odres, árganas, alforjas, noques, los aperos completos, desde el recado y las caronas hasta el sobrepuesto, los muebles, el hilo, los clavos que eran de madera, las tintas para teñir; las maderas de construcción, abundantísimas, resistentes y bellas, la piedra para murar, los adobes, la paja, etc., etc.?[28]

El tradicionalismo reclamaría al progreso urbano haber destruido lo esencialmente puntano, su tradición castellana, provocando el despoblamiento de la zona rural. Este progreso, expresa, va unido al clientelismo político y al poder de la burocracia reflejados en la dominación que San Luis de Loyola va a ejercer sobre la campaña.

Por el contrario, Bialet Massé entiende el progreso provincial desde la ponderación de los flujos mercantiles. Compara el mercado capitalino con el de Río Cuarto, "aunque menos provisto". Describe Villa Mercedes como "una población de gran comercio, en la que hay talleres al modo de Río Cuarto", en tanto, que al referirse al resto de los núcleos urbanos sostiene: "Por lo que hace a la Toma, San Francisco, San José del Morro y demás centros poblados de San Luis, son poblaciones en estado rudimentario, que recuerdan las de La Rioja y Catamarca".[29]

Con el despoblamiento rural, San Luis perdió vigor económico y muchos de los pequeños núcleos de campaña comenzaron a decaer. El cambio del eje de poblamiento de norte a sur y la aparición del ferrocarril produjeron el surgimiento de nuevos centros

---

[27] Víctor Saá, *La psicología...*, p. 41.
[28] *Ibid.*, p. 39.
[29] Juan Bialet Massé, *Informe sobre el estado...*, pp. 551-552.

urbanos, desfavoreciendo a otros de antigua data. Españoles, italianos y franceses comenzaron a establecerse en la provincia. La presencia de franceses se vio reforzada debido a que el ramal del ferrocarril a La Toma, en sus orígenes de propiedad francesa, transportó contingentes de connacionales que decidían establecerse en San Luis.[30] Con el cambio de orientación poblacional, aparece Villa Mercedes, un pujante centro competidor de San Luis de Loyola:

> El ferrocarril dio un golpe de muerte a nuestras pequeñas industrias. Con el ferrocarril empieza la absorción de nuestro medio económico por la gran industria del litoral, y San Luis mira recién de frente hacia el Atlántico [...]. Podemos afirmar que el ferrocarril descuajó parcialmente el pasado. Fraga estancó y casi mató a Saladillo, Llerena mató a San José del Morro, Tilisarao estancó y casi despobló a Renca. Mercedes fue el canto de sirena que despobló a Pringles.[31]

Bialet Massé entendió como principal causa de la emigración puntana, la prolongada sequía que había azotado a la campaña de esta provincia durante buena parte de la segunda mitad del siglo XIX. Sin embargo, sabemos que desde la época colonial, el agua constituyó una dificultad para San Luis: "Desde la fundación de San Luis por el general D. Luis Jofré de Loaisa y Meneses en 1594, la provisión de abundante agua para nuestra capital ha constituido y constituye un serio problema de actualidad".[32]

Si bien San Luis no cuenta con grandes corrientes fluviales, posee innumerables arroyos que bajan de las serranías, y que los pobladores supieron aprovechar, creando canales de riego (acequias) e incluso represas en el sur provincial. La emigración obedeció más bien al cambio de era y a las configuraciones económicas que fundaron el Estado moderno nacional. Mientras los tiempos del Litoral eran tiempos de cambios vertiginosos, abiertos, cosmopolitas... el Interior vivía sobre las huellas que otrora lo llevaban al norte. Esto es lo que Sarmiento describió, con pesar, al reconocerle a Buenos Aires la posibilidad del cambio, frente a la inercia de un Interior negado a las transformaciones de la civilización.[33]

Campo-ciudad, emigración-inmigración fueron tensiones y dinámicas nacionales de las que San Luis no estuvo ajena. Vivió la transformación del país asumiendo el costo que éste significaba para sus formas tradicionales. La identidad puntana arrastra esta contradicción inflamada por una mirada nostálgica del pasado rural y conservador:

> El ruralismo puntano empero se resiste con ventaja. Es quizá actualmente, lo más auténticamente argentino que se conserva en el país, ofreciendo a la consideración de los

---

[30] *Ibid.*, p. 552.
[31] Víctor Saá, *La psicología...*, pp. 44-45.
[32] Víctor Saá, *La psicología...*, p. 14.
[33] Domingo F. Sarmiento, *Facundo...*, pp. 33-34.

estudiosos, un San Luis que podemos llamar de la tradición y otro San Luis con evidente contextura aluvional, de sedimentación apresurada. Montañés el primero, pampeano el segundo.[34]

El pensamiento del intelectual puntano se identificó con las ideas conservadoras, católicas e hispanistas. Saá fue representante de la clase tradicional puntana que asumió la tarea de reivindicar una forma de ser: "serrana", "vallista", "montañesa". Sus raíces, en lo más rancio de la sociedad colonial, antiliberales y xenofóbicas.[35]

Fue el acusador de Sarmiento condenado por las tres características puntanas que arroja su lectura del *Facundo*: la asociación de la fe y el juego, a través del relato sobre la piedad del estanciero puntano,[36] la falta de escuelas y el dominio absoluto de la campaña sobre la ciudad.[37] Así lo denuncia:

> y con este propósito arrasa hasta con los accidentes topográficos más significativos, allana el sistema orográfico del centro y ve al puntano como un pastor bíblico, como un arriero, como un gaucho de la llanura bonaerense y no como aquello que fue –que es el caso de Mendoza y San Juan– como un montañés, de puro origen castellano, de cultura rudimentaria, dedicado a cultivar las tierras de su heredad secular y a industrializar, dentro de sus posibilidades, toda la materia prima que tuvo a su alrededor.[38]

Al revisar las obras de Álvarez, García (h.), Bunge e Ingenieros, Saá intentaría un cuestionamiento del método, de la extrapolación de teorías que "asfixian la historia argentina". Acusa a estos autores de hispanófobos guiados por ideas liberales afrancesadas, que no logran ver la obra de los conquistadores en América, imponiendo una "Leyenda Negra" y oscureciendo la identidad hispanoamericana.[39]

Saá se confiesa militante católico, hombre de fe que reniega de un racionalismo "caduco" opuesto a la religión y que busca imponer el protestantismo anglosajón como base del desarrollo económico. La visión del puntano queda así resumida:

---

[34] Víctor Saá, *La psicología...*, p. 44.
[35] Dirá de las colonias de inmigrantes: "Con el comienzo del presente siglo se inicia el injerto de colonias italianas, sirias y españolas de baja calidad. Llega la resaca humana; llegan los aluviones de miserables sedientos de oro y trabajadores por necesidad –carentes de todo ideal nacional y racial– constituyen con la crisis espiritual que han provocado en el medio social, el problema más serio de la argentinidad [...]. No obstante lo cual, en nuestro medio, el inmigrante no preocupa aún como cantidad ni como pensamiento. Es fácilmente dominado y absorbido. Esto ha salvado nuestro espíritu nacional, tan claramente argentino como el día de la emancipación". Víctor Saá, *La psicología...*, p. 44.
[36] Domingo F. Sarmiento, *Facundo...*, p. 41.
[37] *Ibid.*, pp. 82- 85.
[38] Víctor Saá, *La psicología...*, p. 46; Domingo Sarmiento, *Facundo...*, pp. 29-30.
[39] Víctor Saá, *La psicología...*, pp. 41-59.

Porque Alberdi y Sarmiento hablaron del futuro (políticamente), ¿debemos considerar la tradición argentina como una perspectiva hacia lo desconocido, que es tanto como mirar hacia lo indefinido? [...] El cosmopolitismo babélico posterior a 1880 no puede erigir su criterio en tradición nacional. Siempre resultará incongruente y absurdo el propósito de magnificar la lozanía de un árbol sin raíz [...].[40]

Y sobre las teorías sociologistas descarga toda su furia contra el método:

confiando demasiado en las teorías, en las hipótesis y, como consecuencia, han generalizado imprudentemente [...]. El aspecto negativo de esta cuestión reúne a los escritores argentinos en dos grandes grupos: primero, aquellos que conociendo profundamente el medio y la raza han desconocido y combatido en forma hiriente, apasionada y parcial, la raíz espiritualista, netamente hispana, de nuestro pueblo; tales Sarmiento y A. Álvarez. Segundo, aquellos que conociendo someramente y desconociendo el medio y la raza han juzgado a nuestro pueblo aplicándole un cartabón europeo, de riguroso corte positivista, de acentuado tono liberal, de envenenado tinte escéptico, cuando no de una marcada tendencia marxista.[41]

Esta impronta pastoril y patriarcal de la identidad puntana ha sido relativamente dominada. La historiografía se ha sacudido, con dificultad, el polvo ideológico y sesgado de una visión elitista y ciertamente parcial. San Luis ha sido parte del proyecto modernizador y éste se ha sostenido en un modelo de desarrollo que privilegió la ciudad, la comunidad letrada y los desarrollos mercantiles de un capitalismo primitivo. Es en su anclaje político donde la versión conservadora se hace consistente. Pero ésta no es toda la historia regional, ni mucho menos. En la construcción de las imágenes del universo puntano han intervernido otros relatos, tanto o más poderosos frente a la vida de la comunidad. Veamos uno de estos otros itinerarios tan local como universal.

---

[40] Víctor Saá, *La psicología...*, p. 64.
[41] *Ibid.*, p. 83.

Cien años de imágenes

> No contestó, por tener la mano derecha
> ocupada con la bolsa de la cámara, los lentes
> y demás accesorios, y la izquierda,
> con la valija de la ropa.
>
> Adolfo Bioy Casares
> *La aventura del un fotógrafo en La Plata*

La Gran Exhibición de Londres de 1851 marcó el apogeo del daguerrotipo. Con el arribo del *collodion* en 1851 (solución de algodón pólvora o nitrocelulosa en éter y alcohol, a la que se añadía un yoduro alcalino o metálico), la fotografía se estableció como un medio para capturar todas las expresiones de la actividad humana en la industria, la justicia, la ciencia, y la familia, entre otras.[42]

Los avances tecnológicos garantizaron la madurez de un medio que lentamente fue reemplazando otras técnicas de reproducción de la imagen. Desde la fotografía, testimonio, documento y evidencia producida por esa furia objetivista de un proceso mecánico irrefutable y descarnado. La fotografía de la arquitectura de las grandes ciudades, y en especial de sus monumentos históricos, parece haber sido el campo preferido de los primeros actos de reconocimiento cámara en mano. Su capacidad de descripción topográfica fue rápidamente puesta a prueba en serios asuntos militares como la Guerra de Crimea (1854-56) y la Guerra Civil en los Estados Unidos (1861-65). Para la década de 1880, la industria y en particular los ferrocarriles vieron en la fotografía un medio de promoción y publicidad de enorme alcance popular. Y en el campo de la ciencia, la anatomía y la psiquiatría organizaron inmejorables condiciones de documentación y divulgación de estructuras y patologías por entonces en estado de comprobación. Una auténtica iconografía humana.

Con el advenimiento de la fotografía en papel emergieron sociedades profesionales en todo el mundo, una tendencia que favorecía el itinerario artístico del medio. Entre las primeras, el *Photographic Exchange Club* de Londres en 1850, y la *Société héliographique* establecida en 1851 en París, y luego transformada en la revoltosa *Société francaise de photographie* en 1854. Fueron estas instituciones las que inventaron la ciencia-arte fotográfica, promovieron las primeras exhibiciones y editaron los pioneros *Photographic Journal* y *La Lumière*.[43]

No pasó mucho tiempo para los primeros intentos etnográficos. Así aparecieron las primeras colecciones de fotografías de 'tipos' étnicos, compiladas en los viajes de exploración y en las expediciones coloniales de fines del siglo XIX. Tal vez el primer

---

[42] Quentin Bajac, *The Invention of Photography* (Londres, Thames & Hudson, 2002): p. 71.
[43] Pude observar este recorrido en la inteligente muestra "The Perfect Medium: Photography and the Occult Exhibition". The Metropolitan Museum of Art. Nueva York, septiembre-octubre de 2005.

producto de tales aplicaciones fue la colección de John Thompson, *Illustration of China and its People* (1873).

La dimensión artística de la fotografía se fue realizando en torno a las técnicas del retrato, una corriente que la denunciaba como una idealización de la naturaleza. Además, los transportes y el turismo le fueron abriendo un lugar particular en la furia excursionista de fines del siglo XIX. Pero el gran desprendimiento del arte fotográfico se lograría con la utilización de las fotografías en las ilustraciones de los periódicos de difusión masiva: el fotoperiodismo.

La inflación de las imágenes, la internacionalización de los contactos periodísticos y artísticos y el auge de la competencia en el medio alentaron la piratería y las vanidades. Distintas protecciones legales de autor proliferaron en Europa, con relativo acatamiento. Así, a mediados de la década de 1870 la práctica fotográfica había alcanzado cierta madurez, un campo profesional resguardado e itinerarios sociales más o menos definidos. Casi todo en orden hasta la invención de Kodak y la revolución del amateurismo.

Las fotografías, en la era de la reproductibilidad técnica, pudieron copiar una mayor cantidad de imágenes a partir de la introducción de nuevas técnicas fotográficas en la década de 1880, transformándose en una incipiente industria. El desarrollo del fotograbado permitía, a su vez, la reproducción masiva de las fotografías en la prensa, libros, postales, almanaques, publicidad. Las más populares: ciudades, ferrocarriles, obras de infraestructura e industrias, pulso de los estados nacionales modernos.

El caso argentino puede rastrearse hacia la década de 1840, con la llegada del daguerrotipo. Esta técnica de retratos, que sentó las bases de la fotografía moderna, se basaba en la utilización de una cámara que captaba las imágenes en una placa metálica. Algunos de los personajes notables del momento, testigos de este avance, fueron Juan Manuel de Rosas, Mariquita Sánchez de Thompson y Florencio Varela, un fanático del invento. Comenzaron a surgir, entonces, los profesionales del daguerrotipo, dedicados sobre todo a los retratos y los paisajes. Los nombres más importantes de la época eran Gregorio Ibarra, John Elliot, John Bennet y Thomas Helsby, quien anunciaba en su publicidad:

> Cajitas de un gusto moderno y mejor calidad que los que se han generalizado hasta ahora; idem imitando libros, dorados y forrados de terciopelo, de seda fina; también medallones, doblete de oro, fabricadas a propósito para la colocación de esta clase de retratos, siendo este por su variedad y estención el mejor existente en la ciudad, objetos que ha logrado conseguir a la satisfacción de sus amigos y del público, sin la necesidad de sublevarles el juicio con la ostentación de retratos sacados por otras personas o en otros países.[44]

Vimos que a principios de la década de 1860 surge la fotografía sobre papel (ambrotipo), ocupando el lugar del rápidamente obsoleto daguerrotipo. Altamente

---

[44] Sara Facio, *La fotografía en la Argentina desde 1840 hasta nuestros días* (Buenos Aires, La Azotea, 1995): p. 9.

festejada en los periódicos de la época, la alternativa del papel mejoraba la industria y los bolsillos de los primeros profesionales:

> El señor Artigue tiene el honor de avisar al público que saca retratos al ambrotypo con colores, quedando muy perfectos. Este nuevo sistema muy generalizado en Europa y Norteamérica reúne la perfección del electrotipo, sin tener el defecto de tener brillo pudiendo ver el retrato en toda posición. En cuanto a la fotografía sobre papel retocadas y pintadas en miniatura, el Sr. Artigue se propone poner a la disposición de cada uno.[45]

Del mismo modo, la modernización de los aparatos y técnicas permitieron la proliferación de la fotografía documental en el país. Varios fotógrafos extranjeros, interesados en retratar el mundo propio del interior del país, costumbres, vestimentas, viviendas de gauchos y aborígenes. El primer fotógrafo documentalista fue el italiano Benito Panuzzi (1819-1887), quien recorrió gran parte de Buenos Aires y La Pampa, siendo sus trabajos muy codiciados por coleccionistas e historiadores de entonces.

Hacia fines del siglo XIX comenzaron a surgir los fotógrafos argentinos, entre ellos Juan Camaña, Carlos Descalzo, Desiderio Aguilar, Saturnino Masoni, Antonio Aldanondo y Antonio Pozzo. Este último se perfiló como gran documentalista, e inaugurará una tendencia creciente a retratar momentos fulgurantes de la historia social y política argentina. Entre estos desarrollos me inclino por los desafíos etnográficos y la fotografía social, ciertamente heroicos hasta su ocaso en manos de la denominada industria cultural inaugurada en la década de 1950.

Sin duda, la obra fotográfica de Guido Boggiani dedicada a las tribus caduveo y chamacoco en las zonas del Gran Chaco y el Matto Grosso tuvo un impacto decisivo en la sensibilidad científico-etnográfica durante la misma etapa fundacional de la fotografía argentina, los comienzos del siglo XX. Cierta forma visionaria de definición social de aquellos 'otros', que la lente humanizaba, acercaba y encontraba. Una estética documental capaz de reconstruir identidades en la misma búsqueda de la modernidad.[46]

La antropología como nuevo discurso científico se lanzaba al registro de la alteridad ante los límites de la ciencia natural y de la mera expedición exploratoria en brindar descripciones más profundas sobre el territorio de los encuentros.[47] Para San Luis, el paso imborrable de Christiano Júnior.

---

[45] *Ibid.*, pp. 10-11.

[46] Véase mi trabajo "Subversive Anatomies: The work of Guido Boggiani and the stolen souls", presentado en el Taller de Antropología Visual que coordiné en colaboración con Joan Bestard. The University of Auckland, Auckland, NZ, 2003. Debo destacar también la excelente muestra que inspiró mi ensayo "Boggiani y El Chaco. Una aventura del siglo XIX". Museo de Arte Hispanoamericano, Isaac Fernández Blanco, Buenos Aires, 2002.

[47] Véase *Subversive Anatomies*...

Boggiani y El Chaco. Portada de la Exhibición.

José Christiano de Freitas Henriques Júnior, más conocido por su seudónimo artístico Christiano Júnior, nació en 1832 en las islas Azores, Portugal. Hacia 1862 ya lo encontramos instalado en Maceió (Alagoas), una pequeña ciudad atlántica. Dada la floreciente industria de la fotografía decide emigrar a Río de Janeiro, entusiasmado con los hobbies de Don Pedro II, un apasionado fotógrafo amateur y mecenas de sus seguidores con talento.

En Río logró hacerse una posición y administrar varios establecimientos muy frecuentados por la alta sociedad carioca. Son de esta época sus impresionantes y mundialmente conocidas fotografías sobre enfermos de elefantiasis y una serie de esclavos.

Luego de un paso efímero por Uruguay, llegó a Buenos Aires el 1º de diciembre de 1867. Ya en la ciudad inauguraba su estudio de la calle Florida 159.[48] Por allí desfilaron las grandes familias de la época; Sarmiento se retrató con la banda presidencial, inaugurando una costumbre que la ubicará como 'la Fotografía de los Presidentes', pero además Mansilla, Adolfo Alsina y Luis Saénz Peña, entre otros. Ya premiado y reconocido en Buenos Aires, *La Prensa* decía el 4 de febrero de 1875:

---

[48] "Un gran fotógrafo que acaba de llegar de Río de Janeiro ha abierto un gran taller en la calle Florida 159" anunciaba *La Tribuna* el 20 de octubre de 1867.

Retrato de Christiano Júnior.

Detalle del laboratorio ambulante de Christiano Júnior utilizado para trabajos en exteriores.
Negativo al colodión de 25,4 x 30,5 cm.

Talleres de Fotografía y Pintura de Christiano Júnior - Premiado en la Exposición Nacional de Córdoba con la primera medalla de oro y 150 pesos fuertes. Calle de la Florida 160 (para adultos). Artes 118 - Fotografía de la Infancia. Especialidad en retratos de criaturas. Casa en Río de Janeiro. Rua de Quitanda Nº 45. Retratos de cualquier tamaño en fotografía simple o colorida al óleo, pastel, aquarela, etc. Copias de cualquier retrato aumentadas hasta el natural. Retratos al óleo sobre lienzo. Retratos sobre porcelanas y esmaltes, trabajo que actualmente en Buenos Aires y Montevideo se hacen únicamente en nuestros establecimientos. Vistas de Buenos Aires y sus contornos, para cuadros, álbums y sus stereoscopos. Gran colección de retratos de los hombres célebres de esta República en dos tamaños. No hay en Buenos Aires establecimiento de este género que ocupe edificios tan vastos como los nuestros, ofreciendo al público confort, comodidades y distracción en sus salones y jardines. En el establecimiento de la calle Artes tenemos máquinas instantáneas que permiten sacar retratos de criaturas por más traviesas e inquietas que sean. Recibimos encargos de la campaña y la provincia para copiar retratos aumentados en fotografía al óleo, recibimos con el original las explicaciones precisas como edad, color de pelos, cara, ojos, barba, etc., y más designándonos la persona que nos debe abonar el importe al recibir el retrato, etc.

A comienzos de 1876 aparece su *Álbum de vistas y costumbres de la República Argentina*, sobre Buenos Aires, editado en cuatro idiomas y tapas con alegorías en bajo relieve. Como parte de su proyecto de fotografiar todo el país, Christiano Júnior se dedicó a documentar la región cuyana a través de su mirada alimentada por un pensamiento modernista que necesitaba inmortalizar el paso del progreso.

A los 46 años y ya consagrado, emprendió la tarea de documentar toda la Argentina en fotografías, a un tomo por provincia; decidió vender su atelier de la calle Florida a un viejo conocido, el fotógrafo inglés Alejandro S. Witcomb, y su socio Roberto Mackern. La operación se concretó en 1878 e incluía el fondo de comercio o sea, entre otros ítems, el fabuloso archivo de negativos, con miles y miles de retratos y las preciosas vistas de la provincia de Buenos Aires; extraordinario archivo que pasaba al haber de la nueva marca Witcomb, hoy en el Archivo General de la Nación.[49]

Podemos afirmar que Christiano tuvo un conocimiento acabado de los trabajos de los pintores de comienzos de siglo. Sus composiciones entablaron un diálogo fecundo con otros brasileñistas como Jean-Baptiste Debret y nuestro conocido Johan Moritz Rugendas. Su mirada efectivamente se reorientó en Buenos Aires. De los retratos a la Sociedad Rural, y desde allí a las vistas y a los tipos populares de toda la nación. Una verdadera peregrinación lo esperaba: Rosario, Córdoba, Río Cuarto, Mendoza, San Juan, San Luis, Catamarca, Tucumán, Salta y Jujuy. Va llegando anunciado por avisos de publicidad. Se va asociando con fotógrafos locales, dicta clases ayudado por uno de sus hijos y nunca descuida las vistas.[50] Christiano Júnior encerraba en aquel carromato tirado por caballo, su laboratorio ambulante necesario para las difíciles vistas urbanas y rurales. Con ellos llega a Cuyo en 1880. ¿Qué escenarios encontraría?

Fotografia y pintura. Aviso del taller de la calle Florida 159.
Anuncio del arribo de Christiano a Buenos Aires.

---

[49] Seguimos parte del texto de Abel Alexander, *Christiano Júnior en Quilmes* (San Miguel/Buenos Aires, Sociedad Iberoamericana de Historia de la Fotografía, 2004).

[50] Alexander Abel y Luis Príamo, "Recordando a Christiano" en *Un país en transición. Fotografías de Buenos Aires, Cuyo y el Noroeste, Christiano Júnior 1867-1883* (Buenos Aires, Fundación Antorchas, 2002): p. 32 y ss.

CAPÍTULO VI • 183

FOTOGRAFIA
DE
JUNIOR Y LECOG
LAPRIDA N. 100

Dentro de pocos dias se pondrá al servicio del público esta casa, montada á la altura de Buenos Aires

Los muchos años de trabajos que nos han hecho conocidos y acreedores a la estimacion pública, nos hace abrir un estudio digno de este pueblo. Nuestro socio Sr Lecog, habiendo dejado el comercio que durante un año ejerció en esta plaza, hoy va á continuar su profesión que ejercia bajo tan buenos auspicios en Buenos Aires

Núm· 467—2 Mayo

Fotografía. *El Orden*, Tucumán.

Vistas y costumbres de la República Argentina publicadas por Christiano Júnior.

Al menos dos. Uno rural, de transformaciones económicas, sociales y ecológicas, y otro urbano, intenso y diversificado. Postales tan distantes de algunos de los relatos de la historia local. El despliegue de una lente vencedora de prejuicios. Las ciudades pastoras que Sarmiento aborrecía eran ya un recuerdo. Los oasis de riego habían transformado el paisaje agrario de la región y el ánimo de su burguesía, dispuesta a invertir en sus ciudades y embellecerlas. La antigua producción de vinos y aguardientes tan colonial como vetusta dio paso al mercado del engorde de ganado. La libertad comercial y las laderas andinas ofrecían ganancias. El ganado en pie llevado al mercado chileno combinaba a la perfección con sus trigales listos para ser exportados por el Pacífico.[51]

Las producciones de alfalfa y de trigo se procesaban en molinos hidráulicos de la ciudad y las zonas rurales. Las harinas se enviaban a pueblos del Litoral e incluso alcanzaban la misma ciudad de Rosario. Sin embargo, desde mediados de la década de 1870, la avalancha de trigo de la pampa gringa desmoronó el itinerario de las harinas cuyanas hacia el este y la elite cuyana se volcó a la producción vitivinícola aprovechando ventajas impositivas y los rieles del ferrocarril que reducían el costo de los fletes y movilizaban con rapidez los caldos hacia los centros de consumo.

El segundo cuadro que Júnior apreciaría era sin duda la reconstrucción de la ciudad de Mendoza, sacudida por el terremoto de 1861 y la configuración de dos ciudades, una antigua, colonial y bucólica, y la nueva de calles anchas, plazas arboladas y cierta energía urbana (la forma regional del progreso).

Chistiano se instaló en Mendoza en marzo de 1880, luego de trabajar en Río Cuarto. El plan de viaje fue organizado por el tendido ferroviario. El Central Argentino lo llevó a Villa María, donde transbordó al Ferrocarril Andino cuya punta de rieles era la ciudad de San Luis. Y desde allí, en carreta hasta Mendoza. Ubicó su taller en la casa de José María Videla en la calle San Nicolás. Ni bien abierto el estudio, su primera decepción: su ayudante de todo el peregrinaje, Benito Cerruti, lo abandonó para asociarse con otro fotógrafo local. La fuerza del mercado se hacía sentir.[52] Superado el disgusto, así se presentaba en sociedad:

> Las personas que se interesen en comprar una colección perfecta de costumbre del país y vistas de las ruinas, plaza, alameda y otros puntos, como El Challao, Lagunita, etc., pueden recurrir a la Fotografía de Christiano Júnior.[53]

---

[51] Beatriz Bragoni y Richard Jorba, "Acerca de la complejidad de la producción mercantil en Mendoza en el siglo XIX" en Jorge Gelman, Juan Carlos Garavaglia y Beatriz Zeberio (comps.), *Expansión capitalista y transformaciones regionales. Relaciones sociales y empresas agrarias en la Argentina del siglo XIX* (Buenos Aires, La Colmena-IEHS, 1999): pp. 201-246.

[52] Abel Alexander, "El gran fotógrafo Christiano Júnior en Mendoza" en *Memoria del segundo congreso de historia de la fotografía* (Buenos Aires, 1994): pp. 41-48.

[53] *El Constitucional*, 13 de julio de 1880.

Viaja a San Juan a fines del año 1880. Preparaba por entonces su primera expedición fotográfica a la cordillera. 25 de marzo de 1881, salen por el camino de Uspallata seis mulas cargadas con vajilla y alimentos, camas, cates, dos carpas y una cámara fotográfica. Puente del Inca, diez días eligiendo vistas y reflexionando sobre la empresa visual que emprendía (el conocimiento etnográfico, su interpretación y sus representaciones) y las ventajas que al efecto tenía su espíritu nómade. Subiendo al paramillo de Las Cuevas lo sorprende una tormenta de nieve que lo mantuvo quieto por cuatro días. 28 de abril, el regreso a Mendoza, mudanza de su estudio y la decisión de emigrar nuevamente a fines de 1881.

De regreso, camino a Rosario, aparece publicado en San Luis: "De paso para el Rosario, me demoraré en esta ciudad quince días y otros tantos en Villa Mercedes".[54] Sólo entendemos esta autopromoción por su convicción acerca de la importancia de la comunicación visual en la construcción de las identidades regionales y en el aprecio de cada gesto del progreso. Una verdadera antropología visual tributaria de su sensibilidad por este sistema representacional de lo humano en el proceso modernizador. Una atención cada vez más obsesiva en los cuerpos, las formas arquitectónicas, el arte y la cultura material con la intención de lograr la objetivación de los procesos sociales y culturales en sus formas y performances. Y al mismo tiempo un convencimiento de formar parte de la fundación de una nueva materialidad de las imágenes en el proceso aún potencial de configuración de una cultura visual.[55]

En San Luis estuvo de paso, como siempre en cada lugar. Instaló su taller en el hotel Unión, más precisamente en la "últimas piezas del lado sur".[56] Ya con las vistas de Cuyo prolijamente acomodadas en sus valijas, sigue rumbo a Rosario con destino a Buenos Aires donde participa de la exposición continental de marzo de 1882. Júnior seguirá viajando, alternando la fotografía que abandona oficialmente en 1883 y la vinicultura, hasta su propia muerte, ocurrida en Asunción del Paraguay el 19 de noviembre de 1902.

Fue un experto en el colodión húmedo, que sería desplazado en 1880 por la placa seca. Él mismo preparaba artesanalmente los negativos de vidrio, extendiendo sobre la placa limpia una capa fina y lisa de colodión. Sumergidos entonces en nitrato de plata, formaba el yoduro de plata, altamente sensible a la luz. Aún húmedos, los colocaba en la cámara para exponer la fotografía, la que revelaba de inmediato en la oscuridad del laboratoio, ese carromato ambulante tan pintoresco y fantástico que paseaba en sus itinerarios.

Entre todas las imágenes, la del puente del río Quinto, en la provincia de San Luis, es tal vez la más elocuente de este entramado cultural que venimos relatando. Un proceso tan propio de las formas de representación que adquirió la modernidad en la Argentina, como objetivación de sentido del progreso nacional. Esta política visual operó al menos en dos niveles. El primero es el que suscribe la necesidad de la

---

[54] *El Oasis*, 23 de octubre de 1881.
[55] Los debates y ensayos más interesantes de este campo pueden encontrarse en la revista académica *Visual Anthropology Review*.
[56] *El Oasis*, 15 de enero de 1882.

presentación de imágenes en serie, sugiriendo un conjunto organizado y estetizado en una progresión que es al mismo tiempo una unidad. En este nivel, la secuencia de Cuyo se realiza en la albúmina del puente en los diferentes tránsitos que propone la imagen: el del propio río, el del puente ferroviario y el que va de la naturaleza al trabajo. Es un recorrido casi minimalista instalado en uno mayor, el de sus viajes y el de las imágenes capturadas que propondrán una identidad nacional moderna y federal.

El segundo nivel se refiere al relato del progreso civilizatorio, tal vez el dominio más elusivo de la articulación entre la visualidad y la estética. Aquí la estructura del puente se ubica como resultado de una ideología racional y una conciencia estética que la registra. El trabajo (los obreros) se somete así a la grandiosidad (el puente) de una empresa que avanza inexorablemente. Para ambas dimensiones opera como marco una política visual que Júnior ofrece yuxtaponiendo la tecnología que él domina con virtuosismo y el ojo optimista de un positivismo reinante. La tecnología le otorga la posibilidad de la graduación tonal, el énfasis en los contrastes y la capacidad de enunciación de los detalles frente al panorama. Su mirada inyecta no solamente la visión de un tiempo histórico, sino todo el humanismo posible en la iniciación de una fotografía social (recorrido que fue desde sus retratos de esclavos a los tipos populares hasta imponerse finalmente los conjuntos humanos) plenamente artística y de vanguardia.

Con la fotografía la 'realidad' distante se convirtió en saberes y espectáculo.[57] Así, los lectores, cada vez más numerosos, también se hacen espectadores. La explosión de los medios gráficos que acompañó y garantizó mejores estándares de ciudadanía, rápidamente incluyó entre sus contratados a los fotoperiodistas. Se suponía que la fotografía era el golpe de gracia a las ignorancias provincianas y la ilustración más objetiva del paso de la historia. La invitación al conocimiento visual, siempre accesible, imperecedero y sobre todo, contundente. En el país, pero principalmente en Buenos Aires, comienza a surgir en los albores del siglo XX un periodismo gráfico de mayor envergadura. Si bien en esa época los periódicos casi no llevaban ilustraciones, pronto comenzarían a incluirlas, en particular dibujos, y en la medida en que proliferaban los aparatos fotográficos, las imágenes empezaron a ser parte importante de la demanda de la comunidad de lectores. Tiro de gracia para el lenguaje tradicional de la fotografía con escenografías de cartón piedra, la creación de un espacio pictórico propio donde dominan la luz y el movimiento.

San Luis recibe en el año 1876 la primera cámara fotográfica, al inaugurarse también la primera casa dedicada a los retratos. Uno tras otro los estudios irán poblando la ciudad capital:

Y en 1911, en el diario "La Reforma" el 2 de septiembre, publicita por primera vez don José La Vía su estudio fotográfico señalando: "Estudios fotográficos y artísticos don José La Vía Colón 850, frente al mercado".[58]

---

[57] Parte de estos argumentos proceden de Susan Sontag, *Regarding the Pain of Others* (Nueva York, Farrar, Straus & Giroux, 2003).
[58] En 1876, Amador Bustos inauguraba la primera casa fotográfica de la ciudad en la residencia de

Fotografía de la provincia de San Luis. Construcción del puente sobre el río Quinto en la línea del Ferrocarril Andino, 1881. Albúmina sobre cartón, 205 mm x 260 mm.

Los fotógrafos de prensa o reporteros gráficos comenzaron a circular por las redacciones de los periódicos. Entre los pioneros el cordobés Antonio Novello, corresponsal del *El País* y *La Tribuna*, y el ícono de *La Voz del Interior*, Juan Di Sandro, fotógrafo del diario *La Nación*, y Joaquín Chiavazza quien trabajó en Rosario. Fue *Caras y Caretas* la primera publicación que incluyó la fotografía tanto en las notas como en las publicidades. Esta revista había nacido moderna desde su primer número en octubre de 1898. En ella trabajaron los primeros reporteros gráficos que inundaban las

---

Faustino Berrondo de la calle Congreso (Colegio Nacional y hoy San Martín). Raquel Weinstock y Mariela Quiroga Gil, *Memoria gráfica por José La Vía* (San Luis, Editorial Universitaria, 1990): p. s/n.

informaciones y en particular las europeas, muy atractivas para los inmigrantes suscriptos. Las fotografías se reproducían en dibujos con pluma que se imprimían litográficamente. El *halfthone* (clisés de plomo) permitió algunos años después que las fotos fueron copiadas a planchas de grabado e impresas mecánicamente.

En el panteón de los fotógrafos importantes de la época, sin duda José La Vía les quita exclusividad a las tres ciudades más importantes del país, y coloca a San Luis en el mismísimo origen del género. Fue corresponsal de diarios y revistas de Buenos Aires y reportero gráfico ocasional y excepcional en distintos medios. Claro, aun la fotografía de autor, sólo tendría su apogeo en la década de 1950, y los reporteros gráficos fueron en muchos casos asistentes de los periodistas, por cierto, plumas muy destacadas y valoradas. La Vía nació en Catania el 25 de noviembre de 1888 y llegó a San Luis en 1894. Su trabajo documenta más de sesenta años de historia puntana, desde la obtención de su carné profesional como reportero de la revista *PBT*. Por su objetivo pasaron lugares, ceremonias, costumbres, gente del común y hasta personalidades como Umberto de Saboya, el príncipe de Gales y los políticos argentinos Juan B. Justo, Lisandro de la Torre, Juan Domingo Perón y Eva Duarte.[59]

Su pasión documentalista por San Luis se reflejaba en sus colaboraciones a la publicación semanal *El diario de la República*. Muy temprano, en 1905, bajo la gobernación de Benigno Rodríguez Jurado, ya trabaja para *PBT* y *Caras y Caretas*. También tuvo una pasantía en el diario *La Prensa*, que lo retuvo en Buenos Aires por algún tiempo. Además fue corresponsal de *La Nación*, *El Mundo*, *Noticias Gráficas*, *Ahora*, *El Hogar* y *Atlántida*.

Entre sus primeros trabajos, aparecen las fotografías de la inauguración de la escuela Bartolomé Mitre (después, Juan Crisóstomo Lafinur), todo un símbolo de su afán documentalista. Mientras recibía la acreditación como reportero de numerosos diarios y revistas de la provincia y de otras ciudades del país, en 1911 habilitó su estudio fotográfico y artístico "Caras y Caretas" en la calle Colón 850, frente al Mercado Central (hoy Paseo del Padre).[60]

La Vía fotografió para varios medios la asunción presidencial de Hipólito Yrigoyen en 1916. En 1925, trabajando para *La Prensa*, su trabajo mostraba el gran incendio de los tanques de petróleo de la Isla Maciel. Un año después, el 10 de febrero de 1926, acuatizaba frente al puerto de Buenos Aires el hidroavión "Plus Ultra" finalizando el famoso raid desde España; *La Prensa* se anticipó a todos los medios enviando a Montevideo a uno de sus reporteros estrella, no otro que don José La Vía, que se convirtió así en el primer reportero rioplatense.

Fue además fotógrafo oficial del Congreso Eucarístico, realizado en 1934, y su cámara registró en 1945 la llegada del coronel Juan Domingo Perón y Eva Duarte, en gira proselitista. En 1950 fue considerado "Decano de los Fotógrafos Argentinos".

---

[59] *Arte de Cuyo* (Buenos Aires, Centro Cultural Recoleta/Museo Sívori, 1999): p. 128.
[60] El diario *La Reforma* del 2 de septiembre de 1911 publicaba el siguiente aviso: "Estudios fotográficos y artísticos don José La Vía, Colón 850, frente al Mercado".

Familia en día de descanso, 1941. El Trapiche, San Luis. Argentina.

Se acompañó durante casi toda su carrera con una Gaumont "Speedo" (hasta que en 1965 se agotaron las existencias de placas de 9x12) y un flash de polvo de magnesio. Aun así, es posible que haya superado los 100.000 negativos sobre vidrio a lo largo de su trayectoria.[61] Sigamos los comentarios de uno de los conocedores de su obra:

> La Vía se inicia hacia 1905 con una cámara obtenida a través de juntar marquillas de cigarrillos Centenario (tal vez en 1904). Fue progresando de tal modo que los álbumes impresos con motivo de los festejos del centenario, en 1910, que usted puede ver en el MHN, ya tienen fotos de La Vía en la sección correspondiente a San Luis. Creo que son dos los álbumes, uno editado por Peuser y el otro no recuerdo.
> Por esos años La Vía se convierte en corresponsal de *Caras y Caretas* ya que en el número de 1911 (creo que noviembre, puede ver esa colección en el museo de la Ciudad) le publican unas fotos de la estación de tren nueva, inaugurada en 1913. Ya existía otra de la década del 80 cuando llega la punta de rieles, hoy lamentablemente demolida.

---

[61] El Archivo Histórico Provincial ha conservado unas 17.000 placas. Parte de la colección también fue cuidada por la Universidad Nacional de San Luis. Tuve oportunidad hace algunos años, de ver parte de su obra en la muestra: "José La Vía. Fotografías". FotoEspacio. Galería de Fotografía Permanente del Centro Cultural Recoleta. Buenos Aires, 6/9 al 2/10 de 1990.

Hacia 1930 las revistas ya recargaban las actividades de la 'alta sociedad' con fotografías de autor. La Vía colaboraba intermitentemente con *El Hogar*.

Por esa época, en San Luis había fotógrafos, Lencinas Conil entre otros, así que no descarto que haya aprendido los rudimentos de la fotografía de alguno de ellos. Pasados algunos años viaja a Buenos Aires para trabajar en el diario La Prensa donde le facilitan una Gaumont Speedo, modelo de 1912, formato 9x12, que conservó hasta el fin de sus días y que usó hasta que ya no se consiguieron placas, hacia 1960.

Como fotógrafo en la ciudad, La Vía ejerció todas las facetas: fotógrafo de los actos de gobierno, de la policía, de los acontecimientos sociales (bailes, casamientos, procesiones religiosas) de los avances de la provincia (obras públicas), retratos familiares en el campo, retratos de moribundos en el hospital, retratos matrimoniales junto a una victrola, junto a una radio tipo capilla, bajo una parra centenaria, junto a un rosal descomunal. También acompañó a un tío mío en sus excursiones de investigación "Historia y Geografía de San Luis" en una colaboración que se prolongó desde 1912 o 13, hasta la muerte de Juan Wenceslao Gez (1865-1932), continuando luego con su hija Estela.

Para decirlo en forma sencilla, si usted quiere hablar de la historia de San Luis desde 1910 hasta 1955, la obra de La Vía es imprescindible y la única que se conserva. Si bien trabajó hasta que murió en 1975, en sus últimos años sólo era apreciado por la gente mayor. Por supuesto una injusticia que todavía lloramos.[62]

Caras y Caretas había sido la primera publicación que utilizó la fotografía para ilustrar sus artículos y para el acompañamiento de las publicidades, desplazando al dibujo con pluma. Las fotos se reducían y eran procesadas litográficamente. A fines de la década de 1890 comenzaron a copiarse directamente en planchas de grabado e impresas mecánicamente.

Entre los reporteros gráficos, La Vía fue en realidad un corresponsal ocasional, en un medio gráfico que determinaba que los fotógrafos funcionaran como asistentes de los periodistas o ilustradores de columnas.[63] Pionero en la actividad fotográfica en San Luis, su campo de trabajo era vasto y diverso, ante la inexistencia de otros fotógrafos.[64] Se trataba de un verdadero autodidacta. Cubrió todo el imaginario ritual de la vida social puntana. Eventos políticos, culturales, desfiles, actos escolares, carnavales. La

---

[62] Fragmento de la entrevista realizada con Hugo Gez por mi equipo de Historia Regional. San Luis/Buenos Aires, 2005.

[63] Según Hugo Gez: "En cuanto al fondo La Vía, una parte está en poder del archivo provincial y en el cual realizamos un conteo en 1987 junto a Luis Priamo dando unos 17.000 negativos (casi todos de vidrio). Lamentablemente esa parte de la colección ha sido muy maltratada e incluso expoliada por parte de autoridades provinciales de máximo nivel y las noticias que me llegan es que hay menos de la mitad de aquella cifra contada hace 18 años. La otra parte, también muy importante, se encuentra a la espera de la compra de una computadora capaz de escanear otros 17.000 negativos para ponerlos a la consulta". Entrevista citada.

[64] Seguimos aquí los comentarios hechos por José Luis Rezzano (físico, fotógrafo autodidacta y colaborador de la ONG Pircas en la recuperación y conservación de la obra gráfica de José La Vía). Entrevista realizada por mi Equipo de Historia Regional. Buenos Aires, 2005.

192 • CUYO. ENTRE EL ATLÁNTICO Y EL PACÍFICO

Sequía y reparto de agua.

Los glamorosos tiempos de Adolfo Rodríguez Saá,
'El Pampa', durante su gobierno (1909-1913).

fidelidad a los cuadros costumbristas determinó que sus encuadres y ángulos de toma respondiesen a los criterios compositivos tradicionales, sin olvidarnos de que la fotografía estaba condicionada además por las limitaciones técnicas del momento, la poca sensibilidad de la película, el flash de magnesio y los tiempos de exposición altos. Además desde el punto de vista técnico puede hablarse de cierto descuido. En sus negativos se observan subexposiciones y sobreexposiciones, encuadres un tanto desprolijos, corregidos posiblemente en las copias.

Sin embargo, la obra de La Vía se distingue por sobre otras en una dimensión: el registro y retrato de la vida cotidiana. Conmovedoras imágenes de vendedores callejeros, puestos del mercado, campesinos vendiendo sus productos. Registros sin pretensiones estetizantes. La ciudad y el interior de la provincia fueron retratados en una composición regional invalorable para la memoria colectiva nacional. Es la ciudad de planos coloniales, de calles y veredas angostas, de templos dominantes. Es la provincia de gobiernos feudales, de furiosos personalismos. Es la región de culturas encorsetadas por el poder y ricas en tradiciones populares. Entre la pompa y las formalidades, el San Luis cotidiano que La Vía honró.

A fines del siglo XIX, un movimiento cultural pretendió investigar en el pasado inmediato y registrar su impacto en la vida de los pueblos, un deseo por registrar los modos de vida de grupos sociales. La etnografía y la incipiente antropología inspiraban las miradas que, dirigidas hacia las tradiciones y los hábitos, servían como postales modelo. Las fotografías de La Vía se inscriben en este clima de época, abonado por la explosión de una comunidad de lectores, la prensa y el nacimiento de una opinión pública moderna. Pese a ciertas dificultades formales, el proyecto La Vía combina documentalismo y un pictorialismo ingenuo en su vocación por una función social de la fotografía.

Geometría de luces y sombras en la búsqueda de escenas de ese colectivo humano del que él formaba parte. Sus cuadros sociales fueron su principal objetivo, no ya como escenas aisladas o costumbristas, sino como una valoración de su tiempo cultural. El público puntano acompañaba el desafío, viéndose representado en esas composiciones simplonas, de tanto color local y a la vez universales, y las imágenes de mujeres en actividad fueron otra nota destacada de su lente. La Vía extrema esa convicción por una 'objetividad directa', propia de los nuevos relatos antropológicos, cada vez más alejados de los dogmas románticos. Cazador de momentos, cada imagen es la demostración de su empatía hacia su comunidad, lo que las hace portadoras de ese carácter tan modesto como épico del cotidiano maravilloso de los pueblos.

CAPÍTULO VI • 195

Estudiantes de San Luis vs. Gimnasia y Esgrima de Mendoza. Primer partido de fútbol en la provincia, 1912, por la inauguración del monumento a Pringles.

Promoción de maestras, 1909, entre ellas Rosarito Simon y la vicedirectora Carmen Quiroa de Chena.

Escuela práctica o profesional de mujeres dirigida por Josefa Puebla.

Epílogo

Aldea, memoria y ficciones globales

Durante la etapa de consolidación del Estado nacional, los procesos sociales, públicos y privados, tuvieron un fuerte anclaje local. En cada comunidad, los avatares del lugar fueron constituyendo identidades específicas. Los efectos de estos desarrollos sobre la sociedad global se entendieron, entonces, de manera dicotómica. Para algunos, la esencia misma de un proyecto federal; para otros, la pesada carga de la fragmentación del poder para el programa modernizador. Así el dilema, la política se decidió por una centralización aglutinante en torno a los intereses porteños.

Para la región de Cuyo, el horizonte pacífico quedaba herido de muerte. Sólo la fuerza de las propias sociedades cuyanas y el mandato de los ecosistemas pudieron, de alguna manera, mantener esta relación tan fructífera como visionaria.

Esa fuerza radica en parte en la memoria. ¿De qué hablamos cuando nos referimos al regionalismo? Lejos del provincialismo del color local, se trata, a mi juicio, del relato que justamente obsesionado por la totalidad se detiene en sus fragmentos. Por eso mismo, las voces regionales nunca son exhaustivas. Siempre operan con las ausencias, con los 'otros lugares'. Otra forma de revisar las miradas holísticas que reducen el juego social a los vaivenes cortesanos. Bien observados, son los actores sociales en sus prácticas los que recomponen esa totalidad. Así las regiones, en acción, desdoblan y unifican los escenarios... y los lectores completan sus narrativas.

Las identidades regionales conforman un sistema simbólico, que se organiza como instrumento de conocimiento y construcción de 'lo real local'. Estas representaciones constituyen un 'punto de vista'. Procesos de producción de percepciones sobre las formas de presentación y representación de la comunidad local. Y aquí la memoria como construcción histórica capaz de dotar de una integración duradera a las aldeas. La memoria produce grupos identitarios, conocidos y reconocidos y territorios culturales que delimitan las pertenencias. Construye un sentido del nosotros, un espíritu, un sentimiento regional como principio de cohesión que tiende a funcionar como campo. La memoria cumple un papel determinante en el mantenimiento y reproducción de este orden.

En el discurso regionalista existe aún un mandato social: el mandato de vivir localmente. Se trata de concebir a la región como una realidad trascendente, como un espacio de definición de proyectos de vida en común, de establecer una visión particular del mundo. Un universo separado donde sus integrantes están comprometidos a someterse y reproducir las fronteras que los separan de 'los otros', idealizando su interior, como una intimidad que debe ser preservada. Esta separación del exterior por la barrera simbólica del umbral de los asuntos propios da significado a la morada, el *situ* significado históricamente y asociado al sentido de casa-hogar donde se atesora. Tratamos de ver la región como agente activo en los itinerarios locales y nacionales, como unidad de sentido de prácticas sociales y barrera de contención de hegemonías.

Este tipo de federalismo debe recuperar protagonismo. La figura de la nación, que habría llegado para llenar el vacío dejado por el desarraigo de comunidades, oprimió finalmente, en el caso argentino, a esas otras comunidades imaginadas del pueblo-región. Recuperación de esa casa como otro espacio ciudadano, como prácticas sostenidas de deconstrucción de la relación centralidad/periferia. Hábito por lo extraordinario cotidiano y por lo ordinario puertas afuera que siguen inscribiendo el *domus* local. Y así la memoria –y la memoria gráfica, en particular para este libro–, entiendo, hace funcionar en esa escenografía una sensibilidad regional como un espacio de producción simbólica en la cultura latinoamericana, y ubica a nuestro 'interior' en el mapa universal, ambos procedimientos muy ajenos a los circuitos ideológicos de Buenos Aires.

Índice

Presentación   5

Introducción   7
   Los relatos de la vida privada en la Argentina.
   Cuyo, entre el Atlántico y el Pacífico
      En el comienzo, los nuevos pobladores y... la economía colonial   10
      Historiográficas   16

Capítulo I   29
   Ecos de un legado. Frontera y casa colonial

Capítulo II   43
   La región según Sarmiento. Historias y paradojas autobiográficas

Capítulo III   65
   Economías y redes mercantiles. De guerras, aduanas y catálogos

Capítulo IV   91
   Mendoza
      Notas de viaje   93
      Una formación rumbo al Centenario   111

Capítulo V   135
   San Juan
      Las mujeres votan   137
      1944   150

Capítulo VI   165
   San Luis
      Pueblo y lugar   167
      Cien años de imágenes   177

Epílogo   197
   Aldea, memoria y ficciones globales

Índice   201

Fuentes de las ilustraciones   202

Fuentes de las ilustraciones

Introducción

Página 10. *Documentos de arte argentino*, Cuaderno XVI (Academia Nacional de Bellas Artes, 1943): ilustración XCVI.

Página 12. *Arte de Cuyo*, Centro Cultural Recoleta / Museo Sívori (Buenos Aires, septiembre-octubre de 1999): p. 55.

Página 14. *Guías visuales de la Argentina: Mendoza y San Juan* (Buenos Aires, Clarín, 2001): p. 10.

Página 15. *Guías visuales de la Argentina...*, p. 11.

Capítulo I

Página 32. *Arte de Cuyo...*, p. 53.

Página 34. *Documentos de arte argentino*, Cuaderno XVI..., p. 55.

Página 36. *Documentos de arte argentino*, Cuaderno XVI..., ilustración CVII.

Página 39. *Documentos de arte argentino*, Cuaderno XVI..., ilustración C.

Página 41. *Arte de Cuyo...*, p. 23.

Capítulo II

Página 51. www.museosarmiento.gov.ar

Página 52. www.casanatalsarmiento.com.ar

Página 55. *Todo es Historia*, núm. 255, septiembre de 1988, p. 66.

Página 58. www.museosarmiento.gov.ar

Capítulo III

Página 70. *Todo es Historia*, núm. 255..., p. 77.

Página 83. Ricardo Cicerchia, "Una lección de fundamentos", *Tipográfica* 02-05, pp. 34-40.
Pagina 84. Telasco Garcia Castellanos, *Sarmiento y Su influencia en Córdoba* (Córdoba, Academia Nacional de Ciencias, 1988): Anexo Documental.

Pagina 85. Mauricio Tenorio Trillo, Artilugio de la nación moderna. México en las exposiciones universales, 1880-1930 (México, Fondo de Cultura Económica, 1998): figura 2.

Capítulo IV

Página 99. www.artistasplasticoschilenos.cl (Colección 3).

Página 100. Rugendas 1, "Casucha de Las Cuevas", 1838.

Página 101. Rugendas 2, "La topeadura", 1837.

Página 102 (arriba). Rugendas 3, "Desembarco en Buenos Aires", 1845.

Página 102 (abajo). Rugendas 4, "La cautiva", 1845.

Página 107. F. Ignacio Rickard, *Viaje a través de los Andes* (Buenos Aires, Emecé, 1999): Gentileza British Library.

Página 111. A. M. Romano, *El terremoto de 1861* (Mendoza, 1974), en Adolfo Omar Cueto *et al.*, *La ciudad de Mendoza. Su historia a través de cinco temas* (Buenos Aires, Fundación Banco de Boston, 1991): p. 121.

Página 113. Christiano Júnior, *Vistas y Costumbres de la República Argentina* (Buenos Aires, 1877).

Página 118 (arriba). A. M. Romano, *El terremoto de 1861* (Mendoza, 1974), en Adolfo Omar Cueto *et al.*, *La ciudad de Mendoza...*, p. 139.

Página 118 (abajo). Christiano Júnior, *Vistas y Costumbres...*

Página 119. Garcés Delgado, "El ferrocarril en la ciudad de Mendoza" (Mendoza, 1997), en *Mendoza, historia y perspectiva* (Editorial Uno, 1997): p. 234.

Página 120. *Centenario del Diario Los Andes 1882-1982, Cien años al servicio de Mendoza, Cuyo y el país* (Mendoza, 1982): p.19.

Página 121. *Centenario del Diario Los Andes 1882-1982...*, p. 16.

Página 129. Archivo General de la Nación tomado de Clarín, *La fotografía en la Historia Argentina* (Buenos Aires, 2005): t. II, cap. 3, p. 196.

Página 130. *Centenario del Diario Los Andes 1882-1982...*, p. 54.

Página 131. *Centenario del Diario Los Andes 1882-1982...*, p. 55.

Página 132. *Centenario del Diario Los Andes 1882-1982...*, p. 52.

Capítulo V

Página 140. *Todo es Historia*, núm. 82..., p. 13.

Página 143 (arriba). *Todo es Historia*, núm. 82..., p. 15.

Páginas 143 (abajo) y 144. *Todo es Historia*, núm. 82..., p. 19.

Páginas 154, 155, 156 y 158. Felipe Pacheco y Víctor H. García, *Terremoto en San Juan a través del objetivo* (San Juan, Talleres Gráficos Cuyo): s/n.

Páginas 159 y 160. Ministerio de Obras Públicas, *Obra de emergencia en San Juan* (Buenos Aires, 1944): s/n.

Páginas 161, 162 y 163. *La Nación Argentina*, 1950.

Capítulo VI

Página 180. Boggiani y El Chaco. *Una aventura del siglo XIX* (Museo de Arte Hispanoamericano "Isaac Fernández Blanco"): año 5, núm. 15.

Página 181. Retrato de Christiano Júnior.

Página 181. Detalle del laboratorio ambulante de Christiano Júnior utilizado para trabajos en exteriores. Negativo al colodión de 25.4 x 30.5 cm.

Fuentes de las ilustraciones

Página 182. Fotografía y pintura. Aviso del taller de la calle Florida 159. Anuncio del arribo de Christiano a Buenos Aires.

Página 183 (arriba). *El Orden*, Tucumán, núm. 467, 2 de mayo.

Página 183 (abajo). Vistas y costumbres de la República Argentina publicadas por Christiano Júnior. Christiano Júnior, *Vistas y costumbres...*

Página 187. Christiano Júnior, *Vistas y costumbres...*, p. 92.

Página 189. *Arte de Cuyo...*, p.129.

Página 190. *El Hogar*, año XXVII, núm. 1127, 22 de mayo de 1931, p. 27.

Páginas 192, 193, 195 y 196. Raquel Weinstock y Mariela Quiroga Gil, *Memoria gráfica por José La Vía* (San Luis, Editorial Universitaria, 1990): s/n

Acerca del autor

Ricardo Cicerchia es doctor en Historia, Columbia University, Nueva York, y realizó un posdoctorado en Historia Cultural en la Universidad de Londres. Es profesor titular de Historia Latinoamericana en la Facultad de Ciencias Sociales, Universidad de Buenos Aires, y profesor titular de Historia de Familia en la Universidad Nacional de General San Martín.

Es investigador de carrera del CONICET y consultor de UNICEF, Argentina.

Ha sido profesor e investigador visitante de las universidades de Barcelona, Liverpool, Londres, Brown (USA), Jerusalén (titular de la Cátedra San Martín) y Director Académico del Centro de Estudios de América Latina de la Universidad de Auckland, Nueva Zelanda.

Especialista en temas de historia social, historia cultural, historia de familia y narrativa de viajes, Ricardo Cicerchia ha publicado numerosos trabajos. Los más destacados son: *Formas familiares, procesos históricos y cambio social en América Latina* (Abya-Yala, 1997); *Journey, Rediscovery and Narrative, British Travel Account of Argentina* (University of London Press, 1998); *Historia de la vida privada en la Argentina Vol. I y Vol. II* (Troquel, 1998/2000); como compilador, *Identidades, género y ciudadanía. Procesos históricos y cambio social en contextos multiculturales en América Latina* (Abya-Yala, 2005); como co-editor con Matthew O'Meagher, *Tales of Land and Sea. Travel Narratives of the Trans-Pacific South, 1700-1900*, (Australian Humanities Press, 2005). En 2006 la editorial Troquel publica *Historia de la vida privada en la Argentina, Vol. III, Córdoba, un corazón mediterráneo para la nación*.

Este libro se terminó de imprimir
en el mes de abril de 2006,
en los talleres gráficos de Impreco Gráfica,
Viel 1448, Ciudad Autónoma de Buenos Aires,
República Argentina.